Confessions d’une religieuse

DU MÊME AUTEUR

Jésus tel que je le connais, n° 4554.

Richesse de la pauvreté, n° 6473.

Le paradis, c'est les autres, n° 7470.

Vivre, à quoi ça sert ?, n° 7589.

SŒUR EMMANUELLE

Confessions d'une religieuse

DOCUMENT

Postface de Philippe Asso

J'AI LU

L'Amour,
plus fort que la Mort.

Ouverture

En ce soir de Noël 1989, au Caire, je me sens proche de l'enfant qui naît dans une étable car il m'est donné de partager la vie des chiffonniers au bidonville. Avant d'aller chanter dans la joie la messe de minuit – « Gloire à Dieu et paix aux hommes ! » –, j'entreprends d'écrire les premières lignes de ces *Confessions*. Ai-je la prétention de m'unir au cantique des anges par quelque sublime harmonie ? Certes non ! je vais au contraire tenter de retracer les années mortes, avec leurs rires et leurs pleurs, leurs haines et leurs amours, leurs grandeurs et leurs bassesses. Il me faudra descendre jusqu'à cette vase inconsistante que recèle tout cœur d'homme... au risque de ternir l'image idéale que fabriquent de moi les médias, au risque aussi peut-être de choquer certains lecteurs. Je m'en excuse par avance : la vérité ne comporte-t-elle pas une certaine crudité ? Ces pages ne se veulent donc pas édifiantes, mais authentiques.

Le premier objectif de ce livre est tout simplement de « confesser » la vérité. Or, l'homme dans sa nature est un être nu. C'est le péché qui l'oblige à mettre des feuilles. Nue, je suis sortie du sein de ma mère, et nue je me présente enfin. À quoi cette « dénudation » pourra-t-elle servir ?... À quelque « recherche du temps perdu » ? Non. À atteindre ce point focal où converge l'humanité : en voyant revivre les larmes d'une enfant, les émois d'une adolescente, les luttes d'une femme, ses tentatives pour adoucir la souffrance humaine, le lecteur pourra rejoindre son propre cœur et s'écrier : « C'est elle, et c'est moi ! »

Je voudrais, au-delà de l'aventure que fut ma vie, retrouver l'étrange histoire d'amour entre un être en perpétuel bouillonnement, avide de « nourritures terrestres », et ce Christ humain et divin dont la naissance est fêtée cette nuit. Ce livre relatera comment je l'ai rencontré dans tant de visages humains, de traits d'enfants et de faces ensanglantées. Précisons : quand est dite la vérité nue sur l'homme, Dieu apparaît toujours en filigrane. Je veux ici, une dernière fois, confesser la foi en l'homme et la foi en Dieu qui ont soulevé toute ma vie.

Noël : derrière la crèche, se profile déjà la croix... la douleur n'est jamais loin de l'enfant qui naît. À l'heure où ces lignes seront publiées, j'aurai trouvé en Dieu une nouvelle naissance.

Je le crois : du creuset de la mort, jaillit la résurrection.

Livre I

COMBAT VERS UN PLUS GRAND AMOUR

1914-1970

Ceux qui vivent, ce sont ceux qui luttent.

Victor Hugo

PREMIÈRE PARTIE

LA JEUNESSE

1914-1931

Drame de la mer

Le drame le plus terrible de ma vie, je l'affrontai vers mes six ans. C'était en 1914. Mes parents avaient loué à Mariakerke, sur la côte belge, une villa pour les vacances. La guerre venait d'éclater. Mon père, officier français de réserve, était allé prendre des ordres. On lui avait répondu d'attendre l'appel de sa division.

Dimanche 6 septembre au matin, nous quittons la villa. Ma mère part pour la messe, mon père nous emmène à la plage, ma sœur aînée Marie-Lou, mon petit frère Julot et moi Madeleine, avec Mlle Lucie, notre gouvernante. La scène restera gravée en moi jusqu'à la mort. Mon père nous tient en riant au-dessus des vagues, puis nous lui donnons la main pour danser au milieu des flots et courir avec lui sur le sable. Il embrasse nos visages dégoulinants et nous confie à Mlle Lucie avant de s'élancer au large. Une dame s'approche : « Appelez votre papa, mes enfants, il va trop loin, la mer est mauvaise et le maître nageur est parti au régiment. » La tête de Papa, là-bas, apparaît au loin. Julot et moi, nous jouons dans le sable.

Soudain, les gens s'attroupent, une voix retentit à mes oreilles. Je l'entends encore : « Pauvres petits, leur père s'est noyé. » Je crie de toutes mes forces : « Papa ! Papa ! » Mais la tête, là-bas, a disparu. Je pressens l'irruption d'une terrible inconnue, la mort. Mlle Lucie nous emmène précipitamment, Marie-Lou et moi, convulsées de larmes. Le petit Julot ne soupçonne rien.

Nous rentrons à la villa ; la porte s'ouvre, ma mère me trouve en sanglots :

« Qu'est-ce qui se passe, tu t'es encore disputée ! Avec qui ?

— Non, Papa s'est noyé ! »

Comment oublier son regard vers la gouvernante qui bredouille, son visage soudain livide, son corps qui chancelle et s'appuie au mur, l'*Ave Maria* murmuré dans un souffle, sa fuite vers les flots ?

Quelques jours plus tard, la Manche vomissait le corps de mon père, bientôt métamorphosé en « ce qui n'a plus de nom en aucune langue ». Pas encore six ans, c'est fragile pour un rendez-vous avec la mort : quand quelque chose est cassé dans l'enfance, un certain optimisme dans la conception du monde risque de sombrer en même temps.

Nous étions une famille heureuse, mon père et ma mère s'aimaient tendrement. La joie de ma mère, jeune et rieuse, animait la maison. Le soir, elle se mettait au piano et nous chantait quelque romance. Je me cachais entre les jambes de mon père, blottie sous son ample robe de chambre grise. Dans la chaleur si douce à un corps d'enfant, je me sentais en sécurité. En un éclair, la mer venait d'engloutir ce bonheur d'enfant.

Un sentiment d'insécurité foncière du vivant, de fugacité du bonheur dont nous ne sommes jamais les maîtres, a marqué la trame de mon existence. Son origine date sans doute de ce 6 septembre 1914. Le plaisir m'a toujours paru éphémère. Plus j'en guettais l'instant avec fièvre, plus, une fois le charme envolé, la déception surgissait. De la belle écume si tentante, il ne restait plus dans ma main qu'un peu d'eau amère !

Dans ce vide qui s'est creusé de plus en plus profond en mon cœur, s'est lentement installée une attente, un mouvement vers l'au-delà des choses, souvent interrompu par une fascination nouvelle. Mais, tel un pendule oscillant entre deux pôles, le vide se recréait sitôt le plaisir envolé.

Pour l'heure, en ce tragique automne de guerre, ma mère est seule sur la côte belge, avec trois enfants et sa vieille mère. L'armée allemande avance, la frontière française est bloquée. Où fuir ? Partout c'est la panique. La jeune femme, naguère insouciante et rieuse, doit désormais faire face. Elle dépose le corps de son époux dans une tombe provisoire et nous embarque sur le dernier bateau en partance pour l'Angleterre. Mais la mer n'a pas fini de la torturer : des mines, annonce le capitaine, roulent dans les vagues... Et si elle se noyait comme mon père ? Et si les petits échappaient, seuls, à la mort ? Je la vois broder fiévreusement sur nos habits le nom et l'adresse à Paris de notre grand-mère paternelle Cinquin. Je comprends vaguement que quelque chose de terrible peut encore nous arriver... Après Papa, Maman ? Le bateau ne saute pas, la côte anglaise est là. Sauvés !

À Londres, nous retrouvons un représentant de notre fabrique de lingerie chez qui des pièces ont été stockées. Ma mère – qui, à Bruxelles déjà, secondait mon père dans son affaire d'exportation – prend rapidement les choses en main. C'est une maîtresse femme, « une femme comme il n'y a pas d'hommes », selon une expression qui flatte mon esprit féministe...

Ce qui caractérisait ma mère, c'était son sens du devoir. Là-dessus, elle ne transigeait jamais. Le sens du devoir, elle me l'a inculqué, même si parfois, je dois l'avouer, je déserte. Aucune force au monde n'aurait fait reculer son énergie quand était en cause un bien qui touchait le prochain, notamment ses ouvrières. Je sais par expérience que je possède moins sa force que son autoritarisme. Les combats qu'elle avait à soutenir jeune veuve avaient développé sa personnalité : elle n'admettait pas qu'on lui résistât... tout comme moi ! Mais j'ai, en plus, dû affronter des frémissements de révolte que je ne lui ai jamais connus.

Ces impulsions d'opiniâtre rébellion se sont manifestées dès mon enfance. Je nous revois, nous, les trois bambins, jouant dans un de ces verdoyants parcs anglais. Le soir commence à tomber, Mlle Lucie donne l'ordre de partir. Je déclare que je m'amuse bien et que je ne m'en irai pas. Remontrances, insistances, rien n'y fait. Je m'accroche à un arbre et n'en bouge pas. À bout d'arguments, Mlle Lucie enroule la corde à sauter autour de ma taille et tire de toutes ses forces pour me faire avancer. Furieuse, je braille en me débattant. Nous sommes dans le pays de l'*habeas corpus* où, depuis Jean sans Terre, l'individu est sacré : voir une enfant hurlant de tous ses poumons, tirée par une corde, paraît, encore plus qu'ailleurs, horriblement *shocking* ! Les passants s'arrêtent et lancent à la malheureuse gouvernante des anathèmes anglais auxquels elle ne comprend rien, mais le scandale est tel qu'elle se voit obligée de me détacher, et moi, vilaine gosse, je prends l'air de la victime enfin délivrée d'un horrible persécuteur !

Que se cachait-il derrière ces rébellions, sinon le secret d'une blessure qui n'arrivait pas à cicatriser ? Je ne parlais jamais de mon père, mais je ressentais le vide de son absence comme un trou dans mon cœur. Il me semblait que, s'il avait été là, tous mes désirs auraient été satisfaits. Je passais ainsi de la révolte aux larmes : rien ni personne n'arrivait à me calmer.

Mais un jour, Bonne-maman maternelle eut une de ces inspirations comme en ont les grand-mères. Nous passions devant une vitrine de jouets. Je m'arrête, médusée, devant une ravissante poupée anglaise. Bonne-maman de me dire : « Si tu ne pleures pas durant un mois, elle est à toi ! » L'énergie qu'un enfant peut déployer quand il est motivé est incroyable : la poupée me tendait les bras. Délicieuse Bonne-maman, tu as suscité les premiers efforts de ma vie et tu m'as fait comprendre que la lutte obtient le trophée. Cette poupée n'était pas en effet un cadeau ordinaire, elle représentait ma première victoire sur moi-même : en la serrant sur mon cœur, j'étais fière de moi. Je commençais confusément à comprendre que je venais de faire un des premiers bonds propres à l'espèce humaine. J'avais pu faire jaillir, au-delà de mes sautes d'humeur, l'énergie de mon être. Cet épisode annonçait les batailles futures...

Premiers troubles

Paris, 1915-1918

Notre grand-mère Cinquin nous pressait toujours de venir la rejoindre à Paris. Enfin, en 1915, des bateaux traversent la Manche et, sans drame cette fois, nous atteignons la capitale. Quelle émotion que ces retrouvailles, en pleine guerre, dans le souvenir de celui qui avait à jamais disparu !

J'ai sept, huit, neuf ans, je vais maintenant à l'école, mais reste toujours la même petite fille indomptable. Nous sommes, cette fois, rue de Rochechouart. Mlle Lucie :

« Tu ne veux pas obéir ?

— Non !

— Je vais te remettre à l'agent de police et tu iras en prison.

— Ça m'est égal ! »

Elle me tient vigoureusement par la main. « Voilà une enfant insupportable, monsieur l'agent. Voyez ce que vous pouvez en faire ! » Je saisis le coup d'œil complice qu'ils échangent, je ne bronche pas ; j'attends les événements. J'écoute butée l'agent qui s'exclame : « Qu'est-ce que je vais faire de cette gosse ? » Naturellement, Mlle Lucie revient et je ne me retrouve pas en prison. Une sorte de joie mauvaise m'envahit : « On ne m'a pas eue ! » Si la promesse de la poupée avait suscité un éveil d'énergie vers le bien, cette menace irréalisable et irréalisée m'ancrait davantage dans la rébellion.

Avec ma mère, cependant, il n'y a pas moyen de se dérober. L'assiette de riz, obstinément refusée, me revient froide aux repas suivants, jusqu'à ce que je capitule, affamée.

« Si tu ne prends pas ta cuillère de foie de morue, tu n'iras pas avec Grand-mère au théâtre du Châtelet.

— Oh ! Grand-mère m'emmènera sûrement ! »

Ma mère tient bon et je me retrouve à me morfondre seule dans l'appartement. J'ai le temps de méditer : mauvais calcul de refuser l'effort suivant ses fantaisies. La pièce *Le Tour du monde en 80 jours* valait bien une cuillère de foie de morue !

Cette éducation forte, courante à l'époque, préparait aux aléas de l'existence. Que de fois je repense avec reconnaissance à toi, mère. Seule, sans le secours de mon père, tu as su lutter avec moi sans faiblir. À travers les péripéties de riz et de foie de morue, tu m'apprenais la valeur de la raison et la vanité du caprice.

Quant à la religion, elle m'a toujours été enseignée dans un climat d'amour d'où toute crainte était bannie. Si l'esprit janséniste survivait encore dans certaines familles, on parlait peu chez moi de péché et d'enfer, tandis que tout ce qui était beau et bon était présenté comme un reflet de l'amour divin, comme un modèle à suivre. La tragédie qui avait brisé la jeunesse de ma mère n'avait pas altéré en elle cette vision d'un Dieu Amour. Elle vivait au-delà de la révolte, cherchant dans la prière la force d'affronter les événements. Persuadée que Dieu laisse l'homme libre de façonner lui-même son destin, elle voulait nous préparer à réussir le nôtre. Je me serais vite révoltée devant un Seigneur de tonnerre, punissant avec sévérité chaque désobéissance, tandis que cette figure de tendresse me sécurisait. Elle est restée le fondement de ma relation avec Dieu. Petit à petit, à l'image de mon père qui m'avait laissé ce vide dans l'âme, se substituait celle d'un père plein d'amour qui n'abandonne jamais ses enfants.

« Notre Père qui es aux cieux », cette vision forte et douce allait devenir de plus en plus mon recours dans les premiers troubles de l'enfance et de l'adolescence. Plus tard, elle finirait par s'épanouir dans un dialogue d'amour.

Mais, avant de confesser ces orages qui faillirent faire diverger le cours de mon existence, je préfère décrire la première et éblouissante révélation d'un mystère de la vie. Nous étions tous très attachés à Mlle Lucie qui nous aimait profondément, même moi qui la faisais si souvent enrager. Elle nous parlait avec feu de son fiancé, un gendarme qu'elle n'avait pas revu depuis le début de la guerre. 1914... 1915... 1916... 1917... Le temps passe : pense-t-il toujours à elle ? Elle nous montre sa photo, elle lui garde son cœur, mais lui ? Je suis tout émue et prête à pleurer avec elle. Elle lui écrit par la Croix-Rouge. Une lettre arrive enfin : oui, il lui est resté fidèle ; oui, dès que la guerre sera finie, ils vont se marier. Nous, les enfants, nous bondissons de joie ! Je vois le visage de Mlle Lucie rayonner de bonheur. Ah ! comme l'amour la rend belle ! Elle est métamorphosée. Elle, si sérieuse et parfois même un peu triste, devient gaie et multiplie pour nous les jeux et les chants.

Quel mystère pour moi que cet amour qui changeait à tel point Mlle Lucie ! Il y avait donc sur terre un sentiment si puissant qu'il embellissait tout, comme la baguette d'une fée. Comme les yeux de Mlle Lucie brillaient en regardant cette photo ! Comme ce gendarme, si quelconque pour moi, lui paraissait beau ! Pour nous parler de lui, elle quittait sa réserve habituelle et ne tarissait plus d'éloges : il était fort, beau, intelligent, bon, etc. On représente le petit dieu Amour avec un bandeau sur les yeux : Mlle Lucie avait-elle aussi un bandeau ? Moi, en tout cas, je ne voulais pas de bandeau. Est-il possible qu'à dix ans, j'aie déjà commencé à me méfier des tromperies de l'amour ? Je peux seulement dire que je voulais vivre « vrai » et ne pas bâtir ma vie sur un mirage.

À six ans, sur une plage, un jour de tempête, le bonheur avait sombré et n'était jamais revenu. Mes yeux s'ouvraient à présent sur une autre image de bonheur, cette fois avec un point d'interrogation. J'entrais dans l'aventure humaine l'œil curieux, l'oreille ouverte, le cœur avide de trouver quelque chose qui ne disparaîtrait jamais.

Mon adolescence, cependant, devait être troublée. Non pas, comme on pourrait le croire, par les bouleversements de la capitale pendant la guerre. Je ne les ai pas éprouvés, hormis durant les heures passées à la cave… et encore. Je m'y endormais parfois. À l'alerte, les locataires de l'immeuble s'y précipitaient. On restait là, tremblants, l'oreille tendue vers la détonation. Tous priaient à haute voix, sans respect humain, la peur engendrant la foi, dans l'urgence. Je n'aime pas ce genre de prière qui fait appel à Dieu quand disparaît tout autre recours. Et pourtant, est-ce que moi aussi, quand je suis désemparée, je ne pousse pas vers le Ciel le cri qui a traversé les siècles : « Seigneur, au secours » ? Dans l'impuissance, l'homme ne redevient-il pas le bambin fragile qui tend les bras vers le père incarnant la force ?

Les troubles qui m'ont poursuivie durant l'adolescence et la jeunesse furent d'un autre ordre. Je n'oserais pas dire que je n'en ai pas encore gardé les séquelles. Soudain, à l'âge où l'enfant n'a pas encore la conscience de la force brutale de la sexualité, éclata en moi la première manifestation d'un des instincts les plus violents de l'homme et de l'animal. Comment et à quelle occasion ai-je commencé à me masturber, je ne m'en souviens pas. Je pensais que ce n'était pas bien, puisque je le faisais en cachette et plus volontiers à l'école où je me croyais plus en sûreté. Mais la maîtresse s'en aperçut et prévint ma mère. Un jour, les joues en feu, je me trémoussais en classe et subitement je l'ai vue me regarder sévèrement à travers la vitre de la porte. Elle m'expliqua ensuite que c'était vilain pour une petite fille et que je ne devais plus recommencer. Mais c'était déjà devenu une habitude et je n'étais guère accoutumée à obéir. Quand l'assaut du désir m'assaillait, seule quelque présence étrangère avait le pouvoir de m'arrêter, sinon je m'avouais impuissante devant l'avidité du plaisir.

Depuis lors se sont développés dans ma chair un penchant pour la volupté et une obsession de la sensualité dont l'intensité est difficile à décrire quand elle se tient prête à se déclencher. Le fait que l'aiguillon n'ait pas complètement quitté mon corps de vieille femme est une source constante d'étonnement et d'humiliation. Je pensais que, avec les années, sa pointe de feu allait complètement disparaître. Il n'en est rien. Pour me réconforter, j'ai souvent médité cette confidence de saint Paul : « Pour m'éviter tout orgueil, il m'a été mis une écharde dans ma chair... » Son corps était donc, pour lui aussi, un sujet de trouble : « Trois fois, j'ai prié le Seigneur de l'écarter, mais Il m'a déclaré : ma grâce te suffit, ma puissance donne toute sa mesure dans la faiblesse[1]. » J'ai fait, moi aussi, cette incroyable expérience : depuis le jour où j'ai mis le pied au noviciat, la tentation restée toujours aussi vivace ne m'a plus jamais vaincue. J'ai vécu, jour après jour, cette parole : « Ma puissance donne sa mesure dans la faiblesse. »

Cette expérience troublante m'a fait comprendre et, en un sens, partager les drames suscités à travers le monde par ce torrent que la plupart des hommes n'arrivent pas à juguler. J'étonne souvent autrui par mon indulgence. Je reste en effet persuadée que ce qu'on nomme « les péchés de la chair » sont les moins graves aux yeux de Dieu. Que de fois j'ai médité dans mon

1. 2 Corinthiens 12, 7-9.

cœur cette parole libératrice du Christ à la femme adultère : « Je ne te condamne pas, va et ne pèche plus[1]. » Combien ces mots ont souvent rafraîchi mon âme !

Revenons à la petite Madeleine que j'étais alors. Inopinément, un rayon de soleil tomba sur ce jeune corps perturbé. Ma mère me dit un jour : « Tu vas avoir dix ans, c'est l'âge de la première communion. » Je saute de joie, je me vois revêtue d'une robe blanche avec un joli voile de tulle sur mes cheveux blonds. Ravie, je vais à la paroisse Saint-Vincent-de-Paul où j'écoute un jeune abbé raconter avec feu l'histoire du Christ, de sa naissance à sa résurrection. J'avais déjà, bien sûr, entendu cette belle épopée, mais seulement par bribes. Je suis fascinée par l'aventure de cet homme qui a marché au-devant de la mort pour nous sauver, pour me sauver, moi, Madeleine.

Le mot « amour » revenait souvent, accompagné parfois du mot « mort ». Il nous avait aimés, Il m'avait aimée jusqu'à la mort, et la mort de la Croix ! Cette fois, cet amour me rassure. Qu'avait-il fait, le gendarme de Mlle Lucie ? Était-il prêt à mourir pour elle ? Même mon cher papa, s'il était mort sous mes yeux, n'était pas mort pour moi. Trouverais-je jamais un homme capable de m'aimer à ce point ?

Un jour, l'abbé nous donne à chacun un évangile à emporter à la maison : « Vous allez le lire doucement ; essayez de bien retenir la Passion de Jésus et je vous donnerai une belle image ; commencez par Gethsémani, le jardin où va Jésus. » Un jardin ! Je me mets à lire doucement et à relire pour obtenir la belle image. Jésus dit : « Mon âme est triste jusqu'à la mort[2]... » « De grosses gouttes de sang tombaient jusqu'à terre[3] » ! J'eus le sentiment qu'elles tombaient sur mon cœur. Elles y sont encore.

1. Jean 8, 11.
2. Matthieu 26, 38.
3. Luc 22, 44.

« Qu'est-ce que vous allez faire pour Jésus ? nous disait l'abbé. Il nous a demandé une seule chose : "Aimez-vous comme je vous ai aimés." » Tout cela me ravissait. Ce n'était plus pour ma jolie poupée, mais pour Jésus que je voulais maintenant faire des efforts, des sacrifices… « Sacrifice, expliquait l'abbé, cela veut dire quelque chose qui est "sacré", qui est beau, difficile ; par exemple, vous ne mangez pas toute seule les bonbons que vous aimez, vous les partagez » : premier contact avec le sens sacré du partage. On ne pouvait pas partager directement avec Jésus, mais avec les hommes qui sont sur terre, spécialement les plus malheureux. La vie qui paraissait plate prenait soudain une valeur. On pouvait y mettre du sacré, simplement en aimant, en partageant.

Enfin arrive le jour de l'examen de conscience et de la confession. Nous recevons une liste : « Les péchés de la chair, les péchés de l'esprit, l'orgueil de décider soi-même du bien et du mal, les péchés d'égoïsme, être le "centre", les autres important peu. » Je retrouvais chacune de mes fautes. Mais, même si mon âme était noire comme du charbon, Jésus allait la rendre blanche comme neige et m'aider à devenir meilleure. Cela me semblait merveilleux !

J'entends parfois dire à quel point, pour certains, la confession a été un terrorisant « grattage » pour déceler les transgressions qui menaient droit à l'enfer. Quoi d'étonnant à ce que, devenus adultes, ils rejettent ce carcan ? Au catéchisme de Saint-Vincent-de-Paul, rien de tel. J'y ai vécu mon premier épanouissement spirituel.

Dans ce combat contre mes défauts, les défaites étaient parfois cuisantes. Ainsi, la veille du renouvellement de ma première communion, je me laisse de nouveau aller à la masturbation. Le lendemain, en me revêtant pour la deuxième fois de blancheur, mon âme est troublée : pourrai-je vraiment recevoir Jésus dans mon cœur ? Mais quoi, tout le monde m'attend, quel scandale si je ne marche pas dans le cortège ! Je vais donc communier. Ce moment reste pour moi une humiliante leçon. Heureusement, je suis sûre que Jésus a eu pitié de moi, car il m'aime. L'abbé nous avait prévenues : « On tombe parfois, ce n'est pas grave si on recommence à lutter en s'appuyant sur Jésus. »

Le chemin de ma vie allait se dessinant. J'entrais sans expérience dans ce combat de titan, illusoire refus de mon corps de femme pour tenter d'acquérir une nature angélique. L'échec était certain. Malheureusement, comme je n'osais pas en parler pour recevoir quelque conseil, je me suis longtemps battue dans la nuit, dans une sorte de violence sans issue contre moi-même et dans un complexe malsain d'extrême culpabilité. Il m'a fallu des années d'expérience de la nature humaine pour arriver enfin à enregistrer sereinement mes pulsions et à attendre paisiblement qu'elles s'évanouissent en fixant mon attention sur l'activité du moment.

Un autre événement que ma première communion a marqué ma route. Ma sœur Marie-Lou avait reçu un grand et beau livre de prix. L'épopée des missionnaires en Afrique y était illustrée d'images fabuleuses, plus extraordinaires que celles d'*Alice au pays des merveilles* : voyages semés d'embûches, bêtes féroces, traversées de rivières en crue, arrivée chez des sauvages qui tuaient les uns, torturaient les autres, mangeaient les troisièmes. Mais les pauvres sauvages qui étaient plus malheureux que méchants finissaient par se convertir et l'amour de Jésus entrait dans leur cœur. Les écoles des missionnaires étaient pleines de bons enfants qui ne mangeaient plus personne ! J'étais transportée ! C'était décidé : quand je serai grande, je partirai en Afrique parler de Jésus pour que les hommes s'aiment et soient heureux. Tant pis si l'on me tuait et qu'on me coupait en morceaux, j'étais prête à être mangée. J'annonce triomphalement à table : « Moi, je vais devenir religieuse, missionnaire et martyre ! » Éclat de rire général. Marie-Lou et le petit Julot affirment qu'ils vont me préparer au martyre : « En attendant, tiens, porte les plats à la cuisine, fais la vaisselle, va chez le boulanger du coin, achète le pain et, si on te pince, tiens bon, on te prépare ! » Ah ! mais non ! ça ne va pas, moi je voulais des sauvages, des vrais. Déçue par cette première confidence ratée, je me suis décidée à ne plus parler de martyre. C'était plus prudent. Mais, tout au fond de mon âme, la petite flamme brûlait encore. Elle ne s'est plus jamais éteinte. Étrange influence d'une lecture d'enfant sur une vie de femme !

1918. Je commence à entendre parler d'armistice sans bien comprendre les retombées de ce terme. Je remarque surtout qu'on ne descend plus à la cave. La grosse « Bertha » ne tonne plus. Nous avons gagné la guerre, paraît-il, autant qu'une guerre peut se dire gagnée sur des millions de cadavres ! À cette époque, je partage seulement l'allégresse de Paris dans la victoire. Je bondis de joie à l'idée de rentrer dans notre grande maison de Bruxelles !

Premières batailles

Bruxelles, 1919-1926

Nous voilà de nouveau en Belgique, dans le « plat pays », qui se met avec vigueur à panser les plaies de la guerre. Tandis que ma mère redonne un nouvel essor à l'exportation de lingerie, je suis inscrite aux humanités gréco-latines chez les Dames de Marie, qui sont les premières à avoir lancé en Belgique ces études pour les filles. Elles choisissent les meilleurs professeurs, parmi le sexe fort s'entend, puisque dans ce domaine il n'y a que des hommes. Singulière ouverture de ces religieuses faisant entrer la gent masculine dans leur couvent. Je leur ai toujours gardé une profonde reconnaissance pour la qualité de l'enseignement, ainsi qu'à ma mère qui me préparait un avenir captivant.

Le latin et le grec ont puissamment aidé mon développement intellectuel. Ici, la mémoire n'a pas de rôle, l'intelligence seule travaille. J'entrais soudain dans un autre univers. Je devais m'astreindre à scruter le texte, mot par mot, et à le traduire dans un langage épousant rigoureusement sa pensée. Cette gymnastique d'esprit m'apprenait à réfléchir avec objectivité. La découverte d'Homère et de Virgile fut un éblouissement. M. Masoin pour le latin, M. Fréson pour le grec, étaient non seulement érudits, mais aussi passionnés des Anciens. Ils nous faisaient goûter le chant de la langue, la noblesse des héros, la grandeur des sentiments.

Ulysse et Pénélope, Hector et Andromaque, Énée et Didon devenaient des personnages vivants dont le destin tragique nous séduisait.

Grâce à ces efforts pour assimiler le génie grec et latin, nos cœurs et nos intelligences s'épanouissaient dans un climat de beauté où l'homme se grandit dans la lutte. La vie apparaissait comme un combat. La victoire attendait celui qui, comme Ulysse, les muscles tendus pour bander l'arc, ne craignait pas de faire face seul à de multiples adversaires. La cruauté même des jeux du cirque était tempérée par quelque anecdote plus humaine : le lion lancé pour dévorer Androclès s'arrêtait soudain et tendait sa patte, reconnaissant l'esclave en fuite au désert qui lui en avait arraché une épine.

Ces textes sur lesquels nous nous penchions formaient la trame de nos conversations. Chacune défendait ses héros préférés. La malheureuse Didon m'attirait particulièrement : elle mourait d'amour sur le bûcher en jetant un dernier regard vers le navire qui emportait Énée, son bien-aimé ! Certes, c'est exaltant d'aimer ainsi mais Énée, le superbe héros qui l'abandonnait, implacable, valait-il qu'on se consumât pour lui dans les flammes ? Cette obsession de la mort revenait, lancinante.

Les douze filles ardentes et rieuses qui formaient cette classe d'humanités anciennes étaient très isolées du monde, de sa violence et de ses injustices. Pourtant, je crois que nous réalisions d'une certaine manière le *mens sana in corpore sano*, « un esprit sain dans un corps sain ». Les différentes responsabilités qui allaient se présenter à chacune trouveraient en nous des femmes douées d'une vue sereine et prêtes à affronter les combats de l'existence.

Cette éducation et celle que je recevais en famille me paraissent le tremplin qui m'a fait marcher comme d'instinct vers ce qui est difficile et beau et a lancé ma destinée vers une ascension sans fin, selon la fière devise que nous écrivions au tableau : *Excelsior*, toujours plus haut. Cette formation m'a appris à croire en la valeur de la personne humaine et à m'acharner pour la libérer de ses entraves.

Un soir, j'étais penchée sur une de mes premières versions latines. Mon frère entre en coup de vent et s'exclame :

« L'abbé nous a dit qu'on peut communier tous les jours !

— Jamais de la vie, aux grandes fêtes seulement.

— Dis donc, Madelon, c'est toi qui le sais ou le pape ?

— Quel pape ?

— Pie X, il a permis la communion quotidienne.

— Même aux enfants ?

— Oui, même aux enfants. »

Il fallait auparavant une permission spéciale et rarement accordée pour communier fréquemment. L'effet fut foudroyant. Je ressentis soudain la mystérieuse attirance du Christ dans l'eucharistie : « C'est décidé, à partir de demain, je communie tous les jours !... » résolution d'une adolescente inconstante et fragile. L'incroyable, c'est que depuis ce soir d'automne 1920, la messe est devenue l'axe de ma vie, ma source quotidienne de joie, de force, de rebondissement dans l'amour. Église proche ou lointaine, temps du travail ou des vacances, soirées calmes ou troublées, rares sont les jours où je n'ai pas répondu à Celui qui m'appelait. Rarissimes même, quatre ou cinq fois par an. J'avais alors douze ans, j'en ai près de quatre-vingt-quatre au moment où j'écris ces lignes. J'ai donc reçu des milliers et des milliers de fois cette force du Seigneur qui me remet en selle à chaque glissade et éclaire encore aujourd'hui chacune de mes journées.

Il est une question que je me suis souvent posée : qu'est-ce qui me fait courir chaque matin vers l'eucharistie depuis tant d'années ? Est-ce le Christ vivant qui m'appelle ou une sorte d'exaltation mystique qui me poursuit ? Serait-ce devenu une habitude comme de manger, boire, dormir ? Quelle est cette douceur qui m'envahit en pensant à l'eucharistie, à la rencontre d'hier et à celle de demain ? Je touche là à une relation d'amour devenue si intime à travers le temps que je n'arriverai jamais à la décrire. Cela ne se passe pas dans la sensibilité – je me méfie de la mienne qui pourrait s'exalter dans le vide –, ni dans l'esprit, mais « à la fine pointe de l'âme », selon l'expression de saint François de Sales. Silence sacré où le relief des choses perd sa fascination, où l'agressivité se transmue en divine douceur, d'où je reviens enfin avec, dans les yeux, les lèvres et le cœur, une joie qui dépasse tout ce que les hommes peuvent m'offrir : paix et joie jaillies d'une source d'éternité.

Mais mon corps d'adolescente restait tout en même temps avide de « nourritures terrestres ». Je me sentais désormais contrainte de choisir entre le plaisir solitaire et la communion, et ce fut la bataille : allais-je me maîtriser le soir, seule dans ma chambre, oui ou non ? Certains soirs, ce fut oui et certains soirs, ce fut non. Dans ce cas, je me levais plus tôt, me précipitais dans une église où je savais trouver un prêtre, me confessais et communiais. Parfois, le soir, je recommençais ! Quels combats, quelle faiblesse surtout ! Mais je sentais que, malgré tout, à travers cette liberté que Dieu a voulue pour l'homme et que j'utilisais à temps et à contretemps, il était toujours prêt à me rendre la paix, à chaque cri lancé vers lui. Innocente Madeleine qui avait honte d'avoir un corps, alors que le problème n'était pas là, mais dans le fait de l'accepter sans en être l'esclave.

D'autres batailles se préparaient à mon insu. Je ne me rendais pas compte qu'un sentiment « caniculaire » commençait à s'éveiller entre le professeur de grec, M. Fréson, et moi. Nous faisions parfois un bout de chemin ensemble au sortir des cours. Il me parlait d'art et de littérature, me prêtait des livres dont nous discutions avec animation. Je restais suspendue à ses lèvres. Ces échanges semblaient anodins, mais le feu s'embrasait.

Prises un jour d'un beau zèle, mes camarades et moi décidons de choisir chacune une devise. Trois petits mots du cardinal Newman, champion de la foi, me plaisent : « Dieu et moi. » Je les écris fièrement en tête de mes versions. M. Fréson m'appelle : « Mademoiselle Cinquin, qu'est-ce que cette nouvelle lubie ! Dieu et moi ? » Je m'enflamme : « Comment ? Vous osez appeler cela une lubie, mais c'est tout un programme de vie ! » Il me regarde : « Et moi, alors, où est ma place ? » Son visage se contracte. Je le dévisage, suffoquée. Il est jaloux de Dieu !

La fin de nos études approche. Depuis cinq ou six ans, nos professeurs, à l'instar de Socrate, nous font « accoucher » du *kalos kagathos*, du « beau et du bien » caché en nous. Nous décidons d'offrir à chacun un éloquent discours de reconnaissance, à la Démosthène ou à la Cicéron, pas moins ! Naturellement, je choisis mon jaloux et je lui débite de belles phrases ampoulées pour lui avouer toute la place qu'il tient dans « nos » cœurs. Il est visiblement ému et me demande mon papier que je lui tends triomphalement. Mes camarades s'esclaffent :

« Tu es folle, Madeleine, tu lui as fait une déclaration d'amour !

— Non. C'est faux. »

Quelle naïveté ! Sincèrement, je ne savais pas à quel point j'étais enflammée ! S'il s'était montré plus entreprenant, je ne me serais pas sauvée. Quelle tentation ce devait être pour lui que cette fraîche gamine de seize à dix-sept printemps qui s'offrait à lui, prête à toutes les folies... à côté de sa femme, vénérable matrone. Je suppose que, quadragénaire sérieux, défenseur de la famille dont il nous parlait parfois, il a lutté avec lui-même. Finalement, il a tout coupé. Nos études terminées, nous avions des réunions avec nos anciens professeurs. Un beau jour, il n'y vint plus. Je fus déçue. J'eus même le toupet de le relancer chez lui, mais il tint bon et je ne le vis plus. Loin des yeux, loin du cœur ! Ma belle flamme s'éteignit et, je le suppose, la sienne aussi !

À l'heure actuelle, où les filles sont autrement averties et la morale peu austère, nous serions facilement tombés dans les bras l'un de l'autre. J'entends quelque lecteur me dire : « Vous étiez bien bêtes tous les deux. Si vous vous aimiez, pourquoi vous refuser du plaisir ? Où est le mal ? » En soi, il aurait raison : il n'y a pas de mal à s'aimer et à jouir ensemble. La Bible en parle avec simplicité au début de la Genèse : « Le Seigneur Dieu amena la femme à l'homme qui s'écria : "C'est l'os de mes os et la chair de ma chair [...]" Ils deviendront une seule chair [...] Or, tous deux étaient nus et n'avaient pas honte l'un de l'autre. » Le texte de la Genèse n'est pas bigot !

J'aime encore à citer ces lignes d'une rare profondeur, un peu hermétiques peut-être : « Dans la relation de l'homme avec la femme, dans cette rencontre si puissante qui éveille tout, qui réveille le plus ancien, qui ouvre à la puissance de vie son chemin le plus naturel, qui est à l'être humain signe de maturité... don juste au juste moment[1]. » L'essentiel est dit. Pourquoi M. Fréson a-t-il refusé cette « rencontre si puissante » avec moi ? Parce qu'elle aurait brisé la femme de sa jeunesse, la mère de ses enfants, sans doute. Mais aussi, je crois, parce qu'il m'aimait, selon une autre expression de Maurice Bellet, « au-delà de l'amour ». Il a refusé de profiter de la séduction qu'il exerçait sur moi, car elle n'aurait pas suscité un « don juste au juste moment ». Il ne fallait pas faire dévier « la puissance de vie » qui m'habitait de « son chemin naturel ». Après un temps de folle passion et de folle jouissance, je serais sans doute sortie de cette aventure pantelante, sans avoir rassasié la totalité de moi-même, avide de

---

1. M. Bellet, *L'Épreuve ou le tout petit livre de la divine douceur*, Desclée de Brouwer, 1992.

courir vers d'autres amours toujours plus brûlantes. J'avais besoin, au contraire, plus que d'autres, d'être initiée à l'amour dans des normes qui auraient assuré à mon être en fermentation l'équilibre d'une alliance fondant un foyer propre à m'épanouir.

Cher monsieur Fréson, dans le combat que représente chaque amour, vous avez préféré vous vaincre que me conquérir, vous avez refusé de profaner la coupe enivrante que je vous offrais, vous m'avez laissé partir, inviolée, vers mon destin. Merci de m'avoir aimée « au-delà de l'amour » !

Durant ces années orageuses, j'ai eu la grâce de rencontrer une amie incomparable, Marie-Louise Mailleux, aussi sérieuse que j'étais folâtre et qui privilégiait l'étude, alors que je préférais musarder. Le plus curieux, c'est que nos tempéraments aux antipodes avaient un point commun : nous pensions chacune nous consacrer à Dieu, elle chez les Dames de Marie (qui allaient lui demander de continuer ses études universitaires), moi, pêcheuse de lune et d'aventures, dans quelque ordre missionnaire.

Je dois beaucoup à son influence. C'est admirable ce qu'une amitié profonde peut vous apporter. Marie-Louise était « ma sérénité ». Son égalité d'humeur tempérait mes soubresauts, sa piété solide équilibrait la mienne. Nous avions une même cicatrice au cœur. Elle avait subi elle aussi le drame de la mort, celle de sa mère. Nous aimions deviser ensemble de la mort et de l'éternité, de recherche d'absolu et de don de soi, conversations étonnantes pour de très jeunes filles mais qui répondaient à la soif de dépassement qui nous habitait. Cette sympathie d'âme avait de telles racines qu'elle ne s'est jamais démentie. Après avoir joué un rôle important chez les Dames de Marie, devenue à moitié aveugle, elle a voulu venir au Caire visiter les chiffonniers. Avant de mourir, elle a demandé à sa congrégation de léguer son héritage à leur école – dernier gage de sa fidélité !

J'aurais voulu m'inscrire avec elle à l'université de Louvain. Celle-ci remontait au Moyen Âge dont elle avait gardé l'esprit misogyne, depuis les malheureux amours d'Abélard et de son élève Héloïse. Il avait fallu de longs et épineux conciliabules entre ses éminents docteurs et les Dames de Marie pour qu'ils acceptent enfin l'entrée du sexe tentateur dans leur forteresse jalousement gardée. Mais ma mère m'opposa un veto formel : « Je ne t'ai jamais vue travailler sérieusement ; tu t'intéresseras plus aux moustaches qu'aux études ! » Je sentais confusément qu'elle avait raison. Point n'est besoin, me disais-je, d'un diplôme universitaire pour devenir religieuse missionnaire… et martyre, car je n'en démordais pas ! Je voyais de plus en plus clairement que, là seulement, dans la consécration à un grand idéal, j'atteindrais l'épanouissement total de moi-même.

Ma sœur aînée, Marie-Lou, dans un bal costumé où elle était déguisée en marchande de violettes, avait provoqué un coup de foudre chez un de ses danseurs. Il avait obtenu de ma mère la permission de se joindre à nous dans une promenade au bois de la Cambre. Soudain, quelques gouttes commencent à tomber. Marie-Lou ouvre son parapluie. « Mademoiselle, me permettez-vous de le tenir ? » Comment marcher sous un même parapluie sans se rapprocher ? Et je vois Marie-Lou glisser timidement son bras sous celui de Philippe : c'est ainsi qu'alors, en ce premier quart de siècle, l'amour naissait sous un parapluie. Le 1er mai arrivait une corbeille de muguet envoyée à ma mère, le soupirant n'osant pas encore l'adresser à l'élue de son cœur. Le salon en fut embaumé, et le jeune homme encouragé… Temps des fiançailles où nos deux amoureux avaient juste la permission de se voir parfois seuls au salon, et encore, la porte ouverte !

Le jour du mariage arriva. Me voilà, après le banquet d'usage, dansant en tressaillant de plaisir au bras d'un jeune et galant avocat. Il me dit tendrement :

« Mademoiselle Madeleine, vous venez de terminer vos études ?

— Oui, monsieur.

— Vous ne songez pas à vous marier ? »

Je détourne la tête en rougissant. La future martyre avait soudain fait place à une jeune fille grisée par son premier contact avec un joli garçon. Mais le cousin Marius qui venait de lâcher sa danseuse passe près de moi et voit mon trouble. « Madeleine, tu viens danser avec moi ? » Et résolument, il m'entraîne en quadragénaire avisé, soucieux de libérer sa naïve cousine aux sens et au cœur si brusquement enflammés.

Ce petit incident fut pour moi révélateur. Les cartons dorés d'invitation au bal m'arrivaient. Ma mère me disait en souriant : « C'est ton tour, Madeleine, tu veux y aller ? » Elle s'étonnait de mon refus, ne comprenant pas. Mais je savais, moi, que c'était à prendre ou à laisser : soit je restais fidèle à l'appel du Seigneur et je me gardais libre de corps et d'âme, soit j'allais valser et serais vite emportée par le tourbillon.

Paradoxalement, il m'arrivait aussi, reprise par mon désir, de pousser la porte d'un dancing où je savais trouver ce qui m'attirait. Les quelques individus qui s'y rencontraient pendant la journée (le soir, ma mère aurait pu le savoir, je ne m'y risquais pas) étaient des hommes d'un certain âge, prêts à s'emparer de vous. Il y avait un Sud-Américain particulièrement pressant... Mais, honteuse d'une si lamentable équipée, je finissais toujours par m'enfuir.

Ces mésaventures d'un jeune cœur troublé – et bien d'autres qu'il serait vain de raconter – paraissent bien « fleur bleue » aujourd'hui et prêtent à sourire. Filles et garçons reçoivent maintenant une éducation qui les brasse et, de ce fait, les rend sans doute moins naïfs envers de tels émois. Si j'en parle, c'est parce que, aussi ridicules qu'ils puissent paraître, ils déclenchaient, dans un tempérament comme le mien, une sorte de frénésie qui risquait de tout emporter... Et personne à qui parler en profondeur de ces sujets encore « tabous ».

Allais-je encore longtemps laisser osciller le pendule d'un extrême à l'autre ? Il fallait en finir ! Je décide de partir dans n'importe quel couvent pour voir si j'y trouve la paix du corps et de l'âme. J'en parle à ma mère, sa réponse est catégorique : « Tu n'as rien pour devenir une religieuse ! Tu ne resteras pas une semaine dans un cloître. Je ne veux pas que tu te couvres de ridicule en partant pour aussitôt en revenir ! Attends ta majorité, tu feras alors ce que tu voudras. » C'était clair : ma mère n'était pas femme à revenir facilement sur sa décision. J'avais dix-neuf ans. On était majeur à vingt et un ans. Mon Dieu, tiendrai-je encore deux ans ?

Marie-Louise Mailleux, ma fidèle et solide amie, n'était plus là pour me soutenir. Entrée chez les Dames de Marie, elle poursuivait ses études universitaires à Louvain. Mais voilà que je trouve un nouvel appui. À l'église Saint-Nicolas, je voyais parfois une jeune fille blonde assister à la messe de sept heures du matin. Pendant des années, je l'ai saluée sans lui adresser la parole. Elle me paraissait trop timide, bigote. Ce n'était pas mon genre, mais je sentais le besoin de me faire à nouveau une amie sérieuse. Un beau jour, je l'aborde après la messe. Elle me plut immédiatement : « Il y a longtemps que je voulais entrer en relation avec vous, me dit-elle, mais vous aviez l'air si sérieuse et – avec un sourire – si “confite” en dévotion que je n'osais pas ! » J'éclate de rire. Comme la mine est trompeuse ! « Venez prendre le café à cinq heures chez nous, c'est plein de vie ! » Madeleine Stevens habitait rue Verte, à trois minutes de chez moi, rue de Brabant.

Ah ! mes amis, quelle gaieté ! Avec ses frères plus jeunes qu'elle, il y avait toujours quelques joyeux lurons du même âge. J'étais pour eux comme une deuxième sœur aînée. Quelle saine camaraderie ! On dévorait ensemble de bonnes tartines bien beurrées, les rires n'arrêtaient pas. Louis Évely était du nombre. Il se préparait à entrer au séminaire avec André, un des fils Stevens. Il allait plus tard devenir l'auteur d'un livre appelé à avoir un retentissement mondial : *C'est toi, cet homme* [1]. Sa vie serait ensuite assez aventureuse.

Notre rieuse jeunesse conversait parfois aussi sérieusement sur des sujets tels que Dieu, l'Église, la culture ou les problèmes sociaux. La demeure des Stevens a représenté pour moi le meilleur antidote à mon effervescence. « Qui a trouvé un ami fidèle a trouvé un trésor... un baume de vie. » Marie-Louise m'avait enrichie du « trésor » de son cœur spontanément tourné vers le bien, le beau, le vrai. Madeleine m'offrait un « baume de vie », celui d'une famille unie, ouverte au monde et dans laquelle on respirait un parfum de bonheur. Qui y entrait soucieux en repartait souvent joyeux. J'y ai puisé une qualité irremplaçable : l'humour qui permet de supporter les drames de la planète sans en être écrasé.

Madeleine, elle, désirait se marier, mais elle refusait d'aller au bal. Délicate et sensible, elle redoutait les contacts avec les étrangers. Je décidai de créer à son intention un cours de danse entre amis, les uns invitant les autres. Elle y rencontrerait peut-être l'élu de son cœur. Quant à moi, ma tête y tournerait moins vite qu'au bal, dans une atmosphère moins galante. Ce fut exact. Le climat était d'une joyeuse amitié. Naturellement, j'aimais danser avec les jolis garçons et je grinçais le jour où j'étais moins invitée, mais cela n'allait pas plus loin.

Madeleine finit par trouver son époux. Il se montra volage, mais elle arriva à sauvegarder la gaieté au foyer pour ses enfants.

Voici qu'un certain jour, ma mère me dit : « Veux-tu partir en Angleterre *to speak english* chez mère Fidélis ? » C'était la cousine de mon père, supérieure de l'école Notre-Dame-de-Sion, à Londres. Ma mère ne m'aurait pas envoyée ailleurs ! Ravie, je prépare mes bagages. En avant, je vais dans un couvent !

---

1. L. Évely, *C'est toi, cet homme* (1957), rééd. Desclée de Brouwer, 1996.

Décision

Londres, 1927

Le séjour en Angleterre m'offrait une période d'accalmie, si je savais en profiter sans incartades. Au début, tout se passa bien. L'école de Sion accueillait les enfants pauvres, ce qui me plaisait singulièrement. Ma chambre était dans la partie réservée à la communauté. L'atmosphère y était calme et recueillie. L'harmonie des offices à la chapelle m'entraînait dans une prière profonde, sans exaltation. J'étais heureuse, en paix. J'avais révélé à mère Fidélis mes désirs de vie religieuse :

« Mais je ne sais pas encore dans quelle congrégation. Je veux seulement un ordre missionnaire…

— Comme le nôtre. Mais tu dois visiter plusieurs instituts, pour faire un choix libre. »

Elle me donna différentes adresses, mais je restais perplexe.

Entrant un jour dans un restaurant, je vois la serveuse faire asseoir un individu à ma table en enlevant prestement le bouquet qui nous sépare. C'était un Français, quelle aubaine ! Il me confie : « Oh ! vous savez, les Anglaises sont froides, pas du tout comme chez nous. On leur offre un cinéma, un souper… et elles s'enfuient ! » Il me jette un regard complice. Ça me convient. Cette fois l'aventure sera rapide, et ma mère est loin. Je lui réponds en riant : « Ah ! les Anglaises ! Nous, nous pourrons nous comprendre ! » La conversation partie sur ce pied-là est animée. On se quitte, lui enchanté, moi ravie, rendez-vous donné. Revenue dans l'atmosphère du couvent, la vapeur se renverse. Je raconte mon histoire à mère Fidélis en évitant, bien sûr, les détails inutiles ! Cependant, elle a vite fait de comprendre :

« Écoute, Madeleine, soyons sérieuses, tu vas visiter des couvents pour faire un choix et tu t'attables avec un inconnu. Penses-tu le revoir ?

— Euh ! C'est défendu ?

— La question n'est pas là, tu dois choisir : ou t'amuser avec des garçons, ou te préparer à la vie religieuse.

Elle me regarde en riant : « Ce sont deux activités d'un genre différent, tu es d'accord ? »

Bien sûr que j'étais d'accord... en théorie, mais en pratique ? Finalement, je ne retournai pas au restaurant. Mon beau Français se consola sans doute en trouvant malgré tout quelque charmante Anglaise.

Au bout de quelques mois, je commence à parler couramment anglais. Il sera bientôt temps de retourner à Bruxelles.

« Alors, Madeleine, me demande mère Fidélis, as-tu fini le tour des couvents ? As-tu pris ta décision ?

— Non, pas encore.

— Veux-tu faire une retraite d'élection ?

— ... ?

— Tu pars trois jours loin d'ici pour te sentir libre et tu demandes simplement à Dieu la lumière sur ta vocation. Tu dois t'interroger toi-même : Où mon être, corps et âme, s'épanouira-t-il le mieux ? Dans le mariage ou dans la vie religieuse ? Et, le cas échéant, dans quelle congrégation ? Surtout ne te tends pas, ne te contrains pas. Dieu veut le bonheur de l'homme, Madeleine. À nous, à toi, de le trouver. Tu connais cette phrase de saint Paul : "Dieu aime le donateur *hilare*[1]", c'est-à-dire "qui donne en riant", qui est heureux de donner. Prie, nous prierons avec toi et Dieu te donnera la lumière. »

---

1. 2 Corinthiens 9, 7.

Je n'en suis pas sûre, mais j'accepte de me rendre à quelques kilomètres de Londres chez les religieuses du Purgatoire. Arrivée dans ma chambre, j'ouvre ma valise. Catastrophe ! Elle ne contient que des livres. Dans mon trouble, en partant, je m'étais emparée de la valise d'une élève ! J'entrais en retraite dans la pauvreté nue. J'y vois un clin d'œil du Seigneur : ne faut-il pas se dépouiller pour marcher vers la lumière ?

Le père Leroux, l'aumônier, me donnait chaque matin, sans commentaire, les sujets de méditation de la journée. Je suivais simplement les pas de Jésus, sa vie, son enseignement dans l'Évangile. Je reprenais pour les approfondir les thèmes de ma première communion. Oh ! Gethsémani, les gouttes de sang tombant sur mon cœur... tout se ravivait. Avec la fraîcheur du premier appel, le corps se détendait, l'âme se dilatait.

Le troisième jour, le père me dit, toujours sans commentaire : « Prenez une grande feuille de papier, pliez-la en deux ; cherchez et écrivez dans une colonne les raisons "pour" le mariage ou la consécration religieuse et, dans une autre, les raisons qui vous font pencher "contre". N'oubliez pas le but de la recherche : trouver la paix, la joie. Je prierai pour vous. » J'ai longtemps gardé ce feuillet. À quelques mots près, voici ce que j'avais écrit :

BUT : PAIX, JOIE

I. Le mariage

Raisons «pour»	Raisons «contre»
1. Calmer mes sens dans la légitimité. 2. La recherche de l'absolu ne calme pas les sens, peut les exciter. 3. Paix physique.	1. Ne calmera pas ma soif d'absolu. 2. La recherche de l'absolu peut aider à calmer les sens dans la vie religieuse par l'aide qu'elle apporte.

Raisons « pour »

4. Joie d'avoir des enfants.
5. Le mariage est béni par Dieu, c'est un sacrement.

Raisons « contre »

3. Paix physique n'est pas paix de l'âme.
4. Cercle fermé : et les enfants malheureux du monde ?
5. Une vie religieuse consacrée aux autres est aussi une bénédiction d'une grande profondeur.

II. La vie religieuse

Raisons « pour »

1. Pas de contact direct avec ce qui excite les sens. Lectures sérieuses, nourriture simple.
2. Aide quotidienne : prière, sacrements, vie fraternelle de communauté, calme, sans excitation.
3. Grande source de paix : le don de soi pour épanouir les autres, surtout les enfants.
4. Le Christ a dit : « J'ai vaincu le monde. » Il m'a sauvée de toutes mes folies, Il continuera.
5. Toute vie est un risque, surtout avec mon tempérament, mais combien de femmes mariées étouffent dans leur corps et leur âme ?

Raisons « contre »

1. Les sens s'excitent d'eux-mêmes quand ils ne sont pas satisfaits.
2. Aide insuffisante en l'absence d'un mari pour me calmer. Toutes les sœurs ne sont pas fraternelles, il y en a d'exaspérantes, une vie trop calme risque aussi de m'exaspérer.
3. Source de joie spirituelle, incapable de calmer la chair.
4. Belle idée, vérifiée dans le passé, sans preuve pour l'avenir, le risque est grand.
5. Au couvent, sans exutoire, on risque un pire étouffement de l'âme et du corps.

Raisons « pour » et raisons « contre » pesées, voici quelle fut ma décision :

1. Risque pour risque, je choisis la vie religieuse.

2. Je choisis de la mener à Sion. La congrégation me plaît : la vie donnée aux pauvres, à leur éducation, rythmée par la prière, dans la fraternité d'une communauté et la sécurité d'un couvent. Tout cela me paraît répondre à mon idéal. Une fois délivré des tentations du « monde », mon cœur pourra s'épanouir en toute liberté, dans la joie d'être consacrée corps et âme à Dieu et aux enfants les plus déshérités.

Je mets un vigoureux point final sur la feuille. Le sort en est jeté, j'ai trouvé le sens de ma vie. Je deviens « bonne sœur », c'est-à-dire une sœur bonne pour tous. En avant, marche !

J'ai le besoin d'expérimenter pour croire. Mère Fidélis avait raison : partie dans le noir, je reviens inondée de lumière. Moi, Madeleine Cinquin, je n'avais plus de doute. Courir ventre à terre derrière le bonheur à travers la Terre, c'est me vouer à l'échec, au désespoir. Je garderai le diable au corps, j'en suis sûre. On ne change pas de peau. Mais le Christ a vaincu le monde, il sera aussi mon vainqueur…

Et il l'a été, depuis plus de soixante-quinze ans ! Certes, quand on fait une telle élection, on avance des « raisons pour » et des « raisons contre » qui paraissent ensuite plus ou moins probantes. Je voulais à tout prix arriver à une décision qui donnerait la paix à mon âme en perpétuelle effervescence. L'essentiel, c'est qu'un choix réel se soit dégagé, qu'une décision fondée ait été prise. Durant ma longue existence, je ne l'ai pas regrettée un instant. Mieux encore, elle a été un fondement inébranlable pour toute ma vie.

Je rentre à Sion. Mère Fidélis m'attend. Elle m'écoute en silence. Quel respect pour ma liberté ! Je lui en sais gré encore aujourd'hui, comme au père Leroux. Le fait d'avoir choisi moi-même, sans pression, m'a donné de ne jamais me dédire. Elle sourit : « Tu auras l'occasion de juger de la force de tes raisons. Une lettre de ta mère me parle d'un prétendant arrivé de Paris. Il se plaint de la légèreté des Parisiennes. Il a entendu parler de toi, fille sérieuse. Tu verras. » Je ne bronche pas : « sérieuse », hum ? Le pauvre garçon, il se fait des illusions. Mon Dieu, pourvu qu'il ne soit pas trop beau, trop alléchant : il faudra que je relise mon papier ! M'ayant en vain attendue, mon prétendant est en fait reparti comme il était venu. Il a sans doute enfin rencontré la fille de ses rêves, car il n'a pas réapparu. Son départ, c'était sa chance… et la mienne !

Je traverse à nouveau la Manche sur le navire qui m'emmène à Dunkerque. D'abord debout, appuyée au bastingage, je m'assieds bientôt, pieds en l'air sur le pont, en grillant une cigarette. C'est assez mal vu à l'époque, ma mère me le défend… c'est pourquoi j'y goûte un plaisir extrême, histoire de me prouver ma liberté, même si chaque bouffée alimente ma migraine !

Cette allure de jeune personne émancipée ne manque pas d'attirer un beau garçon (en tout cas, je me le rappelle beau). Il s'assied à côté de moi, jette aussi ses jambes sur le bastingage et engage la conversation. Je m'empresse de lui répondre.

« Vous fumez, mademoiselle ?

— Comme vous voyez, monsieur.

— Et où vous rendez-vous comme ça, mademoiselle ?

— Au couvent, monsieur.

— Avec ces yeux-là, mademoiselle ?

— Je ne les laisserai pas à la porte, monsieur.

— Moi, je pars pour Berlin, mademoiselle.

— Tant mieux pour vous, monsieur.

— Vous ne voulez pas venir avec moi, mademoiselle ?

— Vous voulez aussi entrer au couvent, monsieur ?

— Certainement pas, mademoiselle.

— Alors, on ne se reverra plus, monsieur. »

La vérité, c'est que ma tante m'attend au débarcadère… et mon beau blond est parti seul à Berlin !

Suprême combat

Bruxelles, 1928

À Bruxelles, la vie reprend : leçons de coupe dans la matinée – selon la volonté de ma mère – pour apprendre à tailler mes robes ; le soir, à l'institut Saint-Louis, cours de philo et de théologie. Selon ma volonté, j'organise cet hiver-là une soirée théâtrale : *L'Annonce faite à Marie* de Claudel.

Au milieu de ces activités diverses, la décision prise en Angleterre ne se dément pas. Je comprends qu'il me faut un directeur de conscience. Je choisis l'abbé Ryckmans, mon professeur de métaphysique, que j'apprécie. Je vais le voir. Il écoute, renversé, l'histoire de mes folles équipées, entrecoupée du projet d'entrer au couvent. Je lui demande en conclusion d'insister auprès de ma mère pour qu'elle me laisse partir avant ma majorité. Abasourdi, il sursaute :

« Vous parlez sérieusement, mademoiselle Cinquin ?

— Bien sûr, monsieur l'abbé.

— Vous voulez vraiment un conseil ?

— Je suis venue pour ça.

— Mariez-vous, et le plus tôt possible.

— Jamais de la vie. J'ai la vocation religieuse, moi ! »

Ce fut un dialogue de sourds.

En vérité, l'accalmie de Londres avait été de courte durée : troubles, excitation, confession, communion se succédaient à nouveau. Un soir, je me sens à bout. Il me faut un homme. Il est huit heures moins le quart. Avant de partir au cours de métaphysique, je vais embrasser ma mère. Contrairement à son habitude, elle s'est déjà couchée, fatiguée. Mais comme chaque soir, elle tient entre ses doigts le chapelet qu'elle égrène avant de s'endormir.

« Tu as la clé ?

— Oui, maman.

— Bonsoir, chérie, reviens vite. »

Je l'embrasse et me sauve. Je cherche une rue sombre et je traîne les pieds. Un individu s'approche, me scrute, me saisit le bras. Je le laisse faire. Nous marchons côte à côte. La fièvre qui me possède tombe, je ne sais pas pourquoi. Subitement refroidie, je lui réponds à peine. Étonné, il me demande : « Vous avez l'air d'une fille sérieuse, que faites-vous ici ? » Il faut que j'invente quelque chose. Je bredouille : « Mon fiancé m'a abandonnée. » Il s'arrête un instant : « Ma petite, les fiancés, ça se dispute et ça se raccommode, voyons, pas de bêtise ! » Il me lâche et d'une voix paternelle, il me glisse : « Mon enfant, rentrez chez vous. »

Est-ce le frêle chapelet de ma mère qui s'est dressé comme un mur entre cet homme et moi et lui a fait soudain murmurer : « Mon enfant, rentrez chez vous » ? D'aucuns pourront sourire, mais je crois à la force de la prière des mères qui sont toujours, d'une façon ou d'une autre, exaucées. Je vais de ce pas raconter mon histoire à mon abbé. Épouvanté, il me fixe :

« Mademoiselle Cinquin, vous perdez la tête. Cet individu qui vous a lâchée, on n'en trouve pas un pour cent sur la planète. Vous vous jetez directement dans la prostitution et vous osez me parler de vie religieuse ?

— Bien sûr que j'en parle, et vous, vous muselez ma vocation.

— Mademoiselle Cinquin, comprenez-vous ce que vous dites, ce que vous faites ? On se lie par des vœux au couvent !

— Exactement ce que je veux : me lier. Pauvreté, chasteté, obéissance, c'est ce qu'il me faut ! »

Exaspéré, il me décoche :

« Pauvreté ? Madame votre mère me dit que vous n'avez jamais assez d'argent pour vos toilettes.

— Précisément, monsieur l'abbé. Au couvent, on n'a qu'une robe, elle dure des siècles, pas besoin d'argent ! »

Il devient sifflant :

« Et la chasteté, vous entendez, la chas-te-té ?

— Peuh ! Pas de problème, il n'y a pas d'homme au couvent, qu'est-ce que vous voulez que je fasse ? »

Désarçonné, mais de plus en plus irrité, il enchaîne :

« Et l'obéissance ? Vous n'obéissez à personne, mademoiselle Cinquin. La preuve : vous me choisissez pour directeur, bien décidée à ne pas vous laisser diriger. Au couvent, il y a un petit mot que vous ignorez complètement : "Oui"... vous entendez ? "OUI".

— Mais vous n'y comprenez rien, monsieur l'abbé. C'est pour ça que je veux entrer au couvent. Je n'en peux plus de moi-même, je ne peux plus me supporter, me porter, me régler : je veux une règle, j'ai besoin, moi, qu'on me tienne, que je sois obligée de dire "OUI".

— Justement, prenez un mari, il saura vous tenir, croyez-moi ! »

Je m'échauffe de plus en plus : « Je ne veux pas qu'un homme me tienne, il n'en a pas le droit. Je veux rester libre, moi ! »

L'abbé et moi, nous sommes à bout de nerfs. Il n'en peut plus de mes contradictions impossibles à raisonner. « Mademoiselle Cinquin, nous n'aboutissons à rien. Finalement, pourquoi êtes-vous venue me voir, je me le demande ? » Je scande chaque mot :

« Pour que vous di-siez à ma mè-re de me lais-ser entrer au cou-vent, un point, c'est tout.

— Cela non. Enfermée, vous deviendrez folle et tout le couvent avec vous !

— Alors vous me lancez dans la prostitution, c'est vous qui l'avez dit. Vous en serez responsable devant Dieu et devant les hommes. »

Outragé, il se lève :

« Séparons-nous, mademoiselle Cinquin, qu'est-ce que vous osez me dire ?

— La pure vérité. »

Je sors mon mouchoir et commence à sangloter : « Je suis perdue et vous ne voulez pas me sauver ! » Le pauvre abbé ne sait plus à quel saint se vouer... me vouer ! « Monsieur l'abbé, je vous en supplie, venez demain déjeuner à la maison et dites à ma mère : "Laissez-la partir au couvent, elle en reviendra et se mariera." » J'ajoute au milieu de mes larmes : « Oui, je le jure. Si je reviens, j'irai au bal, je prendrai le premier qui se présentera... ou le deuxième. C'est fini, je me marierai. »

Je sens l'abbé ébranlé. Les larmes sont un argument que nous, femmes, connaissons. « Ne pleurez pas, mademoiselle Cinquin, je viendrai demain parler à madame votre mère. »

Il est venu. Ma mère a cédé.

Enfin ça y est ! Pas de temps à perdre. J'écris en vitesse à mère Fidélis pour qu'elle me fasse accepter au noviciat de Paris. Ma mère se hâte tout autant pour envoyer une missive à la supérieure générale : sa fille n'a aucune des qualités nécessaires à la vie religieuse, il serait prudent de l'éprouver avant de la recevoir !

Arrêtons-nous un instant. Sincèrement, n'avais-je aucune des qualités requises pour une future religieuse, comme l'affirmait ma mère ? On était strict en 1929 : mœurs sans reproche, esprit de discipline, piété éprouvée, tenue modeste sans ombre de coquetterie, dévouement à toute épreuve... À vingt ans, n'étais-je pas aux antipodes de toutes ces vertus ?

Nous sommes là au cœur du mystère. *Vocare*, en latin, signifie « appeler ». Une « vocation », c'est se sentir appelé à quelque chose qui vous dépasse, qui fait surgir le meilleur de vous-même, vous donne des forces inattendues… attirance mystérieuse pour ce qui peut, à d'autres, paraître dénué d'intérêt, voire impossible ou même fou, mais vers quoi, fasciné, vous voulez marcher.

Comme il s'agissait pour moi de vocation religieuse, c'est naturellement sur Dieu que je m'appuyais. Je me disais : « Quand, enfant, je m'élançais dans les bras de mon père, m'a-t-il jamais laissé tomber ? Et Dieu n'est-Il pas “Notre Père des Cieux” ? »

Je m'embarquais, voyageuse sans bagage, répondant à un double appel, à un double amour : celui du Christ de ma première communion, mort et ressuscité ; celui des missions lointaines et du service des pauvres qui m'attiraient de plus en plus. N'aie pas peur, Madeleine, lance-toi. En avant ! Le Christ est le seul homme qui ne te décevra jamais.

Enfin libre !

Paris, 1929-1931

Je sonne au 61 rue Notre-Dame-des-Champs, maison mère de la congrégation Notre-Dame-de-Sion, à Paris. L'immense porte cochère s'entrouvre. « Je suis mademoiselle Cinquin et vais entrer au noviciat. – On vous attend. » Je suis conduite chez la supérieure, mère Constantina. Une quarantaine d'années, un peu d'embonpoint, un sourire engageant, un air décidé :

« Nous avons reçu une lettre de mère Fidélis, vous voulez entrer au noviciat ?

— Oui, je suis venue pour cela. J'entre demain ? »

Elle sourit. Il y avait aussi la lettre de ma mère ! « Nous allons vous éprouver auparavant. Votre chambre se trouve du côté des jeunes filles et des dames pensionnaires. Je vous ai préparé votre règlement. » Elle me tend un papier : « Vous suivrez les offices à la chapelle avec les novices, vous ferez du ménage, des gardes au pensionnat et à la loge. Mais aucune sortie ni promenade dans Paris, n'est-ce pas ? » Je m'écrie avec ferveur : « Oh ! non, surtout pas, je n'ai même pas dit à mes tantes que je suis ici. »

Lever à cinq heures. Cinq heures et demie : méditation, office, messe avec la communauté. Je suis aux anges ! J'applique point par point mon règlement. Mais, à la salle à manger, je suis le boute-en-train des jeunes. Les fous rires se succèdent. Bientôt, je m'aperçois que la sœur serveuse a posé ma serviette près des dames. Toujours rieuse, je leur explique que nous mangeons nos ancêtres par les racines. L'hilarité gagne aussi ces vénérables sexagénaires !

Là-dessus, je vois arriver deux jeunes filles modestement vêtues qui mangent en silence. Je fais connaissance :

« Nous arrivons de Rome pour entrer au noviciat.

— Ah ! moi aussi, nous allons être ensemble. »

La sœur « robière » les attend pour prendre leurs mesures. Je cours chez mère Constantina : « Qu'est-ce qui se passe ? Pourquoi ne prépare-t-on pas ma robe ? » Embarrassée, elle me répond : « Madeleine, vous n'êtes pas encore admise, vous êtes un peu agitée, vous comprenez ? Votre sort va se décider demain, avec les Mères du Conseil. »

Sans doute la maîtresse des novices, mère Marie-Alphonse, alertée par la lettre de ma mère, a-t-elle pris des renseignements auprès de la sœur serveuse : « La future postulante ? Elle révolutionne même les vieilles dames. » Pas besoin d'une tête folle pour troubler le noviciat !

La supérieure générale, mère Gonzalès, me fait appeler. Femme de haute valeur, elle m'écoute avec attention, s'amuse de mon entrain, mais remarque aussi ma détermination. Le Conseil a lieu. Malgré le vote négatif de la maîtresse des novices, je suis acceptée… à l'essai. La lettre de mère Fidélis, jeune supérieure appréciée dans la congrégation, a dû l'emporter sur celle de ma mère.

J'avais déjà choisi mon nom biblique, mentionné par l'évangéliste Matthieu lorsqu'il cite le prophète Isaïe, dans la traduction grecque des Septante, comme une prophétie de l'incarnation miraculeuse du Christ : « La Vierge enfantera un fils qu'on appellera *Emmanuel*, "Dieu avec nous"[1]. » Ces paroles renferment le sens

1. D'après Matthieu 1, 23.

profond de ma vocation : unir l'ancienne tradition juive et le nouveau message chrétien, être le pont où Israël et l'Église, où tous les hommes, quelle que soit leur identité, peuvent se rencontrer. Ne devais-je pas aussi passer de la Madeleine si vite perturbée à l'Emmanuelle portant dans son cœur « Dieu avec nous »[1] ?

5 mai 1929, cinq heures du soir. Je me dépouille de l'attirail bariolé d'une jeune coquette pour revêtir robe et voile noirs dépourvus d'appât. Je vais essayer de décrire – y arriverai-je ? – l'éclatement de joie qui m'a brusquement saisie dans l'ivresse de ma libération. À cet instant précis, je ne me sentais plus, comme auparavant, la fille d'Ève pour laquelle la beauté physique est la valeur essentielle : éclat des yeux, dessin des lèvres, incarnat des joues, douceur de la peau, brillant des cheveux, grâce de la poitrine, finesse des jambes... Je n'étais plus esclave de l'unique désir de plaire. Plaire au mâle, ça suffisait. Il m'avait assez turlupinée. Qu'il aille se faire pendre ailleurs ! J'échappais à l'éternel féminin, éternelle proie offerte et jamais comblée. Mon âme s'évadait d'une chair prête à devenir l'amante possédée et possessive. Je me sentais soudain libre, libre : corps, cœur, volonté ! Je n'étais plus « Madeleine Cinquin », mais « sœur Emmanuelle », la sœur de tous et de toutes ! Le paradoxe, c'est que cette triomphante libération qui, pour ainsi dire, ne m'a jamais quittée est contradictoire. Je suis libre... sans l'être... tout en l'étant. Je m'explique. « Je suis libre » : je suis devenue sœur Emmanuelle, celle qui n'est plus esclave du désir. « Sans l'être » : je n'ai pas changé de peau, je reste une fille d'Ève. Cette Madeleine-Emmanuelle s'apprête à entrer dans une fugue incessante et émerveillée avec le Christ, sa force dans sa faiblesse. Elle sera, à tout

1. Beaucoup plus tard, j'ai reçu la photo du père de ma grand-mère; au verso, je lis avec ébahissement : Emmanuel Moïse Dreyfus, 1820-1901. J'avais repris son nom, sans le savoir! À travers lui et mes ancêtres juifs, je me sens encore plus proche de l'Emmanuel biblique!

instant, entraînée par lui « au-delà », dans un souffle de « super-amour ». Peu importent les crises et les doutes qui l'assailliront : elle devient la surfeuse, rieuse et légère, qui bondit au-dessus des obstacles. La main dans la main du Christ-Amour, elle offrira à chacun et chacune, par-delà le charnel, la gratuité d'une rayonnante amitié. *Magnificat*, réjouis-toi, Emmanuelle ! N'aie pas peur, file vers ton destin, le noviciat t'attend !

Conduite par mère Marie-Alphonse qui me fait malgré tout bon accueil, j'avance au milieu de deux rangs de novices, au chant du psaume *Laetatus sum* : « Je me suis réjoui d'entrer dans la maison du Seigneur[1]. » Chacune m'embrasse, souriante, fraternelle. Ça commence bien !

Tout le monde s'assied sur de petits tabourets autour de la maîtresse des novices. Elle nous parle de la Bible. Nous ne pouvons pas la lire en entier, mais par passages seulement. Dans l'Église catholique à cette époque, seuls les prêtres et quelques laïcs spécialement formés avaient la permission de parcourir le texte intégral. Sans réfléchir, je m'insurge : « Mais non, ma Mère, à Bruxelles, nous avions la Bible complète pour nos cours ! » D'un ton sec, elle me rétorque : « Avec quelle permission, ma petite sœur ? » Sûre de moi, je réponds : « Avec l'encouragement du cardinal Van Roey, archevêque de Malines. » Silence gêné dans l'assistance... un regard irrité me dévisage : « Nous ne sommes pas à Malines mais ici, où l'on ne contredit pas la maîtresse des novices. » La récréation se termine dans une atmosphère glacée.

Mère Marie-Alphonse m'appelle dans son bureau et me fait mettre à genoux. Elle m'a avoué plus tard avoir voulu immédiatement me faire perdre mes illusions de vie religieuse : partir valait mieux pour moi. Ma mère,

1. Psaume 122 (121), 1.

selon elle, avait raison. Elle m'apostrophe sévèrement : « Vous venez juste d'arriver et vous osez me contredire, en plein noviciat ! » Je la regarde et réponds :

« Ce n'est pas moi, c'est le cardinal Van Roey !

— Le cardinal Van Roey n'a rien à voir ici, vous n'avez pas encore compris ? Vous n'êtes qu'une orgueilleuse, prête à semer la rébellion au noviciat !

— Mais, ma Mère, je ne…

— Taisez-vous et baissez les yeux. Allez à la chapelle suivre les stations du chemin de croix, baisez la terre à chaque station en disant : "Je ne suis qu'un zéro, une orgueilleuse, pardon, Seigneur", vous avez compris ? Le noviciat est une dure épreuve, on est libre de rester ou de partir. »

Je pars à la chapelle en me disant : « Je suis libre, donc je reste. Tiens bon, c'est la première douche froide. » Je regarde longuement chaque tableau : Jésus innocent, condamné à mort, crucifié. Mon bien-aimé, je ne suis qu'une orgueilleuse, un zéro en amour, transforme-moi !

Le lendemain, mère Marie-Alphonse m'appelle, s'attendant à une demande de départ. Je me mets à genoux et baisse les yeux.

« Alors, comment allez-vous ?

— Oh ! très bien. »

Étonnée, elle reprend :

« Levez donc les yeux pour me parler. Qu'avez-vous fait ? Qu'avez-vous pensé ?

— J'ai fait mon chemin de croix et j'ai pensé : c'est vrai, je suis une orgueilleuse ; c'est la première douche froide. Je suis venue au noviciat pour me corriger. Attendons la suite.

— Vous avez vraiment l'intention de rester ?

— Je suis venue pour ça ! »

Son regard s'adoucit : « Bon, nous verrons. Je vous demande de m'écrire chaque jour, franchement, ce que vous pensez. »

Le dialogue avait mal commencé, mais dès qu'elle comprit que j'étais prête à tout pour m'intégrer dans la vie religieuse, elle me prit en charge. Moi aussi, j'avais compris qu'avec elle, j'allais avancer d'un bon pas dans la *metanoia*, le retournement de l'être vers Dieu. Je lui confessai mon passé sans rien omettre. Elle me répondit simplement : « Comme Dieu vous a aimée ! Il faut que vous deveniez son instrument d'amour. Je vous conseille de faire une confession générale. Avec le sacrement, Dieu passera l'éponge sur le passé. Il l'oubliera pour ainsi dire, et vous aussi. Quand les souvenirs vous reviendront, vous les laisserez doucement retomber, sans plus vous en troubler. Courage, Emmanuelle, Dieu est avec vous. »

Je suivis strictement son avis. Le bien qui en résulta fut considérable. J'avais l'impression d'avoir changé de peau ! Comme prévu, les images du passé m'assaillaient parfois avec violence. Mère Marie-Alphonse me redisait avec un sourire :

« Chien attaché ne mord pas, Emmanuelle ! Laissez aboyer votre tempérament. Mais attention ! si vous vous sentez étouffer dans un carcan, ce sera la preuve que votre abbé avait raison : mariez-vous !

— Ah ! non, le malaise vient avec les souvenirs mais, comme vous l'avez conseillé, j'essaye de ne pas m'en préoccuper. Ils entrent, ils sortent, et hop, je reprends ma marche en chantant ! »

Pourquoi aimais-je cette vie au noviciat ? C'est vrai, j'avais perdu la liberté d'aller et de venir, de danser et de courir d'aventure en aventure. Mais avant le noviciat, j'avais vécu dans une insatisfaction perpétuelle, alors que maintenant la prière m'habitait : elle épanouissait mon corps, mon âme, mon cœur, elle irradiait chaque journée, quelle qu'en fût la monotonie.

Cinq heures. Une sonnerie retentit dans le dortoir, une voix s'élève : « *Sursum corda*, Haut les cœurs ! » Je saute du lit en répondant « *Habemus ad Dominum*,

Nous le tournons vers le Seigneur ! » Je sais déjà vers qui je vais.

Cinq heures trente. À genoux, à la chapelle, je bois silencieusement à la Source. Dans l'eucharistie je reçois, sans trouble maintenant, Celui que j'aime. Le silence enveloppe toutes les activités et permet, même en maniant le balai, de converser avec le Seigneur. Au moment de la lecture spirituelle, je me laisse brûler par la lave des *Confessions* de saint Augustin (on se comprenait bien tous les deux) : « Beauté ancienne et toujours nouvelle, je t'ai aimée trop tard ! » Légère, je pars ensuite préparer les tables du réfectoire en pensant au Ciel.

Cependant, dans ses conférences, mère Marie-Alphonse savait ramener les novices vers les réalités terrestres : « Si vous venez au couvent pour avoir une bonne petite vie, bien à l'abri des difficultés du monde, je vous conseille de partir au plus vite. Comme pour tous ceux qui passent sur cette terre, des épreuves vous attendent. Celles de la vie religieuse viennent d'abord de la virginité du corps et du cœur : l'être humain cherche normalement un amour sensible qui le satisfasse corps et âme. Le vœu de chasteté que vous vous préparez à prononcer vous paraîtra à certaines heures d'une stérilité farfelue. Mais la vraie fécondité vient de l'amour. Dans la mesure où vous vivrez un plus grand amour envers Dieu et l'humanité, une source de vie jaillira de vous. Vous offrirez le don le plus précieux dont chaque être a soif sur terre : la tendresse, la gratuité dans l'amour. »

La gratuité dans l'amour, tout est là. Cet idéal allumé par mère Marie-Alphonse au matin de ma consécration religieuse est devenu la flamme jamais éteinte tout au long de ma vie. Alors que j'écris ces lignes dans ma cabane au cœur du bidonville, au soir de ma destinée, je peux encore en offrir la chaleur à mes frères et sœurs chiffonniers.

« Quant au vœu d'obéissance, ajoutait mère Marie-Alphonse, il paraît s'attaquer à l'un des biens les plus précieux, la liberté. Mais quelle est la tentation la plus répandue au monde ? Être sa propre norme, décider soi-même du bien et du mal. Les commandements de Dieu paraissent une entrave insupportable qu'il faut briser à tout prix. Pourtant, comme le dit le Christ, ils se résument dans cette simple phrase : "Aimez-vous comme je vous ai aimés." La révolte contre l'amour est la cause du mal, du malheur. Ils ont la même étymologie. Pour guérir la racine de la rébellion, le Christ a décidé, lui, d'obéir jusqu'à la mort, la mort sur la Croix. Voici le sens de votre vœu, obéir comme lui, quoi qu'il vous en coûte. Et voilà le paradoxe : cette obéissance choisie devient libératrice. Une communauté groupée autour de sa supérieure, où chaque sœur obéit volontiers aux ordres donnés pour le bien commun, est un des lieux les plus pacifiques du monde. Rien n'est plus épanouissant que de chercher le bonheur des autres ! »

Mère Marie-Alphonse nous regardait ensuite en souriant : « Ce tableau idyllique ne se réalise pas toujours. Telle ou telle sœur pense à son bien personnel avant celui des autres et trouble la paix. Telle supérieure est parfois trop autoritaire, peut même faire souffrir une sœur qui ne lui plaît pas. À ces moments-là, l'obéissance devient un joug très dur. »

Son regard se faisait soudain plus profond : « *C'est alors l'heure du plus grand amour*... saurez-vous regarder votre crucifix et porter votre croix ? Tant d'hommes et de femmes à travers le monde sont obligés de se soumettre à des situations parfois intolérables. Après cette épreuve qui pourra être terrible, vous deviendrez la sœur universelle, libérée de vous-même, capable de comprendre et donc d'aider les détresses humaines. »

Ce langage fort, dur même, m'atteignait au point sensible. Au noviciat, l'obéissance ne me coûtait pas. J'y étais venue pour être formée à une vie religieuse authentique, pour maîtriser petit à petit ce que ma nature portait de rétif, d'égoïste, de sensuel. Je voyais clairement que la prière et les simples activités de chaque journée tendaient à ce but. Mère Marie-Alphonse me comprenait, m'aimait, me soutenait. Mais si, plus tard, je me trouvais confrontée à une supérieure qui ne me comprenait pas, me donnait des ordres contraires à la raison, moi si intransigeante, si absolue, comment pourrais-je obéir ?

Ce serait alors *l'heure du plus grand amour* ! Lorsqu'elle est venue, cette heure – j'en parlerai –, elle m'a offert une expérience étonnante. L'obéissance a battu en brèche ce que j'avais en moi de dur, d'intraitable. Elle m'a appris que « le plus grand amour » exige, comme le dit Pascal, « la renonciation totale et douce ». Pour y parvenir, je passerai un jour par le feu.

« Le vœu de pauvreté, expliquait mère Marie-Alphonse, n'est pas le plus facile à comprendre. En fait, la supérieure doit donner à chaque sœur ce dont elle a besoin en nourriture, vêtements, soins, etc. Mais vous ne devez jamais rien posséder en propre. Il faut vous contenter de ce qu'on vous donne. Chaque mortel, par le fait même de l'écoulement de ses jours, cherche à se raccrocher à un bien stable, à en devenir l'unique propriétaire. Attention à ne pas vous raccrocher à quoi que ce soit : "C'est *ma* chambre, *ma* chaise." On a même entendu des sœurs dire "*mon* balai". Malheur à qui osait y toucher !... Rien de plus coupant et de plus contraire au vœu de pauvreté que ce petit possessif. Il tranche toute relation.

Si vous êtes libérée des préoccupations matérielles, c'est pour vous permettre d'offrir à tous une amitié gratuite dans une disponibilité sans faille. Vous devez devenir, comme je vous l'ai déjà dit, la sœur universelle plus volontiers penchée vers les petits et les plus méprisés. Pour aller vers eux, il faut un cœur de pauvre ! »

Ce troisième vœu devait forger mon destin. Il a été comme une vrille qui enfonçait sa spirale toujours plus bas, toujours plus loin. Il m'a finalement propulsée au plus profond de la misère humaine, dont j'ai partagé la souffrance pour la vaincre.

Les deux années libératrices du noviciat touchaient à leur fin. Je sentais chez mère Marie-Alphonse une pointe d'inquiétude. Elle me fit appeler :

« Sœur Emmanuelle, le temps de vos premiers vœux approche. Vous sentez-vous profondément, vraiment heureuse ?

— Oh, oui ! et comment !

— Supporterez-vous toujours la vie religieuse, vous, si pleine d'exubérance ?

— Pourquoi pas ? Le noviciat ne m'a rien coûté. »

Elle sourit :

« Deux ans... mais cinquante, soixante, ou plus ?

— Ou moins, ma Mère. Qu'importe !

— Vous êtes encore libre de partir. Voulez-vous vraiment vous lier par des vœux ?

— Bien sûr ! Aimer, c'est se lier... à la vie, à la mort ! »

Quelques jours après, je dois subir « l'examen canonique » d'un délégué de l'archevêque de Paris. Il est chargé de vérifier, au nom de l'Église, qu'aucune pression n'a été exercée sur les novices. J'entre dans le parloir et m'assieds sagement derrière une table où m'attend un vénérable ecclésiastique.

« Ma sœur, quels sont les motifs qui vous ont amenée ici ?

— Le désir de me consacrer à Dieu, mon Père, et à ceux qui souffrent dans le monde.

— Personne ne vous y a poussée ?

— Au contraire, tout le monde était contre moi, directeur compris. »

Étonné, il reprend :

« Directeur compris ? et pourquoi ?

— Parce que j'étais indépendante, frivole, coquette. »

Je m'abstiens des détails, histoire de ne pas le scandaliser.

« Et le noviciat ne vous a pas pesé ?

— Oh ! non, il m'a libérée de moi-même. »

L'examinateur insiste :

« N'avez-vous pas peur de vous lier par des vœux ?

— Moi, absolument pas. Au contraire, je veux me sentir liée pour m'aider à ne pas regarder en arrière.

— Mais vous sentez-vous capable de garder des vœux de pauvreté, chasteté, obéissance, difficiles pour le tempérament dont vous me parlez ? »

Je réponds d'un ton convaincu (la même inquiétude de mère Marie-Alphonse m'avait portée à prier et réfléchir longuement) : « Moi seule, évidemment, j'en suis absolument incapable. Mais soutenue par le Christ et la Vierge, aidée par ma communauté religieuse, je suis sûre que je tiendrai. » J'appuie sur le mot *sûre*. Il revient à la charge :

« Vous sentez-vous tendue, compressée, ou dilatée, épanouie ? Je me mets à rire :

— Oh ! ni tendue, ni compressée. Mais épanouie, oui. Heureuse, oui. En paix avec moi-même. »

Le père semble satisfait :

« En paix, tout est là, ma sœur, votre nom ?

— Sœur Emmanuelle !

— Bien, je signe mon accord. Que Dieu vous garde fidèle et heureuse !

— Merci, mon Père. »

Je m'enfuis, aérienne. Plus d'obstacle sur la route...

Une phrase mystérieuse se murmurait chez les novices : « La veille de la profession religieuse, mère Marie-Alphonse révèle un secret. » Au soir tant attendu, nous sommes réunies autour d'elle. Une minute de recueillement, un sourire à chacune, puis sa voix s'élève : « Vous êtes venues ici de différents points du monde (France, Italie, Allemagne, Roumanie, etc.), ayant ressenti la même blessure d'amour. Mais aucune de vous ne sait encore ce qu'aimer veut dire. C'est une science peu connue, car elle exige l'absolu dans le don.

Jésus a aimé jusqu'à connaître la souffrance d'un esclave crucifié. Il a fait de l'amour l'antidote de la haine et de la mort, la porte de la résurrection. Demain, après avoir prononcé votre consécration religieuse, que recevrez-vous ? Une chaîne et un crucifix. Celui à qui vous voulez enchaîner votre vie, Celui que vous appellerez votre Époux, est un époux de sang. Il a aimé jusqu'au sang... et vous ? » Elle regarde chacune longuement...

« Si vous êtes fidèles, si vous laissez l'amour du Crucifié s'emparer de vous, la petite blessure d'aujourd'hui, la petite plaie de votre cœur grandira. Car chaque douleur que vous rencontrerez chez un homme, une femme, un enfant, vous brûlera comme un fer rouge. Vous deviendrez la sœur universelle offrant à ceux qui souffrent le rafraîchissement qui soulage le mieux : un cœur blessé de leur propre souffrance mais qui sait que, depuis le Christ, la mort engendre la résurrection. Vous ferez alors l'expérience d'un mystère : de la blessure élargie de votre cœur jaillira une source. Vous répandrez une paix et une joie qui reviendront vers vous. Vous comprendrez que la plus belle aventure d'amour sur terre comporte certes les plus grandes douleurs, mais aussi les plus grandes joies ! »

Le grand jour arrive enfin, le 10 mai 1931, cinquième dimanche de Pâques. Parents et amis sont venus nombreux assister à l'incroyable événement. Madeleine, après deux ans d'épreuve, n'a pas lâché. Elle s'engage dans la vie religieuse.

La liturgie de la messe s'ouvre par ces paroles qui chantent à mon cœur : « Avec des cris de joie, annoncez-le... Alléluia... Le Seigneur a délivré son peuple, Alléluia, Alléluia[1]. » Dans la première lecture, saint Jacques semble s'adresser directement à moi : « Mes bien-aimés, la religion pure et sans tache devant Dieu le Père, c'est de visiter les veuves et les orphelins dans

1. Isaïe 48, 20.

leur détresse, et de se préserver soi-même de la souillure du monde[1]. » Dans l'Évangile, Jésus lui-même m'invite à la joie : « Demandez et vous recevrez, que votre joie soit parfaite[2]. » À cet instant, la joie parfaite coulait dans mon âme !

Avant la communion, avec mes huit compagnes, je gravis d'un pas résolu les marches de l'autel et prononce à mon tour d'une voix décidée : « Au Nom du Père, et du Fils, et du Saint Esprit. Moi, Madeleine Cinquin, en religion sœur Marie-Emmanuelle, indigne servante de Dieu, en présence du révérend père Schaefner, supérieur des prêtres de Notre-Dame-de-Sion, entre les mains de la très révérende mère Marie-Gonzalès de Sion, supérieure générale, je prononce de tout mon cœur, à Dieu tout-puissant, mes vœux pour un an, de pauvreté, chasteté, obéissance, selon les constitutions de cette congrégation de Notre-Dame-de-Sion. Recevez-moi, ô cœur de Jésus et cœur de Marie, au nombre de vos humbles et dévouées servantes. Donnez-moi, ô mon Dieu, la force d'accomplir fidèlement les règles de cette famille religieuse et les devoirs de ma vocation. Amen. » Que de fois dans ma vie, au moment de la sainte communion, j'ai redit avec ferveur cette consécration !

Le père Schaefner me remet la chaîne et le crucifix que j'embrasse avec amour et glisse autour de mon cou. Je murmure dans mon cœur : « Mon bien-aimé, tout est accompli. Merci ! Entre nous, c'est à la vie, à la mort. » Selon la règle religieuse, j'ai dû prononcer durant six ans ces vœux temporaires avant de m'engager définitivement. Sagesse de l'Église…

La chorale chante à Marie un de mes cantiques préférés : « À toi, l'Immaculée, je confie ma promesse. Toi, rayon d'or, qui renfermes toute lumière, garde-moi. Garde mes yeux, garde mes lèvres, garde mon cœur.

---

1. Jacques 1, 27.
2. Jean 16, 24.

Recueille-moi, je suis la servante du Seigneur. » J'étais sûre qu'elle me garderait.

Les nouvelles professes vont ensuite dans la grande salle où les attendent plus d'une centaine de sœurs. Nous sommes embrassées, fêtées. Les vieilles mères arrêtent une petite larme : « Vous allez me remplacer, courage ! J'ai passé cinquante ans en Australie ! » Je bondis d'enthousiasme : « Ma Mère, je rêve de l'Australie ! Priez pour que j'y parte ! » Elle me sourit : « Nous ferons la volonté de Dieu, n'est-ce pas, ma petite sœur ! » Ah ! l'obéissance... Je prononce un vigoureux « Oui, Seigneur ! ».

Puis je dégringole les escaliers vers le parloir où je me jette dans les bras de ma mère. Nous sommes toutes les deux très émues :

« Maman, merci, c'est grâce à toi !

— Ma fille, je te demande une seule chose : sois une bonne religieuse ! »

Je n'ai jamais oublié ce souhait de ma mère.

Pourquoi moi, qui ne lui avais jamais vraiment obéi, m'étais-je parfaitement soumise à une stricte discipline durant ces deux ans ? Pourquoi avais-je refusé à tout prix le « joug » d'un mari et avais-je porté avec allégresse celui, autrement plus fort, du noviciat ? Au premier abord, cela me paraît bizarre. En y réfléchissant, j'y trouve différentes raisons. La première, je la qualifierai de naturelle : je suis comme beaucoup d'individus sur terre qui, pour un but aimé et librement choisi, déploient des efforts étonnants, comme n'importe quel candidat à un championnat ou à un concours. Seconde raison : depuis le VIe siècle, des chrétiens sans nombre ont vécu dans l'obéissance à une règle volontairement acceptée ; ils ont cru, et moi avec eux, accomplir ainsi la volonté de Dieu. Je participe à mon tour à cette éternelle *sequela Christi*, la suite, la poursuite de la personne du Christ. Troisième raison : je ressens la nécessité d'être ancrée dans des normes acceptées par ma raison et qui me servent de garde-fou – garde-folle !

– tandis que l'idée même de me lier à un homme et à ses caprices me répugne à l'extrême. Quatrième raison que je qualifie de « sur-naturelle » : une réalité vivante m'habite, distincte et plus exigeante que ma conscience et qu'aucune parole humaine ne pourra jamais communiquer. Elle s'insuffle sans s'imposer, comme la brise légère qui apporte, dit la Bible, un message de Dieu. Ces paroles du Christ la résument : « Laisse tout, suis-moi. » L'appel était impérieux. Je l'écoutais et le fuyais, tour à tour, sur tous mes sentiers jusqu'à ce que, vaincue, je lui obéisse. Ceux qui vivent de cette présence d'amour perçue dans le tréfonds de l'âme en font la constante expérience. Pour les autres, l'évoquer apparaît comme la marque d'un mysticisme exalté. Pas de problème : à chacun le droit de garder son jugement.

J'étais donc joyeusement disponible. Vers quelle détresse allais-je être envoyée ? Mère Marie-Gonzalès me fit appeler. J'entrai dans son bureau, le cœur battant :

« Sœur Emmanuelle, avec vos diplômes, je pense vous envoyer en Sorbonne.

— Oh ! ma Mère, je voudrais me consacrer aux pauvres, je vous l'avais demandé et vous me l'aviez promis... Pas besoin d'attendre encore quatre ans pour une licence.

— Évidemment, vous pourriez partir à Istanbul vous occuper de l'école primaire gratuite. Que de misères là-bas, chez ces enfants !

— Oh ! oui, ma Mère, envoyez-moi à Istanbul.

— Je ne veux pas vous forcer à entrer à l'université, mais réfléchissez bien.

— C'est tout réfléchi, ma Mère, je suis pressée d'entrer en activité, de me consacrer aux pauvres. »

Elle me regarda en silence :

« Oui, après deux ans de noviciat, ajouta-t-elle enfin, je comprends. Quatre années de Sorbonne seraient trop dures pour vous. Eh bien, c'est décidé pour la Turquie, vous aurez là-bas mère Elvira comme supérieure.

Elle vous comprendra et vous serez heureuse avec les enfants. »

Elle me bénit en souriant. Je la quitte, ravie. Me voilà officiellement consacrée missionnaire... chez les Turcs !

Je ne pars pas au centre de l'Afrique noire chez des sauvages prêts à me dévorer, mais les petits Turcs me tendent les bras. Je vais les aider à vaincre leur destin. Ils seront un jour libérés de la misère. Je les vois déjà marcher dans la vie, tête haute. Mon cœur en bondit de joie.

En avant, Emmanuelle, vive la Turquie !

DEUXIÈME PARTIE

ISTANBUL

1931-1955

Tempêtes et accalmies

Istanbul, 1931-1940

Mère Gonzalès savait à qui elle confiait mes premiers pas dans la vie religieuse. À Istanbul, je suis accueillie avec tendresse par la supérieure. Elle fait régner la paix et la joie parmi les sœurs : pas si facile entre soixante femmes ! C'est un don que mère Elvira possède. Elle sait écouter, comprendre, aimer chacune telle qu'elle est. En effet, seule une affection douce et forte à la fois permet de résoudre les conflits, par ailleurs inévitables.

Je suis chargée d'une cinquantaine de petits, surtout des filles, formant la première classe de l'école gratuite. Ils viennent de familles chrétiennes pauvres, d'origines grecque ou arménienne, marginalisées par leur religion. Une vieille institutrice, Mlle Madeleine, est heureusement avec moi. Sans elle, la classe aurait été en perpétuelle récréation. J'adore mes enfants, mais cela ne suffit pas. Je suis trop inexpérimentée, trop rieuse. Je ne voulais pas non plus que la classe soit trop austère. Tout en me formant à l'enseignement, j'entrecoupe les leçons par des danses et des chants. Il faut aussi des exemples vivants ! Je plonge une poupée dans une cuvette d'eau et la savonne avec vigueur, puis je lui lisse les cheveux : « Vous voyez comme elle est jolie maintenant ! Qui va arriver demain aussi proprette ? » Les petits doigts se lèvent avec enthousiasme au milieu des cris de joie. Mlle Madeleine rétablit l'ordre et la lecture reprend.

La salle de classe est près de la chapelle. De temps à autre, je lève les yeux vers ses vitraux : « Merci, mon bien-aimé, de m'avoir donné ces enfants à aimer avec Toi ! » La religion de chacun est respectée. Je laisse parfois les enfants musulmans aux soins de Mlle Madeleine, tandis que je vais à la chapelle avec les chrétiens. Nous y chantons ou bien nous faisons un chemin de croix. J'explique alors à quel point Jésus nous a aimés, combien il a voulu souffrir pour nous sauver. Pendant que je reprends avec eux la marche de station en station, médité dès le premier soir du noviciat, un cantique d'exultation s'échappe de nouveau de mon cœur : « Seigneur, Tu m'as aimée, portée, amenée jusqu'ici. Merci ! » Mon âme est un chant de printemps.

Tout est donc pour le mieux dans le meilleur des mondes, comme disait Candide. Un soir, pourtant, je commence à frissonner. Sœur Salomea, l'infirmière, prend ma température : 40 °C. À l'infirmerie ! vite, au lit ! C'est la typhoïde. Je suis transportée à l'hôpital français pour de meilleurs soins. Le médecin craint pour ma vie. Un télégramme est envoyé à Bruxelles. Ma mère accourt. Chère Maman, tu es toujours là quand on a besoin de toi ! Elle était la seule, avec mère Elvira, à pouvoir me calmer. Avec la fièvre, j'étais comme endiablée, j'injuriais sœurs, médecins, infirmières. Délirante, je fais appeler la supérieure pour lui déclarer : « Vous n'avez que des ânes dans votre hôpital. Renvoyez-les vite ! »

La mort approchait, inéluctable. Ma mère reçoit une coupure de journal : « Un essai de transfusion sanguine a pu sauver des malades atteints de typhoïde. » Le docteur Gassin lit ces lignes, hoche la tête : « Elle est perdue, on peut tout tenter. » Ma mère veut me donner son sang, mais l'analyse est négative. Toutes mes sœurs offrent le leur pour me sauver. Or cette opération paraissait risquée à l'époque, pour le donneur comme pour le receveur. Deux d'entre elles sont finalement compatibles, mère Théodoria pour les deux premières transfusions et mère Marie-Gonzague pour un troisième essai. Elles sont étendues dans une chambre contiguë où leur sang est aspiré pour m'être immédiatement transfusé.

J'écris ce souvenir à Callian. Je me rends souvent au cimetière où reposent des sœurs connues et aimées. Je m'arrête avec prédilection devant la tombe de mère Théodoria. Dans la culture turque, il est d'un usage courant entre amies d'échanger et boire mutuellement une goutte de sang. Mère Théodoria fut ainsi ma « sœur de sang ». Dans son corps, le sang s'est désormais figé. Dans le mien, il coule encore et mon âme reste unie à la sienne !

Des escarres se formaient et me faisaient horriblement souffrir, ce qui me rendait encore plus infernale. Si bien qu'un jour quelqu'un s'exclame : « Emmanuelle, "Dieu avec nous" ! Non pas, le diable avec nous ! » La maladie avait comme débrayé tout le moins bon en moi. Dans ma folle imagination, je voyais courir le long du plafond des diablotins noirs et provocants. Je sentais un corps d'homme couché dans mon lit, mais j'étais trop faible pour réagir. J'ai touché là le fond de mon être, expérimentant les paroles de Taine, que je cite ici de mémoire : « Grattez le vernis de cet homme civilisé, vous y trouverez un gorille féroce et lubrique ! » Ce souvenir humiliant m'a bien des fois gardée de porter un jugement scandalisé sur la dépravation humaine de celui-ci ou de celle-là... Et moi ?

Tout autant que la transfusion de sang, c'est l'amour de ma mère, de mère Elvira, de mes sœurs qui m'a sauvée. Je refusais obstinément la nourriture « empoisonnée » de l'hôpital. Les cuisinières de Sion préparaient les petits plats que j'aimais. Ma mère et mère Elvira me les faisaient avaler bouchée par bouchée. La « lettre sionienne », envoyée régulièrement par chaque maison aux autres, avait fait savoir aux deux milliers de sœurs de la congrégation qu'une jeune Emmanuelle de vingt-cinq ans se mourait à Istanbul. Que de prières se sont unies à celles de mère Marie-Alphonse qui vivait ses derniers mois sur terre et intercédait, elle aussi, pour son ancienne novice ! Elle est incomparable, l'expérience décrite par le psaume 133 : « Qu'il est bon, qu'il est doux, pour des frères d'habiter ensemble. C'est une huile excellente qui descend sur la barbe d'Aaron ! » La métaphore est cocasse, surtout pour des religieuses ! Barbe ou pas, l'huile de Sion s'est répandue sur moi en abondance et, dans sa douceur, m'a amenée à la convalescence.

Peu avant son départ, ma mère me dit : « Es-tu vraiment heureuse, Madeleine ? Ne veux-tu pas revenir avec moi ? » Je lui réponds avec vivacité : « Oh Maman ! j'aimerais mieux mourir que partir. » En effet, le sentiment de délivrance qui m'avait envahie le soir de mon entrée au noviciat avait au fil des jours pris des racines de plus en plus puissantes, au plus intime de ma conscience. La paix et la joie m'habitaient. Le temps passé à la chapelle intensifiait ma relation avec le Seigneur. Les heures consacrées à mes petites répondaient à ma soif de dévouement. Les relations avec mes sœurs, malgré parfois des heurts dus à mon caractère absolu, s'épanouissaient dans une amitié vraie. Enfin et surtout, l'affection vigilante et forte de mère Elvira m'était un soutien quotidien.

Comment aurais-je pu me douter que cette nouvelle euphorie préparait une nouvelle tempête ? Mes forces n'étaient pas encore complètement revenues lorsque mes sens traversèrent à nouveau une phase d'excitation d'un autre genre. La directrice de l'école, mère Audo-Maria, était une femme qui valait son pesant d'or. Plus âgée que moi d'une vingtaine d'années, elle était aussi équilibrée que j'étais instable, aussi maîtresse d'elle-même que je l'étais peu. Nous avions cependant un point commun : si son amour pour le Seigneur n'avait pas le romantisme du mien, il se cristallisait lui aussi sur les enfants et les pauvres. Elle était dans ce milieu la providence. Chacun était sûr de recevoir secours dans sa détresse.

Je lui avais toujours voué une admiration sans bornes. Elle représentait à mes yeux l'idéal de la religieuse consacrée corps et âme à Dieu et aux hommes. Par ailleurs, je me croyais en sécurité. Comme je l'avais fait remarquer à mon « directeur » de Bruxelles, je n'étais en contact avec aucun individu masculin. Un beau jour, me voilà envahie d'un amour passionné pour cette femme. Quand j'entendais son pas, je tressaillais tout entière. Un seul de ses regards, une seule de ses paroles à mon égard me faisaient palpiter de plaisir. Mon âme commençait à être troublée, mes appels vers la fenêtre de la chapelle avaient cessé et le dialogue avec mon Seigneur s'était refroidi.

Je compris que j'étais entrée sur un nouveau champ de bataille et que la lutte serait ardue. Heureusement que j'avais près de moi mère Elvira. Nous la dénommions habituellement « Notre Mère ». Comme elle portait bien ce titre ! Je vais la voir et, rougissante, je lui narre mon désarroi. Elle m'écoute. Puis, avec un sourire :

« Nous n'allons pas nous affoler, n'est-ce pas, jeune Emmanuelle ! Votre corps a terriblement souffert durant votre longue maladie. Il prend sa revanche, il éclate, c'est normal !

— Mais, ma Mère, c'est mauvais, non ?

— Sentir n'est jamais mauvais, ma petite sœur, c'est consentir qui l'est.

— Je crois que je sens et consens tout en même temps.

— Nous y sommes, c'est là que la lutte doit s'engager. Chaque fois, en un éclair, tournez-vous vers le Seigneur, vers la Vierge, avec un "non" décidé, c'est tout ! »

Elle me bénit : « Pensez surtout à vos enfants. Vous les aimez ! Cherchez tout ce qui peut aider à leur développement. Dieu vous les confie pour les épanouir dans la joie. »

Je dois reconnaître que le combat me parut terrible. Je m'y attendais si peu ! J'étais persuadée que, le passé étant définitivement enterré, j'allais nager dans une paix perpétuelle. Je reprenais peu à peu les appels vers la fenêtre de la chapelle : « Seigneur, ne me lâche pas ! Je n'en peux plus de dire non, non, non ! » Il ne m'avait jamais abandonnée et son secours me venait encore, cette fois à travers mes délicieux petits. Selon le conseil de « Notre Mère », je me penchais de plus en plus vers chacun d'eux. À mesure qu'ils prenaient plus de place dans mon cœur, ma fièvre diminuait !

L'été arrive. Nous passons les vacances à Therapia, au bord du Bosphore. Mère Elvira y avait acheté une propriété, car nous avions des pensionnaires pendant les jours de congé. Le collège ne disposait pas de jardin et Notre mère voulait faire respirer tout son monde, sœurs et enfants.

Une liste est affichée à la communauté : « Qui désire prendre des bains de mer ? » Quelle aubaine ! Je vois le nom de ma directrice sur le papier... Je vais mieux maintenant, mais le terrain est encore sensible ! Un clin d'œil vers le Seigneur, décision : « Je n'y vais pas. » Mère Elvira m'appelle, liste en main :

« Je ne vois pas votre nom, Emmanuelle ? Pourtant, c'est excellent pour vous !

— Oui, bien sûr, j'adore me baigner, mais *elle* y va.

— Bravo, vous avez du courage !

— J'ai fait un clin d'œil au Seigneur. »

Mère Elvira s'égaye : « Bon, mais j'ai pour vous un autre clin d'œil du Seigneur. Il y aura deux baignades : une tôt le matin, avant la messe ; l'autre durant la sieste. Personne n'y va à cette heure. Si l'on voyait les sœurs, quel scandale ! Vous n'aurez qu'à choisir. »

On n'avait jamais vu sur le Bosphore des religieuses dans la mer. Notre mère était, sur ce point comme sur d'autres, un précurseur. Elle reçut d'ailleurs une admonestation de je ne sais plus qui, et se contenta de répondre qu'ayant scruté la Règle avec attention, elle n'y avait trouvé aucune défense de se plonger dans l'eau. Quant à moi, je me jetais à corps perdu dans les vagues. Quel plaisir, quel rafraîchissement ! Je me sentais de nouveau libérée, allègre comme les dauphins que je voyais bondir au-dessus des flots. Il n'y a rien à faire, Seigneur ! Avec Toi, je file à travers les écueils à grandes brassées, dans la joie de vivre. En faisant la planche sur les vagues, les yeux rivés au ciel, je pouvais chanter des versets du grand *Hallel* : « Rendez grâce au Seigneur, car Il est bon, car éternel est son amour ![1] » La liberté spirituelle, le discernement et la sagesse de mère Elvira ont permis le rafraîchissement de mon corps et de mon âme.

Une autre source de loisirs m'était offerte par la bibliothèque remplie d'ouvrages de valeur : théologie, philosophie, littérature, histoire, art... Mère Elvira encourageait le développement intellectuel de la communauté comme celui des élèves, présentes et anciennes. Je me passionnais pour la lecture et rédigeais résumé sur résumé dans des cahiers de notes affectés chacun à un domaine particulier. Je tombe sur la vie de Soliman le Magnifique. C'est une histoire formidable. Si j'en faisais une conférence pour les sœurs ? Mon cœur conservait une intense reconnaissance pour la sollicitude dont chacune m'avait entourée durant ma typhoïde et je cherchais toujours un moyen de leur faire plaisir.

Je projette le portrait de François Ier conservé à Chantilly ainsi que la miniature de Soliman, narrant avec vivacité leur alliance contre Charles Quint. Je dépeins avec feu l'esclave géorgienne Roxelane, femme fatale qui arrive à supplanter sultane et concubines. Je brosse la fresque du siège de Vienne dont les murailles

1. Psaume 135 (136).

commencent à basculer sous les boulets. J'en viens à la mort soudaine de Soliman qui, cadavre muet juché sur un palanquin, repart à la tête de ses troupes. Enfin, Roxelane triomphe : elle met son fils sur le trône... pour le malheur de l'Empire ottoman qui commence dès lors à décliner. À Vienne, l'invention d'un astucieux boulanger permet à la population en liesse de dévorer avec frénésie l'islam... sous la forme de croissants !

La directrice du collège est tout yeux, tout oreilles. Elle va ensuite trouver mère Elvira : « Pourquoi laisser sœur Emmanuelle à l'école, avec les petits ? Elle ferait une bonne maîtresse dans nos classes moyennes. » Mère Elvira m'annonce mon nouveau poste. Mon cœur est chaviré. Abandonner mes chers petits enfants pauvres pour ces riches filles de pachas ! La rentrée approche, je deviens sombre comme un bonnet de nuit. J'allais obéir, mais tellement à contrecœur que mère Elvira n'insista pas. Elle comprit que c'eût été me briser et eut la sagesse d'attendre.

L'année écoulée, elle m'appelle et me dit doucement : « Sœur Emmanuelle, je vous ai laissée avec vos chers petits enfants, mais je vais vous demander maintenant de réfléchir. Vous aimez les pauvres et les petits, c'est parfait. Mais vous avez des qualités des plus grandes pour l'enseignement. Au collège, vous pourriez rendre plus de services. Ne pensez-vous pas que former la jeunesse d'un milieu favorisé à partager, à s'intéresser aux pauvres en vue de leur promotion, serait une œuvre décisive pour l'avenir des pauvres eux-mêmes et l'avenir du pays ? C'est ce que nous essayons de faire avec nos élèves. Certaines joueront un rôle déterminant en Turquie. Ne voulez-vous pas participer à cette œuvre pour laquelle Dieu vous a donné des qualités ? »

Le raisonnement porta. Bien décidée cette fois à y mettre tout mon cœur, je fus nommée maîtresse d'une classe d'élèves de douze à treize ans. Plus tard, je fus chargée de jeunes Turques, Grecques, Arméniennes et Juives qui, après le lycée, désiraient apprendre la langue française. C'était un milieu idéal pour une sœur de Sion dont la vocation œcuménique est de comprendre et de rapprocher les différentes religions. Ce fut une époque enthousiasmante. Ces étudiantes qui avaient soif de posséder à fond notre culture restaient trois années consécutives avec moi. Le climat d'amitié qui régnait dans la classe permettait tous les échanges. Je n'étais guère plus âgée qu'elles.

Que n'avons-nous pas visité, discuté, réalisé ensemble ! Nous avions *Le Cid* au programme. Elles s'exaltaient, chacune devenue Chimène attendant son Rodrigue. Je savais pertinemment qu'elles risquaient d'être mariées par leur père à quelque gros bonhomme bien nanti qui serait aux antipodes d'un Rodrigue ! Leur salut serait la maternité. Une mère n'est jamais tout à fait malheureuse. Je voulais les ouvrir à l'amour-don plutôt qu'à l'amour-butin, au regard aimant devant toute détresse plutôt qu'à la lamentation devant leurs propres désillusions. Je voulais adopter la manière de Socrate qui transposait la maïeutique de sa mère, sage-femme. Il était expert en l'art de faire accoucher l'homme des richesses de son être. C'était captivant de voir les trésors d'intelligence et de volonté de ces filles se développer progressivement !

Des volontaires venaient avec moi partager une journée le dur travail de bobineuses d'usine. Toutes ensemble, en revanche, nous portions des présents à des orphelins ou à des vieillards abandonnés. On a vu beaucoup de choses. Je me souviens en particulier de cette cinquantaine de vieilles femmes entassées dans une seule pièce et qui, pour unique bien, ne possédaient que leur table de nuit. Quel manque de tendresse, surtout, éprouvaient-elles ! Le moindre geste d'affection les ravissait. Nous préparions aussi, au moment des fêtes, des cadeaux enrubannés pour les lépreux. Un groupe plus restreint m'accompagnait régulièrement au bidonville de Teneke Mahallesi pour lier amitié avec ses pauvres habitants. Je suivais en cela l'esprit de la doctrine sociale que mère Elvira insufflait à chacune d'entre nous. Mes sœurs invitaient leurs élèves à s'intéresser aux nombreuses formes de pauvreté « dans la ville ». Aujourd'hui encore, d'anciennes élèves me font savoir qu'elles continuent à agir dans le même sens, fondant des associations de secours et éveillant leurs enfants à la justice sociale.

Nous aimions aussi chaque année préparer une représentation théâtrale. Je vois encore les filles évoluer avec grâce dans Musset, *Il faut qu'une porte soit ouverte ou fermée*. Dans *Macbeth,* Alexandra, longs cheveux noirs flottants, arrivait dans la pénombre. Elle tenait un bougeoir allumé et prononçait d'une voix lugubre : « Tous les parfums de l'Arabie n'arriveront pas à blanchir cette petite main ! » Pour l'*Antigone* de Sophocle, un expert en chœurs antiques vint nous aider. Il apporta les costumes, les décors, les jeux de lumière et forma les étudiantes à l'harmonie du vers antique. Ce fut pour les élèves du collège une fascinante révélation. Depuis deux mille ans, le « miracle grec » nous emporte vers la Beauté, cette Beauté dont parlait Diotime à Socrate : s'élever de beauté en beauté, des beaux corps aux belles sciences, puis à la Beauté en soi, celle de Dieu ! Nous gravissions ensemble les échelons de cette élévation durant les leçons d'art que je leur donnais. Les chefs-d'œuvre de la sculpture et de la peinture étaient tour à tour projetés sous nos yeux émerveillés. J'avais en classe une statue de la *Vénus de Milo*. Je ne manquais pas de faire observer que dans sa beauté nue, elle était moins provocante que bien des femmes dans leur accoutrement. Pour des jeunes filles, ce sont des choses importantes à entendre.

J'étais responsable d'une fonction redoutable. Je devais garder en silence, au réfectoire durant le repas de midi, deux cent quarante élèves. La directrice était intransigeante sur ce point. Que faire ? Je m'équipe d'un « gramophone », je donne une brève explication sur le compositeur et son art et voilà nos filles mangeant leur salade au son de la *Neuvième Symphonie* de Beethoven, hymne à la joie d'un génie sourd ! Toutes auraient sans doute préféré entendre Édith Piaf chanter : « Quand tu me prends dans tes bras, je vois la vie en rose ! » Certaines n'ont pourtant jamais oublié cette première initiation à la musique.

J'insistais surtout sur l'importance de l'effort. Mes élèves apprenaient par cœur cette phrase de Victor Hugo : « Ceux qui vivent, ce sont ceux qui luttent. » Je leur citais Marc Aurèle : « L'obstacle est matière à action. » C'est dans la lutte que les potentialités d'un être atteignent leur apogée. J'avais fait l'expérience que cette éducation reçue dans ma jeunesse, à la fois virile et esthétique, avait fait ma joie et ma force aux jours de soleil et aux heures de ténèbres. Les anciennes étudiantes, revues parfois bien des années après leur formation, m'en ont confirmé la valeur. Cette semaine justement, Ilgün, turque, est de passage à Paris. Sa voix joyeuse me fait chaud au cœur : « Merci de m'avoir préparée à réussir ma vie ! » Fabuleux trésor que recèle l'homme et qu'il arrive à transmettre de génération en génération. J'ai reçu un flambeau dont la flamme ardente s'est à son tour propagée dans d'autres cœurs et continuera d'embraser d'autres rivages.

Durant ces années d'or, le temps de prononcer mes vœux perpétuels approchait. Six ans avaient passé depuis ma première consécration. Un jour où je me trouve chez mère Elvira, elle enlève un cheveu blond de ma pèlerine et m'interpelle :

« Sœur Emmanuelle, vous laissez repousser vos cheveux ?

— Non ! Pourquoi ?.... Celui-ci a dû tomber de dessous mon bonnet.

— Vous n'avez pas pensé à les laisser s'allonger ? »

Étonnée, je réponds :

« Pourquoi cette question, ma Mère ?

— Vous pensez vous engager bientôt définitivement dans la vie religieuse… Il faut réfléchir s'il ne vaut pas mieux laisser repousser vos cheveux ! »

Je comprends soudain. En ce temps-là, on ne pouvait se retrouver « dans le siècle » qu'avec une longue chevelure. « Ma Mère, vous me proposez de retourner dans le monde ? » À ce moment, son regard se fait lointain :

« Je me sens vieille, Emmanuelle. Je veille encore sur votre épanouissement, mais quand je ne serai plus là… vous aurez peut-être une supérieure qui ne vous comprendra pas. Vous n'êtes pas facile, ma petite. Je ne voudrais pas que vous étouffiez plus tard. Dieu veut votre bonheur. Vous êtes jeune, pensez à votre avenir !

— C'est tout pensé, ma Mère, tout décidé. Vous m'abandonnerez un jour pour le Ciel. Le Christ, lui, ne m'abandonnera jamais ! Nous nous battrons ensemble pour que je tienne ! »

Pour alléger ces idées sombres, je chantonne un air de Maurice Chevalier : « Quand on est deux, ce n'est pas la même chose ! » Notre mère souriait toujours de mes fredaines.

J'envoyai à Paris ma demande d'engagement définitif qui fut acceptée. Je prononçai dans la joie mes vœux perpétuels, le 8 septembre 1937. À la vie, à la mort, nous étions unis, Seigneur bien-aimé !

Au milieu de ces petits événements, notre collège ressentit avec tout le pays, en 1938, la catastrophe nationale de la mort d'Atatürk, fondateur de la Turquie moderne. Je devais assister plus tard, en Égypte, à la même explosion de douleur aux funérailles de Gamal Abdel Nasser. Ces deux hommes se sont battus jusqu'à la mort pour libérer leur patrie. Le « Père des Turcs », *Ata-Türk*, jeune officier, avait passé quelques années à Paris. Son esprit s'était ouvert à la démocratie. En 1920, le faible sultan renversé, il prend la direction du pays, accepte l'amputation de l'Empire ottoman, ce « vieil homme malade ». Il chasse les Grecs d'Asie Mineure et, dans des frontières resserrées, construit un

État moderne, laïc, dégagé de tout fanatisme rétrograde. Il le voulait turc à 100 %, sans influence étrangère. Il remplace l'écriture arabe par les caractères latins autrement plus faciles ; instaure dans les écoles et universités, à la place du Coran, un enseignement moderne ; appelle les filles aux études ; interdit la polygamie ; décide enfin de renverser le cheikh ul-Islam, le chef religieux tout-puissant. Le parlement est convoqué pour voter la loi, car la démocratie a été instaurée. Sachant bien que beaucoup de députés, bons musulmans, seront contre lui, Mustafa Kemal arrive dans la salle, tire ostensiblement de sa poche un revolver et, fixant les assistants, lance d'une voix sonore : « Je suppose que vous allez tous voter pour une Turquie moderne, libérée du joug du cheikh ul-Islam ? » Il tient fermement son revolver. Tous savent qu'il en usera sans crainte. Il ajoute : « Vote libre, à main levée. » La démocratie – si l'on peut dire – s'est prononcée comme un seul homme !

Une autre loi offrait, sans ambiguïté, la liberté du choix : « Tête sous fez se balancera au gibet, tête sous chapeau se balancera sur les épaules… » La liberté de beaucoup se fixa sur le chapeau ! Quelques fez fanatiquement inamovibles furent cependant pendus avec la tête de leurs propriétaires. Mais je m'aperçois que je qualifie de « fanatique » celui dont je ne partage pas les convictions et de « martyr pour la foi » celui qui meurt pour les idées que je partage. Mon Dieu, qu'il est difficile de ne pas s'arrêter au seul aspect visible de l'acte, mais de discerner dans une même vision ce qu'il comporte parfois de valeur profonde malgré – et à travers – ce qui paraît être une aberration. Ne devrais-je pas saluer celui dont le principe n'a pas viré devant la corde ? Si je juge cet idéal ridicule et d'un autre âge, la force qui l'anime est grande. Je rêve facilement de mourir pour mes convictions mais, le moment venu, est-ce que je le ferais vraiment ? Aurais-je le même courage pour une cause qui serait également juste et bonne à mes yeux ? Je n'en suis pas sûre.

Mais revenons au héros de la Turquie. Il n'eut que cinquante-huit ans de vie. Cet homme fabuleux avait une terrible passion, l'alcool. Tous les soirs, il buvait au point, paraît-il, de rouler sous la table et d'être emporté par ses domestiques. De son vivant, Atatürk, excédé par les cheikhs et imams qui excitaient le peuple, avait décidé d'abattre leur influence. Condamner à mort les plus fanatiques, c'était en faire des martyrs comme les pendus du fez. Les jeter en prison, ils en sortiraient avec l'auréole des héros. Le « Père des Turcs » est plus madré. Il les dépouille du motif tout oriental de leur prestige, l'apparence. Une loi est promulguée : à partir du 13 juin 1935, date historique pour les musulmans de Turquie, chacun, chacune doit sortir en civil. Plus aucun costume religieux n'est toléré sur le territoire de la République !

Atatürk prend soin de prévenir mère Elvira : il est obligé d'appliquer la loi à tous les habitants, mais les sœurs sont instamment priées de ne pas abandonner le pays. Nous sommes en 1935. Jamais, au grand jamais, vous n'auriez rencontré de religieuses sans cornette, depuis les ailes blanches des Filles de la Charité, le hennin des sœurs de Ribeauvillé, jusqu'au petit bonnet des Chanoinesses. Nous, nous portions une bande blanche amidonnée sous un voile noir et une guimpe blanche. C'était simple, mais cela faisait grande dame ! Évidemment, la maison mère de Paris est tout d'abord scandalisée à la seule pensée de nous voir en civil. Nous devons nous replier vers des zones plus libérales ! Mère Elvira décide de se battre et part pour Paris, où sa tentative échoue. Elle a alors l'idée lumineuse de demander l'avis du cardinal-protecteur à Rome. Cet homme vénérable ne comprend pas que l'on ferme des œuvres prospères pour une robe de tel ou tel modèle. Nous pouvons donc rester en Turquie. Victoire de mère

Elvira que Paris assortit d'un ordre formel : ne pas céder à la vanité !

Redoutable problème : revêtir soixante silhouettes de vingt-cinq à soixante-quinze ans, sans se soucier de la mode du jour et en inventant pour chacune un modèle différent (laïcité oblige !) et pudique (il faut rassurer la maison mère !). On finit par découvrir une honnête mère de famille qui taillait elle-même ses robes, sans prétention de coquetterie – Fénelon n'avait-il pas déclaré ce défaut comme le plus commun chez les filles ? Le résultat fut satisfaisant. Un témoin l'affirma : « Les sœurs portent des costumes de domestiques mal payées. » La vanité était enfoncée, la maison mère – et Fénelon avec – rassurée ! Une fois vêtues, nous nous rassemblons : chacune pleure d'un œil sur son propre accoutrement et rit de l'autre en regardant ses sœurs !

Mgr Roncalli, le futur Jean XXIII, était alors délégué apostolique en Turquie et fut donc soumis à la même loi. Il vint nous visiter avec bonhomie. Il était assez bedonnant. Son tailleur avait-il cru qu'en tirant le plus possible sur sa redingote, il créerait un effet amincissant ? Toujours est-il qu'il avait obtenu l'effet inverse. Notre bon évêque, assez embarrassé de lui-même, gardait les mains croisées sur son abdomen, en nous encourageant. Il n'y avait pas lieu de s'inquiéter si, de toute évidence, la coupe rêvée n'avait pas encore été trouvée. Une seconde expérience nous revêtirait, les uns et les autres, avec plus de succès. Sur son fin sourire, il nous quitta en nous bénissant.

Si pour moi, toujours prête aux révolutions, il n'y avait pas de problème, il en était autrement pour les sœurs anciennes. Motivées par mère Elvira, et pour rester au service de la jeunesse turque, elles surent faire le sacrifice d'un habit qui leur paraissait sacré. Cette sorte de dépassement était une belle leçon pour une jeune sœur.

L'exemple quotidien donné par mère Elvira m'indiquait aussi la route que je devais suivre. Un jour que je me trouvais dans sa chambre alors qu'elle souffrait d'une forte migraine, le téléphone sonna :

« Oui, je descends.

— Mais, ma Mère, vous êtes souffrante !

— Si c'était l'ambassadeur de France, je pourrais m'excuser ; mais c'est la pauvre Maria : elle, elle a plus besoin de moi qu'un ambassadeur. »

Un autre jour, je la vois tendre à l'économe une liste de victuailles à porter chez deux individus qui avaient essayé de lancer dans la presse une campagne de chantage contre elle. Ils escomptaient de l'argent pour cesser leurs calomnies. Mère Elvira en souffrit, mais ne broncha pas. N'ayant pas atteint leur but, les maîtres chanteurs se trouvèrent dans la gêne.

« Mais, ma Mère, ces gredins vous ont fait du tort ! Donnez-leur du pain et du fromage, c'est déjà beaucoup.

— Emmanuelle, est-ce que le Christ ne nous a pas appelés au pardon ? Et à l'amour de nos ennemis ? »

Comme mes élèves l'apprenaient dans *Le Cid* : « Les exemples vivants sont d'un autre pouvoir. » Ceux que je recevais illustraient avec force la théorie apprise au noviciat.

1939 fut l'année de la grande épreuve. Pie XI venait de mourir, après avoir rendu son indépendance à l'Église par les accords du Latran. Quelques jours plus tard, le 16 février, mère Elvira, terrassée par une attaque, nous quittait pour rejoindre la maison du père. Mgr Roncalli vint le jour même célébrer la messe dans notre communauté. Pour elle, dernier hommage ; pour nous, dernière consolation. Autour de sa dépouille, à nouveau revêtue du grand costume religieux, ce fut un défilé ininterrompu d'une multitude d'amis, depuis les ambassadeurs de différents pays jusqu'aux plus petites gens, comme la pauvre Maria. Au-delà de cette grandiloquence qui répondait aux usages du temps, se dégageait un message majeur : l'extraordinaire influence que peut exercer une femme à la tête d'une équipe consacrée à l'éducation des jeunes, quand cet enseignement sait dépasser les frontières des nationalités et des religions. C'était une chance formidable pour une jeune sœur d'être plongée, au début de sa vie religieuse, dans un espace doté de tels horizons... Quelle bénédiction aussi d'avoir reçu l'empreinte de deux femmes remarquables, douées de personnalités absolument dissemblables. Mère Marie-Alphonse, la maîtresse des novices, vivait le regard fixé sur l'Absolu. Elle vous donnait l'impression de descendre de chez Dieu pour aller vers vous. Elle voyait en chaque personne – quelle qu'elle fût – un reflet de la beauté divine. Chaque âme attirait irrésistiblement son amour. Mère Elvira vivait le regard fixé sur l'être humain, d'où elle remontait vers Dieu, harmonisant tout naturellement ces deux amours dans une seule coulée. La première impulsion reçue de mère Marie-Alphonse m'a lancée vers l'Absolu dont mon âme était assoiffée et qui, seul, pouvait m'aider à transcender mon être égocentrique et sensuel. Elle m'a fait en même temps comprendre que me tourner vers Dieu sans me tourner vers l'autre était en totale contradiction avec l'Évangile. Mère Elvira mettait directement l'accent sur le service du prochain. Pour elle, se consacrer aux autres était trouver Dieu. Elle répétait parfois : « Votre devoir est de respecter la religion de vos élèves musulmanes et juives. Ne leur parlez jamais du Christ, mais "transpirez" son amour dans votre vie. »

Je n'avais pas de bonnes nouvelles de Bruxelles. Ma mère, à son tour, était gravement malade et me réclamait. J'obtins la permission d'aller la voir pendant les vacances. Quelle joie de la retrouver, toujours la même, plus préoccupée des autres que d'elle-même ! Il fallait aussi que je visite mon bon abbé Ryckmans. Dans son petit appartement, il me jette un regard pénétrant :

« Dites-moi la vérité : comment la mademoiselle Cinquin que j'ai connue a-t-elle pu se transformer en sœur Emmanuelle ?

— Voilà, le Christ m'a aimée, je lui ai répondu. C'est tout !

— Mais enfin, voyons, vous n'avez pas eu de problèmes ?

— Oui, bien sûr, mais avec le Seigneur, on s'en sort... Surtout, monsieur l'abbé, je suis devenue libre, libre, vous comprenez ?

— Vous parlez de liberté... n'êtes-vous pas liée par vos vœux ?

— Oui, si vous voulez. Mais, moi, ils me libèrent. C'est merveilleux !

— Vous n'étouffez pas au couvent ? »

J'éclate de rire : « Moi ? J'ai toujours envie de chanter, de danser ! »

Il réfléchit :

« Qui vous a aidée à chanter ?

— Ah ! ça, c'est ma chance : une maîtresse des novices hors pair et une supérieure... épatante ! D'ailleurs, je fais tous les jours l'expérience de saint Paul : "Je peux tout... tout, en celui qui me fortifie, le Christ." Point à la ligne ! Vous comprenez ça, vous, un abbé ? Est-ce que je ne m'appelle pas Emmanuelle, "Dieu avec nous" ? Qu'est-ce que vous voulez de mieux ? »

Son visage se fait grave :

« Vous avez raison, c'est la foi qui sauve. Sœur Emmanuelle, continuez à chanter !

— Amen, monsieur l'abbé. »

Je l'ai quitté, enchantée de ma petite revanche sur son scepticisme d'antan !

Ma mère allait mieux, j'étais tranquillisée. Des bruits de guerre commençaient à circuler en cet été 1939. Je devais repartir sans tarder pour la Turquie. La séparation fut dure. Nous savions l'une et l'autre que nous ne nous reverrions plus. En la voyant, elle – femme forte s'il en fut – si faible, étendue sur son lit, je me demandais : « Ai-je le droit de m'en aller ? » Elle devina ma pensée : « Ne crains pas pour moi, Madeleine. Tu vois, j'ai le téléphone auprès de mon lit. Marie-Lou, ta sœur, ou ses enfants viennent tous les jours. Je suis très entourée. Repars, chérie, vers où Dieu t'appelle ! » Elle était sûre, maintenant, de l'authenticité de ma vocation, du bonheur que j'y avais trouvé. Comment aurait-elle cherché à me retenir près d'elle ?

Une dernière pression de main, un dernier baiser, et en avant pour la Turquie…

Du doute à l'ouverture

Istanbul, 1944-1949

Une nouvelle supérieure m'attendait à Istanbul. Mère Jean-Baptiste, fille du général Reibell, avait vécu de longues années avec mère Elvira et désirait marcher dans la même ligne. Nous étions heureuses de la voir à la tête de la maison. Il nous semblait que l'esprit et le cœur de « Notre Mère » continuaient à rayonner.

Pour être à la hauteur de ma tâche avec des élèves déjà bachelières, une licence de lettres devenait nécessaire. Mère Jean-Baptiste m'approuvait entièrement. Mais, en ces années de guerre, il était impossible de communiquer avec la Sorbonne. Je m'inscrivis donc à l'université d'Istanbul en licence de lettres. Le programme de première année comportait, entre autres, de la philosophie et de la philologie. Dans cette dernière matière, j'avais comme professeur M. Auerbach, et M. Feyzi me donnait des leçons particulières de turc. Je fus frappée par leur valeur intellectuelle, morale et religieuse. Me voilà face à face, à travers eux, avec le judaïsme et l'islam. Or, je n'étais jamais sortie de mon cercle chrétien. Selon M. Auerbach, hors de Moïse, point de salut ; selon M. Feyzi, hors de Mahomet, point de salut ; selon moi, hors du Christ, point de salut. Chacun de nous tient mordicus aux convictions héritées de ses ancêtres. Alors quoi, je suis catholique parce que mes parents l'étaient, point final ? Sur quoi repose ma religion, ce qui m'est le plus cher ? Quelles preuves ai-je de sa supériorité ?

À dater de ce jour-là, commença une crise redoutable. Ce n'était plus ma chair qui était perturbée, mais mon esprit. Le combat s'engageait à « la fine pointe de l'âme », au cœur même de ma foi, sur le sens même de ma vie. Cette bataille contre le doute allait durer des années. Elle en a encore des relents aujourd'hui...

Au début, certaine de mon succès, j'entre en lice avec ma fougue habituelle. Par chance pour ma recherche religieuse, j'ai aussi au programme l'histoire de la philosophie. Je vais choisir comme base de raisonnement quelques sûres doctrines pour trouver la Vérité (avec un V majuscule, s'entend !). Je me plonge d'abord dans les philosophes grecs que ma formation classique me portait à aimer : Parménide avec l'Univers un, éternel, immuable ; Aristote avec l'immense effort de la matière s'élevant jusqu'à l'Acte pur ; je me passionne naturellement pour Socrate et Platon, et je continue résolument ma marche en avant. Mais bientôt, je m'aperçois avec effarement que ces éminents esprits, lumières éclatantes de leur temps, sont régulièrement remis en question par d'autres qui brillent à leur tour comme les maîtres à penser de l'heure. J'assiste désillusionnée à une sorte de *commedia dell'arte* avec un unique scénario. Arlequin, Scaramouche et autres se succèdent tour à tour sur la scène, en graves philosophes... *In fine*, Bergson, le grand pontife du Collège de France, me séduit. Mais ayant vu l'éclipse de ses brillants prédécesseurs, je suis sûre que son illustre comète va à son tour disparaître du ciel de la philosophie – ce qui n'a pas manqué de se produire.

Je ne me décourage pas. Je n'ai pas encore découvert les fondations du temple de la Vérité, mais l'essentiel est de pénétrer ses arcanes. Me voilà lancée dans l'histoire des religions. Une impressionnante étude de plus d'un millier de pages met ma patience à l'épreuve. J'y vais de bon cœur. Comme dans les philosophies – l'ai-je assez fait remarquer ? –, je trouve partout des rayons de lumière. Avec l'animisme (que je devais rencontrer plus tard au Soudan), je me penche sur la nature en sa beauté que des esprits animent. Les religions orientales sont attirantes : Bouddha initiant à la sérénité suprême et à la compassion, Confucius à une morale supérieure. J'ai aussi admiré Mahomet renversant les trois cents idoles de la Kaaba pour instaurer la croyance en l'unicité divine, etc. Après un long périple, j'arrive enfin au Christ où je trouve non plus quelques rayons de lumière, mais une doctrine sublime, soleil à son zénith. Oui, mais mon esprit, devenu discursif à force de philosopher, voulait des preuves de l'incarnation de Dieu en l'homme. Je cherchais une évidence géométrique, un CQFD, ce qu'il faut démontrer, et ma raison « ratiocinante » n'était pas convaincue.

Où aller ? À quel axe immuable m'attacher pour posséder la Vérité ?

L'étoile fascinante de Sartre traversait à son tour le ciel de la philosophie. Son existentialisme athée, où l'homme se crée lui-même en agissant, ne me séduisait pas. Camus m'attirait davantage, mais son analyse pénétrante cherchait en vain une issue à l'absurdité du monde : Sisyphe roulait son rocher vers les cimes, mais se trouvait impuissant à en arrêter la chute.

Les efforts de ces intelligences supérieures pour échapper à un être transcendant me ramenaient aux siècles antérieurs, à Protagoras : « L'homme est la mesure de toute chose. » Oui, mais quelle mesure ? Finalement, ces « nourritures terrestres » n'apportaient pas un sens à la vie. Je cherchais un jaillissement de lumière et d'amour. Je restais dans le vide. Allais-je abandonner l'irradiation de l'Évangile qui défie le temps pour des nébuleuses passagères ? Non, cent fois non ! Tant pis, je suis embarquée. Doute pour absurde, je choisis le doute : qu'il me ronge, qu'il m'assaille, je vais défendre ma foi ! Je préfère marcher dans la nuit que me dissoudre dans le néant.

Dans le silence de la chapelle, la lecture de l'évangile rafraîchissait mon cerveau en ébullition. Je répétais avec saint Pierre : « Seigneur, à qui irais-je ? Tu as les paroles de la vie éternelle. » Ces paroles, aucun philosophe n'arrivait à me les offrir ! Je partais l'âme en paix… jusqu'au nouvel assaut du doute.

Ce drame de la foi, aussi douloureux qu'il fût, avait l'inappréciable avantage de briser le cercle de mon étroit fanatisme : « Hors de *mon* Église, point de salut. » Quelques années plus tard, l'Église tout entière s'ouvrit de manière analogue, manifestant respect et amitié pour les autres religions qu'elle avait, trop souvent jusque-là, exclues ou ignorées. Je commençais à discerner que je n'étais pas propriétaire attitrée de la Vérité totale et absolue. Comme bien des mortels, je cheminais péniblement à sa recherche. *Croire* en la vérité de l'Église catholique ne signifiait pas en *posséder* toute la lumière.

J'avais découvert des valeurs authentiques à travers d'autres religions et d'autres philosophies. Pourquoi les laisser tomber ? Une sorte de conversion de l'esprit s'opérait ainsi lentement. Que valaient les affres du doute en contrepartie de l'enrichissement exceptionnel qui s'offrait à moi ? J'ai pu ainsi accéder à un dialogue ouvert et confiant avec des hommes et des femmes de toute conviction à travers le monde.

À l'Ouest, la guerre de 39-45 était pour nous trop lointaine. Nous n'imaginions pas encore les tourments d'une ampleur autrement démesurée qui allaient bientôt s'abattre sur la terre. Déjà, nous étions angoissées pour nos patries, nos familles, nos amis. La Turquie, restée neutre, offrait la sécurité… mais les autres, là-bas, où l'on manquait de tant de choses ?

À cette époque, je nouai une intense amitié avec Mme Mano, l'une des dames qui venaient se reposer dans notre maison de Therapia pendant les vacances. Son mari, juif comme elle, apprit que Hitler avait fait massacrer sa famille. Leurs corps, disait-on, servaient à fabriquer du savon. Il ne put supporter ce choc terrible. Un jour, sa femme le retrouva gisant sur le sol, asphyxié par le gaz qu'il avait laissé ouvert. La malheureuse nous arriva, brisée. Elle avait besoin de tendresse pour reprendre confiance en Dieu et en elle.

Avec les sœurs, je m'attelai à cette tâche. Elle était la fille du grand rabbin Saban de Turquie, un homme qu'on ne pouvait rencontrer sans le respecter et l'admirer. Je lui demandai d'étudier avec elle les premiers chapitres de la Genèse, c'est-à-dire de la Torah, et de transmettre à son père nos difficultés. Le corps et l'esprit mobilisés par une telle recherche, elle se détendait et la paix, petit à petit, descendait en elle. Nous nous passionnions pour une vision de l'univers et de l'homme présentés sous la forme imagée qui convenait à un peuple encore enfant. Nous ne cherchions pas ce que le texte ne pouvait évidemment pas donner (comme, par exemple, la théorie scientifique de l'évolution terrestre), mais bien plutôt les réponses aux questions éternelles : d'où vient le monde ? qui est Dieu ? l'homme ? qu'est-ce que le bien, le mal, la mort ? Au milieu de ma recherche fiévreuse, cette plongée biblique m'apporta un bain de fraîcheur et de paix.

Une juive et une chrétienne sont ensemble penchées sur le texte sacré. C'est alors que l'auto du grand rabbin pénètre dans l'allée. Nous ne sommes pas encore parvenus à l'époque où un pape – Jean-Paul II en 1990 – s'est rendu à la synagogue de Rome. Une cinquantaine d'années auparavant, aucune relation entre Juifs et catholiques n'existait encore. C'était miracle qu'un grand rabbin entrât dans une maison religieuse catholique ! Avec ce grand et beau vieillard à barbe blanche, nous nous promenons lentement le long du Bosphore.

Je lui demande quels sont les psaumes qu'il prononce chaque jour pour louer le Seigneur, car je veux m'y unir. Nous nous sentons tous deux sur la même longueur d'onde. Il me promet de m'en donner la liste. Une de nos sœurs anciennes, mère Anne-Marie, arrive en trottinant : « Excellence, voulez-vous entrer à la chapelle ? – Bien volontiers ! » Nous les avons vus avec émotion s'avancer la main dans la main et s'incliner ensemble devant l'autel. La mère de Jésus, de son socle, souriait au fils de son peuple, lui qui priait comme elle le Dieu d'Abraham, d'Isaac et de Jacob.

Les vacances se terminent, nous quittons le Bosphore pour la ville. Peu de temps après, un coup de téléphone : « Le grand rabbin Saban a rendu son âme au Dieu de ses pères. » Le cœur lourd, je me rends avec une autre sœur à sa demeure. Son corps, revêtu des ornements liturgiques, repose à même le sol, environné de cierges. Des rabbins l'entourent dans un murmure de psaumes. Mme Mano me tend en pleurant la feuille où son père, la veille de sa mort, avait transcrit pour moi les psaumes qu'il offrait chaque jour à Dieu. Il me semble entendre ses lèvres exsangues me murmurer : « Continue ma prière. » En contemplant son visage nimbé de sérénité, je lui réponds « Oui ».

À la même époque, je propose à mes élèves juives de leur donner, chaque samedi après la classe, un cours sur la Bible. Elles acceptent avec enthousiasme. J'avais remarqué chez ces filles d'Israël une particulière soif de Dieu. Nous nous plongeons dans l'Ancien Testament. Elles se passionnent pour l'histoire des patriarches. Nous cherchons ensemble à connaître la « geste de Dieu » pour son peuple élu.

Je leur demande un jour : « Récitez-moi le *Shema*. » Personne ne le connaît ! Dans la Bible, je leur fais ouvrir le livre du Deutéronome au chapitre 6. L'une d'elles se met à lire avec respect : « Écoute, Israël, le Seigneur est notre Dieu, le Seigneur est Un. Tu aimeras le Seigneur ton Dieu de tout ton cœur, de toute ton âme, de toute ta force. » Ces jeunes juives sont soudain ramenées quelque trente siècles en arrière, au temps où Moïse prononçait ces paroles devant leurs ancêtres. Je leur explique : « Ce texte est un des plus sacrés du monde, il est la source même du judaïsme, source d'où jaillissent le christianisme et l'islam. » Comme devant chaque perception du sacré, le silence s'est établi. J'ajoute enfin : « Si j'étais vous, je le dirais tous les jours. Comme il a chanté sur les lèvres de vos ancêtres, à chaque génération, qu'il chante désormais sur les vôtres ! » Bien des années après, j'ai eu l'occasion de rencontrer l'une d'elles. Elle m'a dit en souriant : « Sœur Emmanuelle, le savez-vous ? je récite encore de tout cœur, chaque jour, le *Shema*. C'est le don le plus précieux que j'ai gardé de vous, n'est-ce pas ? »

Pionniers du dialogue

Mes étudiantes grecques orthodoxes étaient assez fanatiques. Leur communauté avait gardé – et avec quelle aigreur ! – le cuisant souvenir de la quatrième croisade qui avait dévasté Constantinople, affaibli l'Empire byzantin et permis la victoire des Turcs. Comment briser le mur élevé depuis lors (et on le comprend) contre tout ce qui était catholique ?

Je leur propose un jour : « Voulez-vous que nous priions ensemble la *Theotokos*, la "Mère de Dieu" ? Seule une mère peut rapprocher ses enfants séparés. » Elles lui chantent une de leurs belles hymnes mariales, puis je leur dis en souriant : « *Poly kala* ! Très bien ! Alors, les filles, samedi après-midi, on part au Phanar invoquer sainte Euphémie et voir Sa Sainteté le patriarche Athénagoras ? » Elles me regardent, stupéfaites. Pulchérie parle au nom de toutes :

« Ma sœur, vous voulez aller chez *notre* patriarche ?

— Bien sûr, pourquoi pas ?

— S'il vous fait l'affront de nous recevoir sans vous ? (À cette époque, nous, religieuses catholiques, n'avions même pas la permission d'entrer dans une église orthodoxe : il fallait s'en confesser.)

— Ça ne paraît pas le genre d'Athénagoras et n'avez-vous pas confiance en sainte Euphémie ?

— Oh oui ! » s'exclament-elles en chœur.

Le samedi suivant, nous prions d'abord pieusement devant sainte Euphémie qui, revêtue de ses plus beaux atours de vierge martyre, nous reçoit dans le calme de l'éternité. Puis je salue la chaire d'où saint Jean Chrysostome invectivait, dit-on, les belles dames de la cour : « Malheur à vous, femmes de la noblesse qui utilisez des pots de chambre en or, tandis que les pauvres crèvent de faim à vos portes ! » Ce style vigoureux est malheureusement tombé depuis en désuétude dans l'Église ! Il faut dire que cette violence verbale coûta cher à saint Jean Chrysostome : l'impératrice Théodora l'envoya en exil où il trouva la mort.

Nous arrivons au bureau qui précède la salle d'audience. Un pope au couvre-chef imposant me jette des regards assassins. Si ses yeux étaient des pistolets, je m'écroulerais sans vie ! Il discourt à toute vitesse en grec avec mes élèves. Enfin, il part prévenir Athénagoras de cette visite incroyable : une religieuse catholique demande audience à un patriarche orthodoxe !

Alors, c'est un petit miracle : nous sommes reçues, et avec quel accueil, quelle courtoisie, quelle largeur d'esprit, quelle grandeur ! Il lève le bras, me prend un instant sous son ample manteau et me sourit à travers les poils de sa barbe : « Merci d'être venue ! me dit-il avec chaleur. Ne nous troublons pas des événements qui passent ! Le *Pantocrator*, le Tout-Puissant, est plus fort que les hommes ! »

Nous bavardons comme de vieux amis : « Quand j'étais à Boston – nous raconte-t-il en jetant parfois un regard vers mes muses Euterpe, Clio et compagnie –, catholiques et orthodoxes avaient souvent des fêtes communes. L'Amérique, vous le savez, est le pays de la liberté ! » Les muses, un peu étonnées, le regardent. « Il faut prier, mes enfants : je désire rencontrer Paul VI, la question est de trouver l'endroit. L'Esprit-Saint, Lui, saura nous y mener ! » Ses yeux profonds se fixent dans le lointain. Nous nous taisons avec lui, impressionnées. Cet homme est une figure de proue, un prophète. Dieu lui parle : bientôt, Il allait l'envoyer à Jérusalem embrasser son frère Paul.

Cette rencontre avec le patriarche Athénagoras, pionnier de l'œcuménisme, a eu une influence capitale dans ma vie. Elle m'a rappelé la prière suprême du Christ, la veille de sa mort : « Que tous soient un, comme toi, Père, tu es en moi et moi en toi, afin que le monde croie que tu m'as envoyé[1]. » Athénagoras m'a incitée à mettre tout en œuvre pour faire renaître, comme lui, l'amour entre nos confessions chrétiennes divisées. Quel scandale que constituent, pour les non-chrétiens, nos querelles plus ou moins mesquines ! Quel contre-témoignage dans un pays comme la Turquie, où Atatürk prônait un islam ouvert et respectueux des autres religions !

Parallèlement à ce dialogue avec l'orthodoxie, j'intensifiais mes relations avec le monde turc dans lequel je vivais. Il me paraissait primordial de connaître la langue et la culture du pays où j'avais fixé ma tente. Cette intention était rare à l'époque. Mère Elvira m'y avait encouragée cependant en me donnant comme professeur M. Feyzi, le meilleur homme du monde, « calé » dans le vocabulaire du turc ancien et moderne, où Atatürk avait voulu supprimer l'influence arabe. Ma connaissance de la langue se perfectionnait.

Cela se sut. Une lettre arrive de l'évêché : M. Feyzi pourrait-il, avec mon aide, traduire en turc le catéchisme ? Ce fut un travail passionnant, coupé de dialogues savoureux avec ce vieux musulman. Nous arrivons au chapitre de l'incarnation du Christ. Souriant, il me raconte avec simplicité un épisode de sa vie : « Quand j'étais enfant, mon père m'expliquait le Coran. Il me parlait de Maryam, la Vierge qui a enfanté Jésus suivant la croyance enseignée par Mahomet. J'ai osé m'exclamer : "Mais, Papa, une vierge ne peut avoir

1. Jean 17, 21.

un fils !" Mon père m'a alors donné une claque que je sens encore sur ma joue. "Tu croiras à la virginité de Maryam, oui ou non ?" Cette claque m'a aidé à vie : depuis, je n'ai plus jamais douté ! » Comme quoi, pour certains, les arguments frappants restent les meilleurs !

Nous traduisons les questions et les réponses du catéchisme sur l'eucharistie, le Christ présent dans le pain consacré à la messe. Cette fois, M. Feyzi s'arrête :

« Sœur Emmanuelle, vous êtes pourtant une femme intelligente, comment pouvez-vous y croire ?

— Monsieur Feyzi, vous êtes pourtant un homme intelligent, comment pouvez-vous croire à la virginité de Marie ? À cause de la claque de votre père ? »

Il rit de bon cœur :

« C'est vrai, c'est la foi, cela ne se discute pas !

— Voyez-vous, monsieur Feyzi, je communie tous les jours depuis l'âge de douze ans. J'ai fait l'expérience personnelle de la force que m'a apportée Celui que je crois présent.

— Je ne conteste pas votre expérience, mais elle est subjective, indémontrable.

— Bien sûr, il faut l'avoir vécue pour comprendre.

— Alors, comme je ne l'ai pas vécue… »

Et, tout souriant, il se penche sur le texte à traduire.

L'admirable M. Feyzi voulait contribuer à offrir aux jeunes chrétiens de nationalité turque le catéchisme d'une religion souvent en contradiction avec la sienne. Il refusait toute rémunération, heureux de rendre service : ce n'est tout de même pas banal, et cela lui aurait été implacablement reproché par les fanatiques d'aujourd'hui. Il était le type même de l'antifanatique. Mère Elvira savait à qui elle me confiait pour étudier le turc, mais aussi et surtout pour apprendre à respecter l'autre dans son identité. Accepterais-je, moi, de traduire en français un catéchisme coranique pour de jeunes Maghrébins ne connaissant pas l'arabe ? Je n'en suis pas sûre. Il est vrai que, dans nos écoles en Égypte, nous veillions à ce que le Coran soit enseigné aux musulmans par un maître islamique. Depuis l'envoi des premiers missionnaires, en effet, les papes ont toujours demandé le respect du droit sacré des parents d'élever leurs enfants dans leur propre religion. J'ai lu avec admiration les anciens documents envoyés à ce propos depuis le XVIe siècle. Ils sont particulièrement stricts sur cet aspect du respect de la liberté religieuse. À cet égard, nous n'avons rien à nous reprocher en monde musulman. Il est vrai que, en des temps et des pays déterminés, des missionnaires ont parfois fait pression sur les adultes pour les convertir. Lors de la colonisation, être chrétien signifiait appartenir à la classe dominante. La conversion devenait ainsi une manière d'accéder à un niveau social supérieur. Heureusement, les missionnaires attitrés en Afrique, les Pères blancs, ont toujours profondément respecté l'islam et ses traditions.

Un autre homme de valeur, le père Gauthier, a marqué cette époque de ma vie. Religieux franciscain, il unissait une vie spirituelle intense à une intelligence rare. Professeur de philosophie, chez nous et au lycée franco-turc des garçons, il était devenu notre « confesseur extraordinaire ». Un autre prêtre venait chaque semaine confesser les sœurs. Lui se présentait à intervalles plus espacés pour celles qui désiraient le consulter. Sa direction spirituelle était exigeante et libératrice à la fois. D'une part, il n'admettait aucun manque à la charité (« Vous osez dire que vous aimez le Christ, et vous blessez ses membres ? »). D'autre part, il déculpabilisait les consciences, en répétant volontiers avec saint Augustin : « Aime et fais ce que tu veux. » Il cherchait à nous faire comprendre que l'amour qui vivifie tout est autrement important que la discipline, qu'il en couvre les inévitables infractions. Ses conférences spirituelles étaient animées du même esprit, le souffle en était biblique, la psychologie accrochait à la réalité.

Il accepta de me donner des cours de philosophie pour compléter ma préparation à l'examen universitaire. En même temps, il m'aiguillait vers la théologie, discipline qui m'avait fait défaut jusqu'alors. Mes doutes persistants sur la foi ne l'étonnaient pas : son esprit s'était élargi à travers ses relations avec l'élite intellectuelle d'Istanbul, turque et étrangère. Il comprenait les causes de l'agnosticisme contemporain. L'athée n'était plus pour lui « un pécheur impie » mais, dans bien des cas, un homme marchant selon sa conscience droite : formé à ne croire que d'après l'expérience ou le raisonnement, il ne pouvait accorder créance, au milieu d'un univers tragique, à un Dieu invisible.

Le père Gauthier vivait de la foi de son maître, François d'Assise. Loin des discussions savantes, il gardait le regard fixé sur le Christ et la Croix. Sa raison approfondissait la recherche de la vérité, mais il en connaissait les limites. Il était pascalien et trouvait dans sa religion « assez de lumière pour ceux qui croient, assez d'obscurité pour ceux qui doutent ». Nommé plus tard évêque catholique latin de Turquie, il continua l'œuvre de rapprochement avec le gouvernement turc entreprise par le « visiteur » apostolique en Turquie et futur Jean XXIII, Mgr Roncalli. Lorsque Mgr Gauthier s'éteignit à quatre-vingt-trois ans, ses funérailles réunirent comme pour mère Elvira chrétiens, musulmans et Juifs dans une même prière. La presse turque, parfois fanatique, fut à cette occasion unanime pour souligner la tolérance du professeur, la loyauté de l'ami, la fidélité du serviteur du peuple turc.

L'un de ses anciens élèves musulmans, devenu professeur de faculté, se plaisait à écrire : « Je suis son fils spirituel, il m'a conduit à Dieu dans le respect de ma religion. » Bien d'autres – musulmans, Juifs et chrétiens – ont repris cette expression. Je la redis à mon tour : il m'a conduite à Dieu. Il m'a aussi conduite à l'homme, sur une route dont je commençais à percevoir la véritable ampleur : mettre l'accent sur la valeur de la personne au-delà de toute appartenance religieuse, politique ou culturelle.

Cette nouvelle perspective prenait corps dans mon esprit : ne pas se figer dans son identité, mais rejoindre l'autre dans la sienne. Mgr Roncalli partageait la même optique. J'étais présente dans la cathédrale d'Istanbul ce fameux jour de Pentecôte où, devant une foule considérable incluant ambassadeurs et consuls, il proclama d'une voix ferme l'évangile... en turc ! De mémoire de chrétien, jamais cet idiome « païen » n'avait retenti dans la Sainte Liturgie ! Cette initiative fut le premier acte de l'« inculturation ». L'Église en Turquie se devait d'assimiler la culture turque jusque dans sa langue, d'incarner la Parole dans une « chair » étrangère. Devenu le pape Jean XXIII, il allait un jour inviter toute l'Église catholique à entrer dans cette voie d'ouverture, de respect et de dialogue.

Sur la brèche

Mère Elvira avait redouté les difficultés que j'aurais à surmonter avec des supérieures à l'esprit moins ouvert. Avec elle et avec mère Marie-Alphonse, je n'avais guère eu de problèmes d'obéissance. Leur supériorité d'intelligence et de cœur m'en imposait.

Celles qui se sont ensuite succédé n'avaient pas toujours cet ensemble de dons rares. Si j'avais été moins absolue, j'aurais pu le comprendre et aider chacune, à son tour, à prendre une succession difficile. Je touche ici à une de mes grandes faiblesses : croire que mon seul point de vue est valable et rejeter – parfois avec mépris – celui des autres. Mon intransigeance sécrète l'agressivité de sorte que j'ai souvent desservi les meilleures causes que je voulais défendre.

La bonté intelligente de mère Elvira atténuait le règlement trop strict. Elle recommandait de glisser sur les infractions mineures. Par malheur, nous arrive un beau jour pour tout régenter une maîtresse de discipline anglo-saxonne. Elle charge les terminales de surveiller dans la rue le port obligatoire du chapeau NDS (Notre Dame de Sion) et, dans les corridors, les défilés en silence. Il faut lui remettre les noms des récalcitrantes. Je regimbe avec virulence contre cet encouragement à la délation. Forcée de se mesurer avec moi, la pauvre mère, qui avait une santé chancelante, tombe malade. Je vais la voir pour prendre gentiment de ses nouvelles. Arrivée près de son lit, je la trouve respirant avec peine. Une horrible pensée me traverse : « Qu'elle meure ! Bon débarras ! »

En silence, à la chapelle, je n'étais pas fière devant le Seigneur : « Qu'as-tu fait de mon commandement : "Aimez-vous les uns les autres" ? Étrange amour qui souhaite la mort des gens ! »

Le dialogue, genre « Don Camillo », continuait : « Seigneur, Tu as raison, mais n'est-elle pas insupportable ? » Il me semblait que le Seigneur me répondait :

« Et Moi, est-ce que Je ne te supporte pas depuis longtemps ! Et cette sœur, n'a-t-elle que des défauts ?

— Non, elle est toujours loyale, *fair play*, elle est même bonne, ses élèves l'adorent mais je ne m'entendrai jamais avec elle !

— Et si tu étais moins intransigeante ?

— Oui, je vais essayer, Seigneur, mais elle serait tout de même mieux au paradis, près de Toi… Mais, si Tu veux qu'elle vive, aide-moi à la supporter ! »

Elle ne mourut pas. Je fis des efforts et elle aussi : cela marcha un peu mieux !

Il était écrit que mon destin se jouerait dans la lutte. J'allais visiter le plus souvent possible le bidonville de Teneke Mahallesi – « le quartier de bidons » – qui m'attirait de plus en plus. Je voyais dans quelle situation ces pauvres gens vivaient : misérables cabanes en vieux bidons, sans eau, ni chauffage, ni lumière. Rentrée au couvent, Dieu sait que je n'y trouvais pas le luxe. Ma cellule avait été d'abord une soupente sous les combles, je devais baisser la tête pour y pénétrer. J'avais été ensuite responsable d'un dortoir de pensionnaires. Mon box offrait juste la place pour un lit et une table de toilette. Mais j'avais l'électricité, un radiateur, un robinet à quelques mètres. Au réfectoire, la nourriture était simple, mais abondante. J'y faisais honneur. En 1940, une pensée commença à m'obséder : aller vivre à Teneke Mahallesi, comme les pauvres et avec eux. Rien n'empêchait, en partageant leur vie, de venir chaque matin au collège. J'arriverais ainsi plus facilement à faire comprendre leur devoir de solidarité à mes riches élèves.

J'écris à Paris, à ma supérieure générale. La réponse arrive : « Chère sœur Emmanuelle, il m'est malheureusement impossible de satisfaire votre désir. Il est bon mais notre règle exige, vous le savez, de rentrer au coucher du soleil. Comment pourrais-je vous permettre de partager la nuit la vie de ce quartier pauvre ? Il vous faut choisir : ou bien rester à Sion en gardant la règle que vous avez apprise au noviciat ou, si vous pensez en conscience devoir suivre votre inclination, envoyez-moi une demande officielle de départ que je ferai suivre à Rome. Priez et réfléchissez avant de prendre votre décision. Quant à moi, je demande à Dieu de vous donner le discernement de votre vocation. »

Que devais-je faire ? Je priais intensément pour avoir la lumière. Je ne connaissais que trop ma fragilité. Dans le cadre du couvent, quels que soient parfois les « aboiements » de ma nature, la « bête tapie » à la porte de mon âme restait solidement attachée. J'étais en sécurité : la vie en communauté m'apportait son continuel soutien ; les prières en commun à la chapelle que je goûtais spécialement, les conférences spirituelles, les conseils d'un confesseur éclairé, les relations fraternelles – quelles qu'en fussent parfois les difficultés –, tout concourait à me baigner dans un climat de dilatation et de paix. Seule, abandonnée à mon tempérament si vite déréglé, qu'est-ce qui me prouvait que, tôt ou tard, je ne me laisserais pas entraîner loin, bien loin peut-être de mon bel idéal ?

Là-dessus, passe par Istanbul une religieuse d'un type extraordinaire propre à m'exalter : mère Magdeleine de Jésus, fondatrice des sœurs de Foucauld. Elle avait traversé l'Europe en roulotte, en route vers Jérusalem ! Elle resta quelques jours chez nous et, pendant une récréation avec la communauté, nous expliqua la nouvelle règle qu'elle avait instaurée : partage de la vie, de la nourriture, du logement avec les plus pauvres, en s'installant prioritairement dans les pays d'Afrique et du tiers-monde. Elle avait pris comme modèle d'habit le sarrau que nous portions pour faire les gros ouvrages. J'étais fascinée. Je la suis dans sa chambre, le cœur battant :

« Ma Mère, mon rêve est réalisé ! Je peux rester religieuse et vivre pauvre avec les pauvres ! Prenez-moi dans votre institut.

— Sœur Emmanuelle, c'est impossible. »

Je sursaute :

« Pourquoi ? Je suis prête à tout, à vivre ou à mourir, mais au milieu des pauvres.

— Impossible, je ne peux pas arracher une sœur à Sion.

— M'arracher ! Mais non ! C'est moi qui me précipite chez vous !

— Non, vous ne comprenez pas. Je dois la plus grande reconnaissance à vos sœurs de Sion. Nous avons commencé à Tunis, sans feu ni lieu. Mère Marthane nous a accueillies avec une incroyable générosité. La typhoïde s'est abattue sur la maison, ses sœurs et les miennes étaient à la mort. Elle s'est dévouée jour et nuit. Temps, argent, elle n'a rien épargné et nous a toutes sauvées. Je ne peux pas prendre une sœur de Sion ! »

Tout s'écroulait… Supplice de Tantale : l'idéal dont j'avais passionnément soif était là, incarné devant moi, il m'étreignait corps et âme mais, voilà, ce n'était qu'un mirage ! J'étais désespérée. Je parle avec toute mon âme du bidonville de Teneke Mahallesi. Mère Magdeleine de Jésus finit par me dire : « Il faut attendre, sœur Emmanuelle. Dans deux, trois ans, que votre supérieure générale m'écrive… mais maintenant, non, je refuserais. »

Je vais à la chapelle me plaindre : « Ça ne va pas comme ça, Seigneur ! Il ne fallait pas me l'envoyer…

Elle attise le feu et puis, en vitesse, elle se sauve et je reste derrière, moi, dans les flammes. Ça ne Te fait rien, Seigneur ? » Dans le creux de mon âme, la Sagesse parlait : « Il faut traverser le feu avant de s'y jeter. » « La patience tout obtient », disait sainte Thérèse d'Avila.

C'est précisément mon impatience et mon francparler qui ont déterminé mon départ d'Istanbul. J'ai déjà noté que mon esprit trop révolutionnaire et intransigeant éprouvait la patience de mes supérieures qui sentaient mon absolu désaccord avec la discipline rigide pesant sur les élèves et l'application trop rigoureuse de la règle religieuse.

En voici un simple exemple qui me revient à la mémoire. Un après-midi, à Therapia, à l'heure de la récréation, nous nous promenions dans une allée donnant sur le Bosphore. Le vent souffle, les vagues se jettent sur la corniche. Un pêcheur lance en vain un cordage, la valse de sa barque l'empêche d'atteindre le poteau. Avec la supérieure, les sœurs regardent le spectacle, faisant des vœux pour qu'il arrive enfin à amarrer. Je finis par éclater :

« Mais enfin, ma Mère, est-ce que nous allons longtemps contempler béatement cet homme, ne puis-je descendre sur la route pour l'aider ?

— Non, sœur Emmanuelle, ne sortez pas ! »

Je ne réponds rien et m'éloigne les dents serrées. Je ne savais pas insister gentiment, avec un sourire : « Oh ! ma Mère, le pauvre homme, il n'en peut plus ! » Cette supérieure, à cheval sur la règle, était pourtant très bonne. Avec un peu de doigté, je l'aurais amenée à laisser parler son cœur plutôt que la règle : « Les sœurs ne doivent sortir que le plus rarement possible. »

Dans la pénombre de la chapelle, je me plains au Seigneur : « N'est-ce pas stupide de préférer une lettre morte au secours d'un vivant ! Bien sûr, il n'était pas en danger, mais il se fatiguait, le pauvre ! » La réponse retentissait dans le fond de mon cœur : « Quand sauras-tu rendre acceptables tes demandes ? »

Finalement nous arriva une supérieure plus jeune que moi et qui n'était pas prête à supporter mon caractère frondeur... En juin 1954, je recevais de la supérieure générale de Paris une « obédience » pour Tunis.

« Partir, c'est mourir un peu », sujet que mes étudiantes aimaient développer. J'avais maintenant à en faire l'expérience. Les sœurs et les enfants, la maison et le pays, comme je les chérissais : les classes passionnantes avec les jeunes en recherche, l'amitié profonde nouée avec ma communauté, la Turquie qui avait fait des pas de géant avec Atatürk, Istanbul et ses merveilles visitées avec mes élèves – Sainte-Sophie et la Corne d'Or, le Bosphore et la Marmara – et, par-dessus tout, notre chapelle priante avec la Vierge qui me souriait ! Mon cœur était attaché aux pierres mêmes de la cour et, là-bas, à la tombe où reposait mère Elvira qui avait vécu sous mes yeux jusqu'à la mort un grand amour.

La guerre avait cessé avec l'avancée des alliés à marche forcée de l'Est et de l'Ouest vers Berlin, le suicide d'Hitler, la catastrophe atomique d'Hiroshima et de Nagasaki. Les charniers juifs sortaient de terre, les chiffres commençaient à circuler : un holocauste de quatre, cinq, six millions d'hommes, de femmes, d'enfants immolés. La stupeur nous saisissait, nous avions échappé à « trop de la peine des hommes[1] », ne recevant que trop peu d'échos des drames qui torturaient le monde !

Quant à moi, j'entendais à nouveau l'appel de Dieu à Abraham : « Lève-toi, quitte ta maison, ta parenté, va dans le pays que je te montrerai.[2] » Il est bon de savoir partager l'arrachement de milliers d'êtres loin de leur foyer, de partir au loin, comme eux, vers les terres de solitude ! Hop ! En avant, Emmanuelle, pour la Tunisie !

J'allais y traverser l'épreuve du désert.

1. Psaume 73 (72), 5.
2. Genèse 12, 1-3.

TROISIÈME PARTIE

PÉRIPLE DE PAYS EN PAYS

1955-1971

Le désert de la tentation

Tunisie, 1955-1959

À Tunis, j'arrivais avec la solide réputation d'une maîtresse de classe faisant régner la discipline, aimée et respectée de ses élèves et appréciée des parents. Mais les filles des colons français, dans l'effervescence et la légèreté de leur douze ou treize ans – âge des deux classes de quarante élèves dont j'étais chargée –, n'avaient rien de commun avec mes étudiantes turques de seize à vingt ans, désireuses de s'instruire.

Je me souviens de la première heure où je me suis trouvée debout entre deux pièces où chahutaient quatre-vingts filles. Ma vue a chaviré et je me suis demandé : qui va être vainqueur ? ces gamines trépidantes ou moi ?

Heureusement, les deux professeurs sont arrivées. Elles ont obtenu le calme et je me suis esquivée, mais… cent soixante petits yeux frondeurs me scrutaient. Cette année fut un échec complet. Les deux classes étaient au deuxième étage et les rangs devaient monter en silence. J'étais incapable de contrôler cette longue caravane qui faisait la récréation sur chaque marche d'escalier. L'agitation pendant mes cours nuisait au travail. Je manquais aussi de pédagogie pour cet âge. Les parents venaient se plaindre. La supérieure, mère Marthane, qui avait beaucoup misé sur ma réputation, espérait que j'allais enfin reprendre les choses en main. C'était une femme remarquable qui jouait à Tunis le rôle de mère Elvira à Istanbul, symbole de lumière et d'accueil pour beaucoup.

L'extrême chaleur tunisienne que je n'avais jamais affrontée diminuait encore mes forces. J'étais de plus en plus fatiguée, sans aucune possibilité de me reposer durant la journée, car mon lit pliant se trouvait dans l'armoire d'une de mes classes. J'avais joui jusqu'alors d'un parfait contrôle de moi... mais je m'entends un jour criant sur une enfant sans raison suffisante. Je vais m'accuser auprès de la supérieure et lui demander une pénitence selon l'usage. Elle me répond en souriant : « Vous êtes trop fatiguée, vous vous lèverez toute cette semaine une demi-heure plus tard ! » Ma lassitude augmentant, elle met la bibliothèque à ma disposition pour une demi-heure de sieste. Rien n'y fait. Le désordre n'arrête pas chez mes coquines d'élèves, trop heureuses à cet âge de profiter de ma faiblesse.

Mère Marthane finit par ne plus rien me dire, mais je la sens de plus en plus mécontente de la situation. À Istanbul, où mes relations avec mes supérieures n'étaient pas toujours faciles, je leur donnais cependant pleine satisfaction, ce qui détendait souvent les tensions. Mais, à Tunis, ce n'était guère le cas !

Rien ne fonctionnait. Pour mes élèves, j'étais un pion ridicule ; pour ma supérieure, une maîtresse incapable ; pour ma communauté, une sœur dont on a pitié sans pouvoir l'aider. Cette sensation d'être pour tous un objet de commisération m'était insupportable et m'éloignait de toute relation de tendresse.

Autant à Istanbul je vivais entourée de chaude affection, autant à Tunis j'avais la bizarre impression d'être un iceberg flottant sur une mer de glace. Il m'arrivait exactement ce que mère Elvira avait prévu : « Pourrez-vous tenir, Emmanuelle, quand vous ne serez plus soutenue par votre supérieure, mais seule à lutter ? » Moi qui avais toujours marché en cordée, je ne trouvais plus où m'appuyer. Mon corps était épuisé, mon cœur glacé, mon âme écœurée. L'heure de la tentation au désert avait sonné.

Une seule alternative : ou tout laisser tomber pour m'en retourner dans ma famille, près de ma mère, ou m'accrocher au Seigneur pour tenir. Je crois que j'ai rarement autant appelé Dieu dans ma vie, mon seul salut. Le matin à cinq heures, première invocation : « Seigneur, viens m'aider, je n'ai pas le courage de me lever ! »... et ouste, en vitesse saisir le broc et la cuvette pour se laver, revêtir la longue et chaude robe religieuse, ajuster le voile et la guimpe qui serait bientôt trempée, ranger le lit dans le placard et hop ! au dortoir des élèves pour le réveil. Plus la journée était dure, plus je L'appelais : « Vite, au secours, je perds cœur. » Le soir, la chapelle était plus fraîche, la prière plus détendue. La Vierge me paraissait plus souriante : « Merci, Notre Dame, j'ai tenu le coup ! » Enfin, après avoir attendu que mes malicieuses élèves cèdent au sommeil, je revenais du dortoir, le cœur en paix, dire un ultime bonsoir au Seigneur.

Chaque jour me laissait sans force pour le lendemain. Mais, chaque jour, la tentation de tout laisser tomber était à nouveau vaincue. Beaucoup d'entre nous, dans ce désert moral, revivent ainsi l'épreuve biblique des Hébreux. Appartenant à la même humanité, la marche qui devrait nous libérer nous semble vaine et mortelle : « Le peuple torturé par la soif dit à Moïse : “pourquoi nous as-tu fait sortir d'Égypte, pour nous faire mourir de soif ?[1] » Nous sommes alors tentés de retomber dans l'ancien esclavage, où « nous étions assis devant des marmites de viande[2] ». Oh ! la tentation de rester tranquillement assis devant quelque marmite, plutôt que de lutter dans la nuit pour un idéal qui se dérobe ! Et pourtant, combien trouvent, avec l'aide de Dieu, en eux-mêmes, grâce à des amis, la force de continuer à s'acharner. C'est une expérience fascinante qu'il faut avoir vécue pour y croire : unir, dans son être fragile, l'anéantissement et l'énergie, l'attrait de la

1. Exode 17, 3.
2. Exode 16, 3.

mort et la puissance de la vie. Au désert de la soif, sans le voir, sans le sentir, nous buvons Dieu.

Il y avait un problème qui me préoccupait : l'abîme qui séparait mes élèves de la population autochtone. Son symbole : le petit âne du *fellah* côtoyé par les riches voitures des colons. Ceux-ci avaient bénéficié des meilleures terres et en obtenaient un rendement maximum. Certains, cependant, étaient soucieux du bien-être de leurs ouvriers. Leurs femmes visitaient les familles, soignaient les malades, organisaient des cours pour analphabètes, dotaient les filles, etc. Aujourd'hui nous appelons cela du paternalisme, mais c'était précieux en ce temps !

Ainsi, nous avions trois filles blondes comme les blés. Leurs parents, chrétiens conscients de leur responsabilité sociale, assuraient le bien-être de tous leurs employés. Pourtant, l'un de ceux-ci, pour gagner une prime, révéla une cache d'armes enfouies dans le jardin. Le gouvernement craignait que les colons ne se révoltent contre les nouvelles lois restreignant leur activité : arrestation, emprisonnement. C'étaient de vieux fusils datant de la dernière guerre, mais il aurait fallu ne pas les garder. Pendant plusieurs mois, ce fut la désolation dans tout le domaine. Enfin, mère Marthane arriva à faire agir le père d'une de nos élèves tunisiennes : il avait un poste important auprès de Bourguiba qui signa l'ordre de libération.

Cet homme, qui avait partagé la vie des détenus de droit commun dans une terrible promiscuité, vint nous voir à sa sortie de prison. C'était un autre être ! Son visage revêtait les traits fatigués de celui qui a profondément souffert, mais une sorte de flamme l'illuminait. « Oui, ce furent des jours épouvantables, côte à côte avec de véritables criminels, loin des miens, angoissé de leur sort. Mais je ne regrette rien. J'ai compris la détresse humaine. Ma vie était trop facile, trop confortable. J'étais trop loin de la peine des hommes ! » Saisies, nous écoutions cet extraordinaire langage : « J'ai maintenant vécu la vraie fraternité, je suis devenu le frère de ces malheureux. J'ai compris comment un homme tombe ! » Son regard était devenu grave. Personne n'osait parler. Enfin, il conclut : « Je remercie Dieu. Il était en prison avec moi. » Sans emphase, sans lyrisme, il m'a donné une des plus grandes leçons de ma vie : il faut partager la peine des hommes sans s'arrêter à la sienne. Je n'étais pas la seule au monde à me sentir menacée au désert.

Je me retrouvais de nouveau devant mon problème : comment répondre à cet appel vers les pauvres qui ne se taisait pas ? À Tunis, je ne pouvais rien faire de ce que j'avais réalisé à Istanbul. Deux sœurs allaient visiter les gourbis, mais je n'étais pas autorisée à les accompagner et il aurait été impensable d'y entraîner mes élèves.

Les années d'attente que m'avait imposées mère Magdeleine de Jésus à Istanbul étaient écoulées. Ses sœurs vivaient dans un misérable quartier de Tunis. Mon être tout entier était aspiré vers elles. Comme me l'avait demandé leur fondatrice, j'écris à ma supérieure générale, mère Marie-Félix : « Ma Mère, vous connaissez mon désir de vivre pauvre avec les pauvres, impossible à Sion, mais réalisé chez les sœurs de Foucauld. J'ai attendu tant d'années. Ne m'empêchez pas de partager la pauvreté des hommes. Permettez-moi de suivre mère Magdeleine de Jésus. » Un télégramme arrive : je suis appelée à Paris.

Mère Marie-Félix était une femme au regard profond, à l'esprit ouvert aux idées différentes des siennes avec un rare don d'écoute. Elle me prête l'oreille avec une affectueuse compréhension et me répond : « J'étais inquiète à votre sujet. Vous n'étiez pas heureuse et je pensais vous envoyer à Kaznadar, en pleine campagne, à une quinzaine de kilomètres de Tunis, pour vous y épanouir. Mais il y a longtemps que vous vous sentez appelée à vivre avec les pauvres et je ne pouvais vous le permettre. La règle des sœurs de Foucauld est différente. Écrivez à mère Magdeleine de Jésus. J'ajouterai un mot pour confirmer mon accord. » Mon cœur bondit de joie. En rappelant à mère Magdeleine de Jésus ses conditions que j'ai respectées, je vais enfin pouvoir réaliser dans sa congrégation mon rêve de partager la vie des plus délaissés.

Nous sommes en septembre 1957. Octobre passe... aucune réponse ! J'écris de nouveau à Aix-en-Provence, siège du noviciat... toujours rien ! La situation devenait de jour en jour plus embarrassante. Je me voyais dans une impasse. Je restais là, à Paris, à la maison mère, hors de toute activité, avec les sœurs âgées. Mère Marie-Félix, sans insister, me rappelait simplement la situation :

« Sœur Emmanuelle, je veux vous laisser libre, mais vous voyez que sœur Magdeleine de Jésus ne répond pas... À Kaznadar, votre place est prête.

— Ma Mère, vous le savez, si je pars à Kaznadar, je serai obligée d'y rester au moins jusqu'à la fin de l'année scolaire. Il y a plus de vingt ans que je brûle de cette soif : partager la vie des pauvres. Je suis sur le point d'aboutir, peut-être demain... Ma position est pénible, je le sais : ne rien faire ici, sinon des balayages.

— Oui, alors qu'à Kaznadar, les sœurs ont plus de travail à cause de votre absence !

— Oui, c'est ça le pire. Mais, ma mère, je ne dois pas céder. C'est tout le sens de ma vocation pour les pauvres qui est en jeu !

— Agissez d'après votre conscience, sœur Emmanuelle, essayez aussi d'écrire à Rome où la mère a un couvent, en mentionnant "urgent" sur l'enveloppe. »

Les pauvres m'attendaient, j'allais courir vers eux, ils étaient l'espérance. Les premiers jours de décembre approchent. Après trois mois d'attente, arrive enfin une lettre : mère Magdeleine de Jésus était quelque part en Amérique, chez des tribus sauvages où elle installait en divers endroits ses sœurs – sans bureau de poste, naturellement ! Elle s'excusait de son retard : « Malheureusement, il n'est pas possible maintenant de recevoir sœur Emmanuelle. Trop de sœurs de différentes congrégations ont demandé à entrer chez nous. Nous avons ajouté à notre règle cette décision irrévocable : aucune religieuse d'un autre ordre ne sera acceptée... »

Coup de théâtre ! À Istanbul, c'était trop tôt... aujourd'hui, c'était trop tard ! Quatre-vingt-dix jours d'attente pour recevoir cette réponse. Bon ! surtout, ne pas se démonter, faire face ! Ne cède pas à la tentation de t'en aller, Emmanuelle ! Ta place est à Sion. D'abord, puisque je dois rester dans l'enseignement, je dois en même temps en avoir les diplômes. De toute évidence, je ne réussis pas auprès des adolescentes, mais avec des filles plus agées, plus ouvertes au monde et à ses problèmes. Il me faut une licence de lettres. Quatre ans auparavant, j'avais obtenu à Istanbul un certificat de philosophie. Maintenant, la Sorbonne était ouverte !

Je vais m'inscrire pour des cours de latin par correspondance. Et hop ! en avant pour Kaznadar. J'y suis reçue avec allégresse, car j'entrais dans une grande famille où chacune se sentait comprise et aimée. La supérieure, mère Marthe-Noëlle, faisait régner l'harmonie et la joie dans la communauté. Le cadre s'y prêtait. Autant, à Tunis, le collège était resserré autour d'une seule cour, autant, à Kaznadar, la propriété s'étendait au milieu des champs d'orangers et de mandariniers et disposait d'une piscine offrant son eau fraîche durant les mois de chaleur. Mon arrivée allait alléger la tâche de mes sœurs. Comme l'avait pressenti mère Marie-Félix, j'allais être enchantée de cet environnement.

Tout marche bien avec les élèves : je suis responsable des Terminales. Le soir, je travaille mon latin. J'attaque les auteurs du programme les uns après les autres. Je peux me présenter à l'écrit à Tunis... Chance ! Je réussis. Je dois partir en Sorbonne pour l'oral. Il y a des auteurs que je n'ai pas encore travaillés. Je passe une partie de la nuit à les terminer. Il me reste la littérature latine. Ce n'est pas difficile, je la relirai sur le bateau.

Ah oui ! mais le navire balance. Tangage, roulis... j'ai affreusement mal au cœur. Je débarque avec peine et me traîne jusqu'au train. Me voilà de plus en plus malade : va-et-vient incessant entre le compartiment et les toilettes. Stop ! Paris ! Je suis inerte comme un paquet de linge sale ! De bonnes âmes me transportent sur le quai, m'installent, faute de mieux, sur un chariot. Quelqu'un va téléphoner à Sion. Une demi-heure après, deux sœurs sont là, me ramassent et en avant pour la maison mère. Mère Marie-Félix m'attend avec un médecin. Mon pouls ne bat presque plus et je n'ai plus la force de parler. Le praticien est préoccupé : vite ! une piqûre pour remonter le cœur.

Bien installée à l'infirmerie, je reprends vie. Mère Marie-Félix, inquiète, est près de moi. Je lui dis avec anxiété :

« Ma Mère, demain, l'examen...

— Ne vous préoccupez pas, le docteur vous fera un certificat de maladie, vous vous présenterez sans problème. »

Rassurée, je m'abandonne au sommeil. Quelques jours après, me voilà sur pied. « Sœur Emmanuelle, quelle inquiétude vous nous avez donnée ! Le médecin a eu peur que votre cœur ne flanche ! Voilà votre certificat médical. Votre examinateur est prévenu, il vous attend demain matin. »

Le cœur battant, j'arrive à la Sorbonne. J'ai à peine ouvert mon livre de littérature latine. Je l'ai avec moi. Pourvu que j'aie le temps de le feuilleter avant l'arrivée de l'examinateur. Catastrophe ! Il arrive immédiatement : « Alors, ma Sœur, vous êtes remise ! Voilà votre question. Je vous laisse un quart d'heure pour y réfléchir et je reviens. » Il disparaît aussi vite qu'il est entré.

Je jette un coup d'œil sur son papier : un chant de l'*Énéide*. Je ne l'ai pas relue ! Malheur de malheur ! Je ne me rappelle rien d'autre que le petit dieu Cupidon lançant ses flèches sur Énée et Didon qui brûlent d'amour tendre. Mais Didon n'arrive pas à retenir à Carthage son bien-aimé et s'étend sur le bûcher quand elle voit la voile de son navire l'emporter au loin. Je suis dans l'impossibilité de raconter quoi que ce soit d'autre. Mon manuel de littérature est là, avec le résumé de tous les chants. Je n'ai qu'à l'ouvrir, un quart d'heure me suffit pour me mettre au point.

Dilemme de conscience qui fera sourire. Me voilà en pleine tentation :

« Alors, tu l'ouvres, oui ou non ?

— Vite, dépêche-toi !

— Oui, mais j'ai toujours dit à mes élèves de ne pas tricher, il faut avoir la loyauté de ne pas tromper.

— Bêtise ! tu es venue toi, de Tunis, et tu vas repartir sur un échec : pas de scrupule ! »

Oui… non. Non… oui. Je laisse le livre fermé sur mes genoux.

L'examinateur rentre : « Vous êtes prête, ma sœur ? Je vous écoute. » Courage, ô mon âme, parle de ce que tu pourras ! Je me lance. Énée, Didon, la guerre de Troie, Énée emportant son vieux père Anchise sur son dos : beauté de l'amour filial ; Andromaque fidèle à Hector : beauté de l'amour conjugal ; la *Victoire de Samothrace* : beauté de l'art grec ; le Parthénon décoré par Phidias : beauté du miracle grec ; Virgile conduisant Dante à travers l'Enfer et le Paradis : beauté de la *Divine Comédie* ; je ne sais comment j'enchaîne Wagner : beauté de la musique !

Je m'arrête à bout de souffle… et de beauté ! L'examinateur m'a écoutée dans un silence total : « Ma sœur, votre culture générale m'a intéressé, mais s'est plutôt écartée du sujet, il me semble ! » D'un geste, je lui montre mon livre : « Oui, voilà la vérité. J'ai été malade et je n'ai pas pu l'étudier. » J'ajoute, me sentant trop bête : « Je n'ai pas voulu l'ouvrir en profitant de votre absence. » Il sourit et nous voilà parlant musique. Au réfectoire d'Istanbul, j'avais fait entendre à mes élèves bien des morceaux classiques. Je suppose qu'il était musicien ! Nous nous sommes quittés dans l'harmonie... et j'ai obtenu mon certificat de latin !

Je suis vibrante de joie. Je vais préparer pour l'an prochain le grec, dont le cher M. Fréson m'a donné les bases, et la littérature française que je connais bien. Je me sens des ailes dignes de la *Victoire de Samothrace* !

Mère Marie-Félix me fait appeler :

« Votre supérieure préfère que vous arrêtiez vos études, il lui paraît difficile d'y unir l'enseignement.

— Mais, ma Mère, l'an dernier, j'ai travaillé à temps plein et j'ai pourtant réussi. Alors, pourquoi ne pas me laisser continuer ?

— Je comprends votre point de vue, sœur Emmanuelle, mais je dois laisser chaque supérieure libre d'organiser sa maison, je ne veux pas y interférer... »

Un boxeur m'aurait lancé un direct en plein visage, cela aurait eu le même effet : ma tête vacillait. Comment pouvait-on me donner un ordre aussi stupide ? Ma raison se cabre, la fièvre me monte au cerveau. Je me découvre à nouveau dans la solitude, en pleine tension de l'être. Je vais crier ma colère à la chapelle : « Seigneur, j'éclate ! C'est le comble de l'idiotie : je suis dans l'enseignement, oui ou non... ? Je dois avoir une licence, oui ou non... ? J'ai réussi mon premier certificat, oui ou non... ? J'ai enseigné à temps plein, sans déranger personne, oui ou non... ? On aurait pu me consulter, oui ou non... ? Est-ce que je dois me soumettre à un ordre aussi bête, oui ou non... ? Je commence à en avoir assez de ces bonnes religieuses de couvent. L'une m'interdit l'accès à une vie avec les pauvres, l'autre d'être à la hauteur de l'enseignement. Seigneur, je n'écoute plus personne et je file vers la misère qui m'appelle ! »

Je ne suis pas encore calmée, mais la vapeur diminue d'intensité petit à petit. Une autre voix commence à se faire entendre : « Ton vœu d'obéissance existe-t-il, oui ou non... ? Ta maîtresse des novices t'a prévenue, oui ou non... ? Tu t'es engagée à obéir à tout ordre qui n'est pas contraire à la morale, oui ou non… ? Ici, la morale est-elle en jeu, oui ou non… ? Oses-tu regarder la Croix en face, oui ou non… ? » Je sentais que tout abandonner, dans un mouvement de colère et de tentation, m'entraînerait dans une voie, certes de pauvreté, mais aussi de fragilité. Étais-je de taille à ne compter que sur ma propre force ? Je serrais mon crucifix dans ma main, je contemplais le Christ en Croix, j'écoutais la parole de mère Marie-Alphonse :

« C'est l'heure du plus grand amour !

— Oui, librement, volontairement, je me suis liée à Toi, Seigneur. Oui, coûte que coûte, avec Toi, comme Toi, j'obéirai. »

Cette nouvelle bataille m'apparaissait pire encore que les précédentes, car ce n'était plus la chair, mais l'esprit que je devais mater, ma personnalité orgueilleuse et fière de sa réussite que je devais dompter.

Le combat acharné des « oui » contre les « non » m'écrasa à mon retour à Kaznadar. L'année précédente, j'allais de mes élèves à mes bouquins, pleine d'enthousiasme et de dynamisme. Maintenant, je me retrouvais seule comme à Tunis, brisée de corps et d'âme. Mais le miracle permanent de ma vie rejaillissait à travers chaque virage périlleux : comme le cheval emporté dans sa course par son écuyer saute les obstacles, une force spirituelle me faisait bondir en avant. Décidément, saint Paul avait raison : « Je peux tout avec le Christ, ma force. » Je le vivais dans mon corps exténué, c'était l'expérience tunisienne : mes pieds marchaient, mes mains écrivaient, mes lèvres souriaient et, miracle des miracles, mon cerveau s'apaisait. J'approchais de « la renonciation totale et douce ».

Mais je butais sur la même obsession qu'à Tunis. Les misérables cabanes des indigènes s'étalaient sur la lisière de notre grande propriété. J'étais gênée de voir chaque jour quêter des enfants nu-pieds à qui nous donnions du pain et des mandarines, pas toujours les plus belles. Notre serviteur tunisien avait chez nous une seule pièce pour vivre avec sa famille, tandis que le chauffeur italien avait installé la sienne dans une maison. Pourquoi cette différence ? Réponse : il ne faut pas déclasser les indigènes habitués à s'entasser dans une seule chambre. Eh quoi ! Ne doit-on pas les aider au contraire à faire leur promotion ? Cela me révoltait. Notons pourtant que Sion avait bâti des classes pour y recevoir les petits Tunisiens pauvres et leur préparer un avenir meilleur. Maintenant, notre domaine est devenu propriété de l'État et la famille tunisienne est convenablement logée. Dans ma hâte révolutionnaire, je ne comprenais pas que de tels changements demandent du temps.

Ces cinq années de désert terriblement dures, terriblement passionnantes se terminent enfin : Istanbul me réclame. Je revenais en Turquie, mais changée.

Je n'étais plus la même. J'avais vécu la solitude, avec bien des humains, comme une mort anticipée. L'amitié, l'amour, m'avaient paru des nuées sans eau. Vivre n'avait plus de sens. Aller où, pour rencontrer qui ? Des visages indifférents, des yeux sans tendresse ? Mon travail d'éducatrice représentait quoi ? Un échec sans espoir ? La foi en l'homme ? Les fellahs resteraient de pauvres diables ! La foi en Dieu ? Le silence répondait à mes appels ! Le désir de pauvreté ? Un vœu à enfouir dans le sable !

Et pourtant, ces années dans le désert de la tentation ont été d'une exceptionnelle fécondité. Elles ont fait mourir l'orgueilleuse assurance de mes capacités, elles m'ont fait saisir combien le halo qui m'entourait à Istanbul était éphémère. J'avais réalisé l'impressionnante expérience que, malgré son silence, Dieu m'avait fait don d'un singulier pouvoir : j'étais restée debout, malgré tout, à travers tout.

Le désert intériorise : bienheureuse Tunisie ! Son austère pédagogie a décapé mon idéal romantique où l'amitié ne connaissait pas les heures dures, où l'appel à la pauvreté se teintait d'un paternalisme facile. Bienheureuse Tunisie ! Elle a dégagé le joyau d'un amour purifié.

Licence de lettres

Istanbul, 1959-1963

À Istanbul, deux supérieures allaient me recevoir tour à tour, chacune douée d'intelligence et de caractère : mère Ghislaine, licenciée ès lettres, qui, après mère Elvira, fut la sœur qui m'a le mieux comprise ; et mère Aline, titulaire d'une maîtrise d'architecture. Elles m'ont toutes deux encouragée à terminer ma licence. Tout va bien avec les élèves. Je peux, sans problème, étudier le soir. En avant la Sorbonne ! Seigneur, pardon d'avoir tant fulminé !

J'avais maintenant la maturité d'une femme de plus de cinquante ans dotée d'une bonne culture générale. Je me nourrissais avec d'autant plus de profondeur de la « substantifique moelle » de nos grands auteurs ! Je ne résiste pas à l'envie d'en parler, car ils ont élargi ma vision de l'univers.

Au programme de français, il fallait se plonger dans les *Essais* de Montaigne, *Les Liaisons dangereuses* de Laclos, mais surtout – chance suprême – les *Pensées* de Pascal avec, pour conclure, *Les Deux Sources de la Morale et de la Religion* de Bergson.

Pascal devint mon maître à penser. Je ruminais le jour les phrases que je lisais la nuit et dont la sphère me paraissait s'étendre à l'infini : « Nous ne connaissons le tout de rien » ; concrètement de qui, de quoi, connaissais-je la vérité profonde, ontologique ? De mes sœurs côtoyées et aimées depuis tant d'années ? De mes élèves en relation constante et chaleureuse avec moi ? Des événements petits et grands qui surgissaient chaque jour ? Leur source, leur prolongement, qu'en savais-je ? Comment osais-je porter sur tous un jugement de valeur ? « Ne connaître le tout de rien ! » : même l'objet le plus familier, ce crayon dans ma main, d'où venait-il ? Le bois, l'arbre, la première semence, le premier arbre qui remontait à la nuit des temps, combien de milliards d'années ? Mon esprit se perdait dans l'infini !

« Misère et grandeur de l'homme » : j'essayais d'analyser en moi-même le mystère pascalien, cette « bête toujours tapie » à ma porte, déjà connue par Caïn[1] et dont mère Marie-Alphonse nous parlait. « Attention au serpent caché en vous, disait-elle, toujours vivant, toujours prêt à vous subjuguer : jalousie féminine, ambition dominatrice, sensualité réveillée, égoïsme mesquin. » Ah oui ! ma misère ontologique, je la sentais dominée, mais jamais annulée. En même temps, la grandeur de « mon roseau pensant » – le jaillissement jamais annihilé de ma raison, le bloc de pierre vaincu par Rodin où la pensée émerge de la matière comme Minerve s'élançant casquée de la cuisse de Jupiter, tous ces symboles antiques et modernes – me faisait tressaillir de la fierté d'être membre de la race humaine.

Combien de fois n'ai-je pas redit cette sentence qui m'enchantait dans sa profondeur musicale : « Le silence éternel de ces espaces infinis m'effraie ! » Je voyais surgir les millions d'étoiles séparées par des millions de kilomètres et le petit « ciron » que j'étais, perdu dans cette « circonférence infinie dont le centre n'est nulle part ».

Là où Pascal a le plus éveillé ma pensée, c'est dans la recherche du Dieu des chrétiens perçu irrationnel

1. Voir Genèse 4, 6.

par les libres-penseurs. Je me trouvais là au cœur du problème jamais élucidé depuis mon entrée à l'université d'Istanbul. Pascal allait-il enfin m'apporter une preuve transcendante de la vérité du christianisme ? J'ai d'abord longuement médité cette pensée : « Tout nous glisse et fuit d'une fuite éternelle. » Encore adolescente, j'avais ressenti avec acuité cette fuite inexorable du temps qui échappe à toute emprise, cette angoisse métaphysique de ne saisir qu'une ombre qui s'évanouit, de ne garder de l'écume bondissante qu'un peu d'eau amère dans le creux de ma main. « C'est une chose horrible de sentir s'écouler tout ce qu'on possède », note encore Pascal. Ces images me poursuivent, m'entraînent vers le seul axe immuable, Dieu, mais finalement n'apportent rien de concluant. Elles me « vrillent » plutôt le cœur quand les doutes m'assaillent : le mot traduit bien l'inquiétude qui s'enferre dans l'être comme la tarière dans le bois. Le père Gauthier trouvait salutaire de connaître et partager ce qui triture, un jour ou l'autre, tout être humain dans sa vie ou dans sa mort. Le croyant doute de sa foi, l'incroyant doute de son doute. Je n'en connais pas l'effet chez les autres, mais bien chez moi : une lassitude du corps et de l'âme, un dégoût sur les lèvres. À quoi bon tout ? Vivre ou mourir, à quoi bon ? À quoi se raccrocher quand tout tourne à vide et vacille autour de soi ?

Au milieu de tout cela, que m'a donc apporté Pascal ? La clarté du doute. Cela paraîtra paradoxal, mais c'était très important que je comprenne définitivement ceci : la religion ne se vante pas d'avoir « une vue claire sur Dieu », de le posséder à découvert et sans voile... Au contraire, le nom qu'il se donne dans l'Écriture est *Deus absconditus*, Dieu caché[1]. Dans cette marche dans la nuit, Pascal propose son fameux pari : « Dieu est ou il

1. Isaïe 45, 15.

n'est pas... la raison n'y peut rien déterminer. Il y a un chaos infini qui nous sépare... il faut parier... vous êtes embarqués. » Or, déjà à Istanbul, j'avais parié pour Dieu. Quel épanouissement de l'être m'a procuré ce choix ! Une relation sans cesse plus intime avec le Seigneur transcende toutes les nuits.

Bergson a concouru, lui aussi, à élargir mon esprit. Dans *Les Deux Sources de la Morale et de la Religion*, l'auteur fait remarquer que certains hommes entraînés par un élan de vie font « éclater la morale close » en allant de l'esprit corporatif fermé sur son propre cercle à « la fraternité humaine ». Il admire les grands mystiques, spécialement Thérèse d'Avila qui sut unir l'équilibre et la sagesse en faisant « éclater » le catholicisme étroit du XVIe siècle espagnol, tout en évitant l'Inquisition. Ces hommes, ces femmes ont apporté à travers les temps un souffle qui renouvelait l'air confiné des églises et des cloîtres. C'est ce souffle vivifiant que j'ai respiré depuis mon enfance et que le concile Vatican II a offert au monde, selon l'expression de Jean XXIII : il faut « ouvrir les fenêtres » ! Il reprenait Bergson, sans s'en douter peut-être : « passer du statique au dynamique, du clos à l'ouvert. »

Comme sujet de dissertation, j'ai eu Montaigne. Je l'avais bien travaillé. Ce n'était pas difficile. À l'examen oral, je tire un passage des *Liaisons dangereuses* à commenter. J'étais encore en grand habit religieux. Je suppose que c'est ce qui a embarrassé mon examinateur :

« Ma sœur, vous pouvez prendre un autre papier, vous aurez peut-être Pascal.

— Vous êtes bien aimable, monsieur, mais c'est une question comme une autre, il n'est pas nécessaire d'en changer. »

Ma réponse lui plut et tout marcha bien. J'avais réussi le troisième certificat de littérature française.

Pressée d'avancer, j'avais pris le risque de présenter en même temps le grec que je n'avais guère travaillé. J'échoue, mais je reste à Paris pendant les vacances pour approfondir le programme. En octobre 1962, à la session de rattrapage, me voilà nantie du certificat de grec.

Arrêtée par tant d'incidents divers, j'avais donc cinquante-quatre ans ! Il était temps de décrocher la licence en passant la philologie, le certificat le plus difficile à réussir !

Je retourne à Istanbul lorsque – coup de tonnerre ! – arrive, en février 1963, un télégramme : « Emmanuelle, Alexandrie, Marthane. » Je boucle mes valises et file à Alexandrie, appelée par mère Marthane devenue supérieure provinciale. Ces trois petits mots me faisaient à nouveau passer d'un continent à l'autre, d'Asie en Afrique, vers une nouvelle aventure, la plus brûlante que j'aurais pu imaginer !

Premier partage

Alexandrie, 1963-1971

Je débarque d'abord au Caire. Je dispose de trois heures de temps avant de reprendre l'avion pour Alexandrie. Vite, je file aux Pyramides… prestigieux, grandiose… la dernière des Sept Merveilles du monde encore debout !

Arrivée à la ville d'Alexandre le Grand, je m'insère dans une charmante communauté où je retrouvais comme supérieure mère Ghislaine. Elle m'encourage à terminer la philologie et allège quelque peu mes heures d'enseignement pour me permettre d'y travailler. En octobre 1963, j'effectue un bref passage à Paris où j'obtiens le dernier certificat, et me voilà titulaire de cette fameuse licence de lettres, fruit de tant de patience. J'avais cinquante-cinq ans !

Les différents livres parus à mon sujet ont relaté ces années passées à Alexandrie[1], je ne ferai donc que les évoquer.

J'étais maintenant responsable de la classe de philosophie. Mes élèves faisaient des dissertations que toutes nos Françaises n'auraient pas réussies ! Intelligentes et fines, elles étaient malheureusement dénuées de toute ouverture sociale. La raison en était

1. À ce sujet, celui qui me paraît le plus fidèle a été écrit par mon cousin, Paul Dreyfus.

simple : leurs parents avaient vu une partie de leur grande fortune nationalisée par Gamal Abdel Nasser, et rejetaient sur l'État l'aide aux déshérités dont ils s'étaient sentis auparavant responsables.

Dans le creux de mon âme, l'appel des pauvres s'engouffrait de plus en plus. L'indifférence absolue de mes élèves me devenait intolérable. À quoi servait donc cette licence chèrement acquise, si mon enseignement ne les ouvrait pas à cette population pauvre qui remplissait les rues et dont elles étaient entourées ? La vocation d'enseignante m'avait passionnée : j'avais pu ouvrir mes élèves à leurs responsabilités sociales autant qu'aux sciences littéraires. Et voilà que maintenant je n'y arrivais plus !

Quelle issue s'offrait à moi ? Demander à sauter de l'autre côté de la barrière, à Sion même, en me consacrant aux pauvres de notre école primaire semi-gratuite ! Le siège de ma congrégation était passé de Paris à Rome. Une nouvelle supérieure générale, anglaise, y était installée et ne me connaissait pas. Elle refusa absolument de transférer en primaire une licenciée qui réussissait dans l'enseignement des terminales. D'un point de vue purement logique, elle avait parfaitement raison. Je paraissais stupide. J'avais combattu – et avec quelle persévérance – pour cette sacrée licence... et je refusais de l'utiliser ! Qui pouvait me comprendre ? J'avais eu la naïveté de croire que je retrouverais partout l'influence déterminante que j'avais en Turquie auprès des grandes élèves, d'autant que mes études supérieures m'avaient fait acquérir plus de compétence. Mais le cœur de mes lycéennes ne se tournait pas vers la question sociale !

Un nouveau différend s'annonçait. Certes, j'avais fait un vœu d'obéissance, mais mère Marie-Alphonse nous l'avait bien dit : il perdait sa valeur là où la conscience ne donnait pas son accord. Je m'étais consacrée à Dieu avec l'idéal de saint Irénée, l'apôtre des Gaules : *homo vivens, gloria Dei*, « la gloire de Dieu, c'est l'homme vivant », celui qui vit en fils de Dieu et en frère des hommes. En quoi mon enseignement atteignait-il ce but ? Visait-il seulement à ce que mes élèves puissent briller dans un salon ou une université ? Merci bien, j'avais autre chose à faire !

Dans cette bataille où s'affrontaient deux visions également valables, aucune ne paraissait pouvoir s'effacer devant l'autre. Les trois mois de vacances scolaires furent terriblement lourds à porter. Ce n'est pas drôle de persister dans le « non », alors qu'on mériterait d'être jetée hors de sa congrégation à cause de son insubordination. Des doutes me traversaient : étais-je mue par l'Esprit de Dieu, l'Esprit d'Amour, ou par un entêtement gonflé d'orgueil ? Je sais que je suis orgueilleuse, facilement persuadée que j'ai raison contre vents et marées. Le problème ne consiste pas à se risquer sur la route – il faut tout tenter pour le Seigneur – mais à prendre la bonne direction. L'évêque franciscain canadien, Mgr Jean de Capistran, m'approuvait et était prêt à me donner un travail auprès des pauvres. Non, je ne donnerai pas ma vie à former des snobinardes ! Que mes anciennes élèves qui liront peut-être un jour ces lignes me le pardonnent ! Certaines ont su, plus tard, s'engager dans des activités sociales. Sans doute avais-je perdu patience, ce n'était pas la première… ni la dernière fois !

Septembre arrive, quatrième mois de lutte. La décision de Rome va trancher. Une proposition m'est envoyée, sorte de *modus vivendi* : je serai affectée au service des pauvres de l'école gratuite, mais je donnerai quelques cours de littérature aux philos ; tunnel sous la Manche où chacune fait la moitié du chemin ! Je donne mon accord, joyeuse à l'idée de rester à Sion !

Me voilà donc au milieu de mes petites élèves, en face de la misère : confidences d'enfants se couchant sans manger, visites dans les familles entassées à huit ou dix dans une seule pièce, quartiers pauvres sécrétés par les grandes villes… Mais je revenais chaque soir dans mon couvent, bien chauffée, bien nourrie, bien logée. J'étais loin d'avoir atteint l'idéal de ma vie : vivre pauvre avec les pauvres !

La nourriture, par exemple, était simple, préparée pour être substantielle et soutenir le travail, mais nous avions de la viande presque chaque jour. Dès que j'étais assise au réfectoire, une sorte de répulsion me prenait à la gorge devant les plats qui passaient. Que mangeaient au même instant Shadia, Safinaz, Magda ? Littéralement, je n'arrivais plus à avaler, mon estomac se refusait à garder la nourriture, chaque repas devenait un supplice.

J'allais souvent visiter les familles. Joséphine me reçoit chez elle : une petite entrée, une minuscule cuisine, deux chambres exiguës pour dix habitants et, derrière la cour, une pièce vide :

« Pourquoi, Joséphine ?

— Elle est humide, personne ne veut l'habiter.

— Oh ! moi, je ne crains pas les rhumatismes. Je pourrais y coucher ? »

Son visage s'illumine :

« Oh ! alors, tout de suite !

— Non, il me faut la permission. »

J'écris à Rome. Vatican II avait passé, demandant aux religieux de ne plus attendre que le monde vienne à eux, mais d'aller eux-mêmes vers le monde. La sacro-sainte règle avait été changée : j'obtins la permission. J'avais aussi demandé qu'on veuille bien me donner l'argent dépensé chaque mois pour la nourriture d'une sœur et je me débrouillerais. Tout s'arrange à merveille, cette fois ! J'ai la chance d'avoir comme supérieure mère Ghislaine qui fait arrondir la somme !

En avant pour le quartier de Bacos, où se trouve ma nouvelle résidence ; je transporte un lit, une petite table de toilette et une chaise… rien ne manque ! Je retourne le matin à six heures pour la messe dans ma communauté avec laquelle je participe jusqu'à six heures du soir à tous les temps de prière. Durant la journée, je dirige la chère école semi-gratuite, y mettant une atmosphère de travail et de joie. À midi, j'achète au coin de la rue une assiette de *foul*, fèves noires, nourriture substantielle des pauvres, avec parfois une tomate ou une orange quand elles ne sont pas chères. Il me restait les neuf dixièmes de ma fortune pour le repas du soir partagé avec la famille qui, sinon, aurait souvent jeûné.

Enfin, je vis pauvre avec les pauvres, je ne suis plus « absente de la peine des hommes[1] ». Je fais partie de l'immense majorité de mes frères humains, condamnés à une vie frugale et sans confort : extraordinaire bond en avant, nouvelle consécration religieuse, jubilation de mon corps et de mon âme !

J'entrais à l'école de la pauvreté, apprentissage difficile, mais combien nécessaire. Je souhaite à tous les séminaristes et novices des pays nantis d'aller partager un an, ou au moins quelques mois, la vie du quart ou du tiers-monde. On y entre en enfant égoïste et gâté, on en sort homme de solidarité.

J'avais fait vœu de pauvreté, mais je ne la connaissais pas ; « connaître » dans le sens biblique, qui exprime une relation existentielle, une expérience concrète. François d'Assise avait, lui, épousé « Dame Pauvreté ». J'allais à mon tour la « connaître » pour, comme lui, enfanter l'Amour. Ainsi, j'ai « connu » chez Joséphine les coupures d'eau et d'électricité, le réchaud sans pétrole, la lampe sans allumettes, le thé sans sucre, les enfants sans chaussures, l'école sans livres, mais jamais la maison sans amour !

Quelques-unes de mes sœurs ont aussi essayé, soit de venir résider avec moi, soit de s'associer à la portion congrue en se nourrissant de *foul*. Mais cela ne leur a pas réussi. Dans ma chambrette, il y a parfois des visiteurs nocturnes, rats ou ratons, qui se manifestent. Ma

1. Psaume 72 (73).

courageuse compagne, qui a voulu à tout prix camper sur un matelas par terre, est mise soudain à dure épreuve : « Sœur Emmanuelle, un rat, il va me sauter dessus. – C'est une petite bête du Bon Dieu ! » Épouvantée, la malheureuse passe une nuit blanche et le matin reprend ses cliques et ses claques !

Cependant, la majorité des sœurs sont choquées de me voir chaque soir quitter le couvent pour aller coucher dehors. Cela ne s'est encore jamais vu dans quelque congrégation que ce soit et l'on comprend que les esprits traditionnels jugent la chose éminemment scandaleuse. La supérieure provinciale qui a succédé à mère Marthane reçoit lettre sur lettre. Elle arrive à Alexandrie. Je revois l'endroit exact du jardin, devant le bel escalier de pierre du réfectoire où elle me rencontre. Je passais par là pour partir. D'un ton décidé, elle m'interpelle :

« Sœur Emmanuelle, vous partez ?

— Oui, ma Mère, comme chaque soir.

— Cette situation est inadmissible, vous devez choisir : si vous voulez rester vivre chez les pauvres, quittez la congrégation. »

Je ne me démonte pas :

« Je ne le ferai pas, ma Mère. J'ai la permission de la supérieure générale, et je suis soutenue par l'évêque.

— Vous êtes un sujet de scandale pour la communauté et certainement aussi pour les gens du dehors. Pour arrêter cela, le mieux pour vous est d'écrire au Vatican que vous voulez obtenir un indult de sécularisation.

— Je n'écrirai certainement pas. Si vous voulez à tout prix que je m'en aille, c'est à vous de le faire. Mais je saurai me défendre, car je veux rester à Sion. »

Elle me jette un regard courroucé et disparaît rapidement par l'escalier de pierre.

Demain, vite allons droit chez Mgr de Capistran, avant la provinciale, pour le prévenir ! Il me reçoit avec son bon visage aux rides débonnaires. Je lui résume les derniers événements.

« Sœur Emmanuelle, êtes-vous la seule femme dans les rues le soir ?

— Oh, alors non ! c'est plein de petites filles allant acheter du pain, quelques piastres à la main, ou de femmes faisant des courses ou des visites. Les boutiques sont ouvertes jusqu'à dix heures du soir à Bacos !

— Je ne comprends pas pourquoi il est scandaleux que vous soyez aussi dans la rue. La maison est loin du couvent ?

— Un quart d'heure environ.

— Ce n'est pas une distance ! En tout cas, ne vous inquiétez pas. Pour obtenir du Vatican le renvoi d'une sœur, il faut apporter des preuves de conduite scandaleuse : c'est un long et difficile procès. Vous le savez, je suis avec vous. D'ailleurs vous avez une lettre de votre supérieure générale. Je suis sûr qu'elle ne changera pas d'avis. » Je m'en vais, légère. La première manche est gagnée.

Un peu plus tard, nous recevons notre ancienne supérieure générale, mère Félix, chargée de la visite canonique de la maison. Elle me fait appeler. Que va-t-il se passer ? Une nouvelle bombe :

« Sœur Emmanuelle, est-ce que je pourrais un soir aller coucher avec vous ? Je comprendrai ainsi mieux votre genre de vie ! »

Je saute de joie :

« Bien sûr, ma Mère ! Vous n'avez pas peur des rats ?

— Pas tellement, et pour un soir, ce n'est pas une affaire ! »

Nous trottons par les rues encombrées de femmes et d'enfants et nous voilà chez moi. Elle s'intéresse à tous et à tout, pose mille questions sur la vie du quartier. Je la vois de plus en plus épanouie. Avant d'aller nous endormir, vers minuit, elle me dit : « Merci de me permettre de partager un soir votre vie, vous faites du bon travail, continuez, je suis avec vous. » Enfin, ça y est : je reste religieuse de Sion, à la vie, à la mort !

En faisant des visites avec Joséphine, où musulmans et chrétiens me reçoivent avec le même chaleureux accueil, je reste attentive à leurs difficultés. Ce qui les préoccupe le plus, ce sont leurs enfants qu'ils ne peuvent aider pour leurs leçons, car la plupart ne savent ni lire ni écrire. Je cherche un maître d'école et bientôt, le soir, ma chambre est littéralement envahie de gosses avec livres et cahiers. Il s'agit de les aider à réussir leur dernière classe primaire. Les parents sont enchantés, car ils ne pourraient payer des leçons particulières et la réussite aux examens est le premier pas de la promotion !

Je vais aussi visiter les malades et les mourants. Quelle joie pour ces gens simples de voir arriver une religieuse ! Dans ce pays de foi, tous, chrétiens et musulmans me disent émus : « *Chokrane*, merci, tu nous apportes la *baraka*. » Pour eux, en effet, la présence d'une sœur procure la bénédiction de Dieu, le bien le plus précieux à leurs yeux ! Je suis profondément touchée de leur joyeuse et fraternelle réception. Comment décrire le climat d'amitié dans lequel nous baignons, tout en buvant ensemble le traditionnel verre de thé ?

Le soir du lundi 28 septembre 1970, je suis chez Joséphine. Milad, son mari, a apporté un vieux poste de télévision qu'il a arrangé. Tout à coup, les versets du Coran apparaissent sur l'écran, suivis d'Anouar el-Sadate lui-même, le vice-président. Son visage reflète une souffrance au-delà de toute expression. Il murmure : « Ô Âme en paix, retourne à ton Seigneur… Je vous apporte la plus triste des nouvelles : le plus valeureux des hommes, le président Gamal Abdel Nasser, est mort. » Des hurlements se font aussitôt entendre. La rue est soudain pleine de monde. Les femmes en sanglots se déchirent la figure et les vêtements, les enfants poussent des cris, les hommes laissent échapper des clameurs stridentes et récitent des versets du Coran. À l'aube, épuisé de douleur, chacun rentre chez soi. Quand je pars à la messe qui sera offerte pour l'Égypte, les rues désertes respirent la mort d'un peuple…

Devenue égyptienne de cœur en partageant la vie des pauvres gens, j'ai fait avec eux de Gamal Abdel Nasser mon héros préféré : « Lève la tête, mon frère égyptien, tu es un homme libre ! » s'était-il écrié après avoir forcé les Anglais à quitter le pays. Avec l'honneur, rendre à sa nation la liberté perdue depuis des siècles, n'est-ce pas le legs souverain qui valorise sa race, quelles qu'aient pu être d'autre part les erreurs de sa politique ? Puisse cet héritage être à jamais sauvegardé !

Je voulais à tout prix remplir ma tâche dans le pays et relever le niveau de l'école semi-gratuite. Dans ce but, je suis une directrice exigeante : exactitude, discipline, travail, réprimandes sévères. L'élan est donné, mais je suis trop tendue. Je sécrète un climat trop dur. Par bonheur, un livre sur le yoga me tombe entre les mains. J'y trouve quelques exercices faciles. Tous les matins, avant de partir à l'école, je fais un quart d'heure de yoga et, à mon étonnement, j'arrive détendue, souriante. « Comment, toi, Mona, une petite fille si gentille, tu troubles la classe ? Je suis sûre que tu vas devenir la meilleure élève pour faire plaisir à tes parents ! » Mona repart, joyeuse, résolue à se corriger. Récompenses, promenades, anniversaires groupés avec gâteau et bougies, fêtes deux fois par an… l'allégresse se répand partout. Maîtresses, enfants et parents unissent leurs efforts. L'école devient une école de joie. Les résultats aux examens sont les meilleurs du district. Je crois que, sans le yoga matinal, j'aurais mené mon monde tambour battant sans atteindre cet enthousiasme dans le travail.

Fulminer sur tout ce qui se passe au-dehors de moi d'inéquitable dans le monde m'est facile. Mais il a fallu qu'une amie mette le doigt sur ma propre inégalité pour que je me remette en question. Voici un cas où je n'ai pas agi avec justice, moi qui la revendiquais. J'avais lancé deux classes de jardin d'enfants qui, avec d'excellentes maîtresses, marchaient à merveille, de sorte que le nombre d'élèves augmentait sans cesse. Il fallait leur adjoindre une aide. Une des élèves qui nous avait quittés ne trouvait pas de travail. Je ne disposais pas de beaucoup de ressources et je lui offris un mince salaire. La famille était particulièrement pauvre, le père avait fait plusieurs années de prison pour avoir tué sa fille qui voulait épouser un musulman. J'ai raconté ce drame dans *Chiffonnière avec les chiffonniers*. De temps à autre, j'allais la visiter avec des provisions. J'étais en plein paternalisme. Heureusement, une amie m'interpelle :

« Sœur Emmanuelle, est-ce exact que vous donnez à la jeune Deif, pour son salaire, seulement… » Je ne me souviens plus de la somme. Était-ce une livre ? Je n'ose pas y croire, car cela aurait été, à proprement parler, scandaleux !

« Vous savez, je ne dispose pas de beaucoup plus.

— Mais enfin, sœur Emmanuelle, combien de fois ne me demandez-vous pas telle ou telle somme pour des cas désespérés ? Je vous la trouve toujours : la justice avant la charité. »

Mon injustice fut réparée ! Cette amie incomparable, Miguèle Yansouni, était une ancienne de notre beau lycée qui venait m'aider régulièrement : « C'est plus intéressant pour moi, sœur Emmanuelle, que de passer des heures au bridge ou chez le coiffeur ! » Nous décidons de veiller davantage aux questions de santé. Miguèle prépare les fiches médicales. Poids, taille, maladies… tout est rigoureusement noté. On nous recommande un pédiatre particulièrement expérimenté.

« Voici les fiches, docteur.

— Oh ! poids et taille importent peu. L'important, ce sont les dents. »

Il examine scrupuleusement les bouches, le nombre de dents à extraire devient impressionnant. Il nous faudrait un dentiste à demeure, mais devant les hurlements qui vont troubler le travail harmonieux des classes, nous reculons. Le docteur remplit des ordonnances d'extraction que nous envoyons consciencieusement aux parents. Les effets ne paraissent guère.

Le bon docteur, de plus en plus occupé, n'a plus le temps de venir examiner sur place l'état dentaire de notre école. On nous recommande un spécialiste des voies intestinales. C'est, dit-on, exactement ce qu'il faut pour les milieux populaires. Cette fois, nous partons dans un autre sens : « L'important, affirme-t-il à Miguèle, c'est l'analyse des selles. Je ne peux poser aucun diagnostic auparavant. Dans le peuple, la majorité a des vers, source cachée de tous les maux. Vos fiches ne servent à rien. » Sur ces mots définitifs, il s'en va dignement.

Mon amie et moi, nous nous regardons, préoccupées. L'affaire est de poids. Il s'agit de faire analyser les selles de centaines d'enfants. Mais les obstacles sont faits pour être surmontés, disaient les Anciens. En toute occurrence, il faut suivre la méthode cartésienne : diviser les difficultés en autant de parcelles qu'il se peut.

Miguèle saute dans sa voiture et va visiter les divers hôpitaux spécialisés dans ce genre d'activités. Enfin, elle tombe sur un directeur compréhensif qui ne peut rien refuser à une aussi charmante dame. Les enfants viendront, classe par classe, le lundi et le jeudi. Une armée de spécialistes seront mis à leur disposition, avec les ingrédients nécessaires.

Ma plume n'étant pas rabelaisienne, je n'entre pas dans les détails de cette opération. L'auteur de *Gargantua* aurait écrit une page savoureuse ! Tout ce que je peux dire, c'est qu'au milieu d'un tel bataillon les infirmiers, troublés, confondaient les noms : « *Doktora*, confiaient-ils à Miguèle, ça n'a pas d'importance. C'est à peu près pareil pour tout le monde. Il vaudrait mieux les purger toutes, ça ne peut leur faire du mal ! »

Résultat : après un grave conciliabule, il fut décidé de purger l'école le même jour. Les maîtresses en furent satisfaites et eurent un congé supplémentaire. Le bon docteur, lui, triomphait : il avait vu clair. Malheureusement, au moment où nous allions bénéficier d'une méthode aussi scientifique que bien menée, notre expert intestinal partit… purger l'Amérique. Mais la *doktora* avait consciencieusement classé les résultats des analyses.

Une sœur de l'hôpital voisin nous recommande alors un nouveau médecin : « Il est doté d'un diagnostic étonnant, vous pouvez avoir toute confiance ! » La *doktora* a acheté un lit spécial pour examiner les cas douteux, les fiches sont parfaites, nous avons la conscience tranquille. L'excellent praticien jette un regard sur les papiers que lui tend Miguèle et d'un ton méprisant :

« De quelle date sont ces analyses de selles ?

— À peu près trois mois, docteur.

— C'est périmé. Rien ne renaît plus vite que les vers. Il faut recommencer. »

La *doktora* et moi, nous échangeons un regard de désespoir. Mais le bon docteur reprend : « Ce n'est pas l'essentiel, l'important, ce sont les gorges. » Nous respirons toutes les deux : à quel danger nous avons échappé ! « En Égypte, tout le monde souffre des amygdales. Lorsqu'elles sont mal soignées chez les enfants, nous aboutissons à des rhumatismes au cœur, suivis de morts soudaines. Il faudra sans doute prévoir des opérations. Faites venir les élèves. » Notre sensation de soulagement diminue. Dans chaque classe, le nombre des enfants à opérer est effrayant. Le bon docteur insiste : « C'est une question de vie ou de mort en suspens. » Il nous quitte, devoir rempli. Miguèle et moi sommes impressionnées. Pouvons-nous laisser marcher vers une fin prochaine ces petites victimes innocentes ?

La *doktora* reprend sa voiture et file vers d'autres hôpitaux. Les docteurs, devant ces listes, restent rêveurs : « Excusez-moi, demande l'un d'entre eux, je sais qu'il y a des écoles de sourds, muets, aveugles. Mais vous, madame, vous dirigez une école spécialisée pour les amygdalites ? » Enfin, grâce à son charme et à sa vertu de persuasion, elle obtient ici ou là quelques lits. Nous convoquons les parents. Dans les cas les plus graves, la plupart sont d'accord, mais les mamans s'obstinent à passer la nuit avec leur progéniture, d'où des pugilats avec les infirmiers. J'abandonne les adversaires face à face et, souvent, les mères triomphent : ce que femme veut... Dieu le veut.

Mais trêve de plaisanteries. Chacun de ces médecins mettait l'accent sur un aspect important du corps humain si complexe. J'ai essayé par la suite d'en tenir compte, surtout chez nos petits chiffonniers chez qui j'ai retrouvé les mêmes symptômes, dents gâtées et mal soignées, enfants maigrichons infestés de vers, amygdalites fréquentes et dangereuses !

Pendant que je me débattais avec mes spécialistes et leurs ordonnances, les frères des écoles chrétiennes organisaient à Alexandrie une session d'exégèse avec les meilleurs théologiens : le père Tournay et le père Boismard de l'École biblique de Jérusalem, le père Lyonnet de l'Institut biblique de Rome. Le livre de l'Ecclésiaste étudie la vanité des choses humaines et appelle la révélation plus haute qu'apportera Jésus. Saint Paul nous apparaît comme l'apôtre de la liberté donnée par le Christ : Grec ou Romain, esclave ou libre, homme ou femme, tous entrent dans une même fraternité. Jean, le héraut de l'amour divin, fixe son regard sur les cieux entrouverts...

Ces jours de pédagogie spirituelle privilégiés formaient l'heureux aboutissement de la formation théologique dont je suivais les cours depuis quatre ans. Bientôt, j'allais passer plus de vingt années dans le bidonville sans jouir d'enseignement religieux approfondi. Mais, comment aurais-je pu alors me douter qu'ils étaient les derniers jalons de la route qui allait soudain s'élargir sur un site cauchemardesque... dont la vue m'empoignerait corps et âme !

En effet, un problème épineux se posait et suscitait notre inquiétude : nous n'avions plus assez de jeunes sœurs pour assurer la relève. En 1971, nos supérieures décident de transmettre notre beau collège à une congrégation égyptienne. Chacune de nous est priée de présenter à la provinciale l'activité où elle aimerait s'engager, si elle ne désire pas prendre sa retraite. J'ai soixante-deux ans et me sens en pleine forme, pas question d'aller me reposer !

Subjuguée par l'épopée du père Damien, j'avais rêvé dans ma jeunesse d'aller soigner les lépreux. Une importante léproserie est justement située à une cinquantaine de kilomètres du Caire. Le nonce apostolique, Mgr Bruno Heim, me prête obligeamment son auto. Mais nous sommes en pleine guerre avec Israël et, étrangère, je pénètre sans permis en terrain militaire. Je suis arrêtée et échappe de justesse à la prison !

Mgr Bruno Heim me propose alors de prendre en charge un bidonville des chiffonniers dont le sort le préoccupe : les éboueurs du Caire. Il m'y emmène lui-même, partie dans sa voiture, partie à pied, à travers un chemin peu carrossable. Le spectacle qui m'est offert dans le bidonville me brûle corps et âme d'un feu qui ne s'éteindra plus. Imaginez une ruelle tellement jonchée d'ordures qu'il est impossible de poser le pied sur un endroit propre, des cabanes en vieux bidons troués, des cochons noirs, des chiens sauvages, des rats gros et gras, des mouches par milliers et, au milieu de ce dépotoir, des essaims d'enfants sales et déguenillés, le visage souillé, des mouches sur les yeux. L'un d'eux se baisse pour ramasser une tomate à demi pourrie et la mettre dans sa bouche. Je pousse un cri d'effroi : « *Lê, lê, mouch momkène* ! Non, non, ce n'est pas possible ! » Sa mère, non loin de là, hausse les épaules : « *Maalèche*, ça ne fait rien : il est habitué »... à se nourrir de tomates à moitié pourries ! Et moi, à quoi suis-je habituée ? Pas d'eau, pas d'électricité, pas d'école, pas d'église, pas de dispensaire... des enfants et des ordures, des ordures et des enfants !

Quelque chose a basculé en moi. Il me semblait que quelqu'un me parlait : « Veux-tu, veux-tu venir habiter ici ? Veux-tu me donner tes yeux trop souvent indifférents à la misère humaine, pour que moi, Jésus, je la regarde avec amour ? Veux-tu me donner tes lèvres, trop souvent verrouillées et froides, pour que moi, à travers tes lèvres, je leur parle avec amour ? Veux-tu me donner tes pieds, tes mains, ton corps, ton intelligence, ta volonté, tout ton être, pour que toi et moi nous puissions les sauver ?.... Veux-tu ? »

C'était redoutable. Vivre à même l'ordure, dans cette odeur de pourriture... allais-je en avoir la force, heure après heure, jour après jour ? « Je peux tout, tout, en celui qui me fortifie... Oui, Jésus, *yalla*, en avant, ensemble ! » C'est fini, le pacte est conclu. À la vie, à la mort !

J'en parle à des amis égyptiens. Ils sont épouvantés : « Mais, sœur Emmanuelle, c'est un repaire de bandits, ce bidonville ! C'est plein de voleurs, fumeurs et vendeurs de haschisch, et même de tueurs. La police n'y va jamais, elle a peur ! » C'est vrai, depuis vingt ans, je n'en ai jamais vu ! « Ils vont vous tuer, sœur Emmanuelle, ils vont vous tuer, seule là-dedans ! »

Ils vont me tuer, cela demande réflexion. Eh bien, j'ai fait alors une expérience époustouflante, plus extraordinaire encore que les précédentes. Ce Christ qui me demandait le don de mon être tout entier m'emplissait en retour de sa vitalité. Ce qui aurait été impensable, si j'avais été réduite à ma seule expression, a pu se réaliser. Je me suis sentie animée d'un amour plus fort que la mort, d'une puissance telle que son souffle allait survivre, indestructible, après la décomposition de mon corps.

Il fallait maintenant obtenir la permission de ma supérieure provinciale. Depuis la scène du jardin, on ne se comprenait guère. Elle m'écoute, réfléchit, me regarde :

« Vous êtes vraiment décidée ?

— Vraiment, oui.

— C'est encore plus fou qu'avant, je ne peux pas vous approuver, mais je ne vous empêche pas.

— Merci, ma Mère. Je n'en demandais pas plus.

— Je vous préviens que je ne vous soutiendrai en rien pour un projet aussi dément. Débrouillez-vous pour vivre !

— L'évêque est avec moi. Je veux le strict minimum, comme les chiffonniers. »

Mgr Jean de Capistran voulait me donner au moins dix livres par mois, à peu près cinq dollars. C'était trop, cinq livres suffisaient… Enfin, ça y est, je vais vivre pauvre avec les pauvres.

Avant de raconter la grande aventure qui allait me marginaliser durant plusieurs années dans ma congrégation, je dois reconnaître que rien n'y paraissait sensé. Je partais seule dans un endroit où ni homme, ni police, ni surtout femme ne mettaient les pieds. Je ne peux en vouloir à ma provinciale de n'avoir rien voulu faire pour m'aider. Lorsque, après une longue patience, les fruits ont commencé à apparaître, elle a mis son cœur à s'intéresser à moi. Après cinq ans de silence, elle s'est montrée dans nos rencontres d'une délicatesse et d'une cordialité au-dessus de toute attente. Le Seigneur a donné à mon évêque de m'ouvrir la route et Il m'a accompagnée à chaque pas… pas de problème !

Nuit de feu

J'ai préféré ne pas décrire en son lieu la brûlure ressentie une certaine nuit de feu, dont la cicatrice n'a jamais disparu. « Nuit de feu » : les termes épousent strictement la réalité.

C'est l'été, la fenêtre laisse pénétrer des bouffées de chaleur moite. En demi-sommeil, alanguie, je sombre dans la torpeur. Trait par trait, dans un rêve, les contours d'un visage se dessinent dans la nuit, celui d'un professeur avec lequel je sympathise volontiers. Entre deux cours, le dialogue est toujours entraînant avec lui. Un désir flotte en moi : passer la nuit, passer la vie avec lui… Une réponse alanguie : non, je suis religieuse… Mais, dans mon songe, je l'entends s'approcher, se pencher de plus en plus sur moi… Non, non, arrière… Je me débats en vain, je respire maintenant son effluve qui verse le feu dans mon corps, ma poitrine se soulève, ma chair en sueur frémit… Recule, va-t'en… Oui, étreins-moi… Je résiste et je lâche… Je me cabre et je m'abandonne… Cette nuit embrasée se passe entre les ruades et les redditions… Des pieds à la tête, mon corps n'est que braise.

La cloche du lever sonne. Je me dresse, les membres disloqués, la tête en feu. À la chapelle, je n'arrive pas à prier, il est toujours là, trop près… En parler à la supérieure, je n'ose pas. Je vais me réfugier près d'une très vieille sœur. Je m'assieds près d'elle, sur un petit tabouret, je mets mes mains brûlantes dans la fraîcheur des siennes et je murmure : « Je n'en peux plus, je suis épuisée. » Je lève mes yeux battus vers les siens. Comme il arrive parfois chez les vieillards, ils ont la transparence d'une source. Je me sens renaître à l'innocence.

« C'est terrible. En rêve, je me suis débattue toute la nuit contre lui… Je brûle. » Elle ne me demande rien. Elle me parle un peu plus bas, comme une mère à un enfant qui souffre :

« Ma petite fille, on a un cœur, c'est normal qu'il brûle parfois trop fort.

— Non, pas pour un homme, pour Dieu seulement, je suis religieuse. »

Son visage est devenu grave :

« Vous passez par l'épreuve du feu, c'est bon pour une religieuse, le feu purifie le métal, l'éprouve.

— Ah ! non, c'est terrible.

— Écoutez bien, mon Emmanuelle, c'est terrible, comme vous dites, de demeurer toute une vie fidèle à une alliance, une seule et même alliance… Toute une vie. Pensez-vous que les couples n'ont pas leur drame, le feu à traverser, s'ils veulent rester fidèles jusqu'à la mort ?

— Moi, maintenant, les couples, ça ne m'intéresse pas. Cette nuit, ma force a fondu… je… je flotte ! »

Elle serre tendrement mes mains dans les siennes, elle sourit légèrement :

« Il faut s'intéresser aux autres, ma petite enfant… Les épaves se repêchent, les forces se renouvellent. D'ailleurs, ajoute-t-elle, si c'est au-dessus de vos forces, vous êtes libre de demander à Rome la suspension de vos vœux. Vous le savez, n'est-ce pas ?

— Jamais, jamais, je n'abandonnerai le Christ et tous ceux qu'il aime à travers moi. Plutôt subir ce feu toute ma vie !

— J'étais sûre de votre réponse, Emmanuelle ! »

Nous nous regardons, sa tendresse me rafraîchit comme la brise du soir. « Cherchons ensemble, dit-elle. Prier, bien sûr, surtout la Vierge de pureté, l'étoile de la mer en tempête, mais il faut aussi agir. Aide-toi, Emmanuelle, le Ciel t'aidera ! Actuellement, vous ne voyez que votre problème. C'est normal. Mais partagez davantage les problèmes des autres et le vôtre perdra son monopole. Ouvrez votre cœur, Emmanuelle, à la blessure des autres, et votre plaie se refermera. » Elle ajoute malicieusement : « Et parfois, on est un peu imprudent, n'est-ce pas ? »

Je la quitte, rassérénée, sur un dernier regard de tendresse. Ses doigts tiennent déjà le chapelet qu'elle va égrener pour moi.

Quel précieux conseil j'ai de nouveau reçu ce jour-là... Il me faut l'entendre et le réentendre, car j'en oublie vite l'essence ! J'allais m'embraser tout entière, face à face avec moi-même, seule dans le feu. Alors, j'ai davantage écouté les malades, en silence, pour faire miennes leurs souffrances. Je me suis assise plus longtemps près des pauvres en difficulté, cherchant avec eux comment améliorer leur sort et celui de leurs enfants. J'ai renoncé à l'enchantement des dialogues avec lui. Et surtout, j'ai intensifié la prière : la Vierge reste l'éternel refuge de ma faiblesse.

Et pourtant, le jour de mes noces d'or[1], au milieu d'un abondant courrier, une enveloppe : je reconnais une certaine écriture, celle de mon professeur au séduisant dialogue. Croyez-moi, mon cœur a frémi... Mon vieux cœur de soixante-treize ans : lettre officielle de congratulations... Un soupir, un sourire, un mot de merci, et hop, au panier la romance ! Ah ! comme on reste jeune dans la vieillesse !

Mais réfléchissons, avec une œillade à Fréson, l'amant « au-delà de l'amour ». Supposons que j'aie

1. Noces d'or : fête des cinquante ans de vie religieuse.

épousé le tentateur nocturne de mon songe. Il aurait pu me rendre heureuse, il était vraiment bien ! J'aurais eu des enfants : comme chez les chiffonniers, en nombre imposant. Pas moins de six, sept, huit, neuf, dix, onze, douze ! Suffit, arrêtons... Et aujourd'hui où j'écris ces lignes, je suis devenue la maman de plus de trois mille petits chiffonniers que j'ai pu envoyer à l'école, de près de trente mille petits Soudanais qui reçoivent chaque jour nourriture et instruction dans nos *rakoubas*, « écoles en roseaux ». En vérité, nos classes de Khartoum éclatent d'enfants. Nous sommes obligés d'en renforcer les pieux qui soutiennent les roseaux ! Cette pensée me fait redire avec le prophète :

Crie de joie, toi, stérile, qui n'enfantais pas,
Crie de joie et d'allégresse,
Élargis l'espace de ta tente,
Allonge tes cordages, renforce tes pieux,
Car tu vas éclater à droite et à gauche[1] *!*

1. D'après Isaïe 54, 1-3.

Livre II

LE TEMPS DU PLUS GRAND AMOUR

1971-1993

PREMIÈRE PARTIE

La vie au bidonville

Avant de projeter un rayon de lumière sur le lieu forcément restreint où j'ai vécu « le temps du plus grand amour », rappelons-en le contexte général. Ma congrégation adopta avec joie les nouvelles directives de Vatican II : les portes étaient maintenant largement ouvertes aux relations avec les autres confessions religieuses, au point même de proclamer le lien qui unit spirituellement les chrétiens à la descendance d'Abraham. Ce qui intéressait spécialement Sion, fondée par un Juif, et moi-même descendante des Dreyfus. D'autre part, l'Église se tournait avec amitié et sans prosélytisme vers l'islam, mon terrain privilégié.

Les événements du monde et le cri des oppressés avaient reçu un large écho auprès des pères du Concile. Nos nouvelles constitutions mentionnaient : « L'histoire du peuple juif nous rend particulièrement sensibles aux droits des minorités, des pauvres et de tous ceux qui sont marginalisés. » Dans cette ligne, sœur Ghislaine, après son poste de supérieure de grands collèges pour les meilleures familles d'Istanbul et d'Alexandrie, lançait au Caire, dans le faubourg décrié de Matareya, un jardin d'enfants pour les pauvres. Sans transition et sans regret, elle abandonnait les avantages liés à son statut, voiture avec chauffeur et tous genres de services, et se mit au balai et à la cuisine. Jusqu'en

Amérique et aux Philippines, nos sœurs s'inséraient dans les lieux les plus abandonnés. Une Canadienne et une Autrichienne de ma chère communauté du Caire partirent animer un des villages les moins développés d'Égypte. Celles qui étaient professeurs d'université exercèrent un autre genre intéressant de rayonnement, par exemple en organisant les premiers colloques depuis le XVe siècle entre l'Espagne et Israël. Le désir de me consacrer à des gens particulièrement méprisés entrait ainsi dans le nouvel esprit qui commençait à animer la congrégation.

Pourtant, si j'avais été comme envoûtée par les chiffonniers, c'est qu'ils incarnaient l'appel lointain du « vivre avec » les plus misérables, à la suite du Christ : Il nous a aimés et a voulu passer de la « forme de Dieu » à la « forme de l'homme »[1] pour « entrer dans », partager notre condition de mortels. Car enfin, finalement, aimer, qu'est-ce que ça veut dire ? C'est une passion qui porte irrésistiblement un être vers un autre être pour partager sa vie. Et partager, qu'est-ce que ça veut dire, sinon participer à l'existence de l'autre « pour le meilleur ou pour le pire », en épousant son destin, si misérable soit-il ?

En entrant dans le bidonville, elle arrivait enfin au port, ma longue marche vers un plus grand amour. Et voilà que la question se pose : en toute vérité, ai-je partagé la pauvreté, la misère des chiffonniers ? En totalité ? L'affirmer serait un mensonge. Chez eux, elle est ontologique. Elle reste attachée à leur peau depuis leur naissance. Privés d'instruction et de ressources, vivant de l'ordure, ils sont les exclus d'une société qui les méprise à l'instar de leurs cochons. Ai-je porté l'abjection qui les accable ? Jamais. Au contraire, on m'a admirée d'avoir partagé leur vie. Et encore n'ai-je partagé qu'une partie de leur pauvreté matérielle – difficile

1. Philippiens 2, 6-7.

à supporter, il est vrai. Mais quelle était leur sécurité comparée à celle que me donnait ma communauté si pleine de sollicitude ?

En revanche, le fait de vivre côte à côte avec eux, me proclamant « chiffonnière », les a en quelque sorte relevés. Le respect que je témoignais à chacun d'eux leur a rendu leur dignité d'êtres humains. Si je n'ai pu descendre avec eux au plus bas, j'ai déclenché en eux le désir d'en sortir surtout grâce à l'éducation de leurs enfants. C'est pourquoi, même si je n'ai réalisé qu'une partie de mon idéal, le temps passé avec mes frères et sœurs chiffonniers reste, pour moi comme pour eux, « le temps du plus grand amour ».

Nouvelles épousailles

Un âne tirant une vieille carriole trotte vers le bidonville d'Azbet el-Nakhl. Je suis assise au milieu d'un lit et de quelques affaires. Des enfants m'entourent en claquant des mains et chantent : « *El aroussa*, la jeune mariée ». La coutume égyptienne, chez les pauvres, veut que la jeune fille qui entre en ménage parte de chez elle avec son trousseau, dans la joie populaire. Les gosses de la rue m'ont vite repérée. Je ris de bon cœur. J'ai soixante-deux ans, mais je me sens en marche vers de nouvelles noces avec un cœur de jeune fille. Il y a quarante ans, dans la chapelle de Sion, à Paris, je m'offrais corps et âme dans une consécration solennelle. Aujourd'hui, dans le secret, c'est le même don, mais avec, en plus, un saut dans la pauvreté.

Mon cœur baigne dans l'allégresse. Les barrières construites par les hommes pour s'isoler des autres hommes ont disparu. Loin de la sécurité, je suis sans défense, livrée comme le Christ. Le poids d'amour, longtemps enchaîné et désormais libéré, me fait dévaler, toute barrière enfin rompue. Dans la jeunesse du cœur, l'épousée court, insouciante, vers son destin : bond en avant vers l'incarnation, partage d'humanité.

J'entre dans la petite cabane offerte par mon nouvel ami, le chiffonnier Labib. Ouste, dehors les deux chèvres et les pigeons ! Balayage plutôt nécessaire : me voici installée. Une phrase résonne à mes oreilles : « Ils vont vous tuer. » Bah ! je n'y crois guère. Mais si risque il y a, il faut courir à sa rencontre, sinon ce sera l'éternel recul. N'aie pas peur, Emmanuelle ! Avec Labib, je m'avance vers le chiffonnier le plus proche, assis au milieu des ordures collectées au Caire. Je prie pour que le Christ d'Amour soit présent dans mes yeux, mes lèvres, mon cœur. Dans un sourire, je me penche pour lui offrir la main. L'homme tressaille. C'est la première fois que quelqu'un de la prétendument bonne société s'approche de lui. Il se lève et me serre vigoureusement la paume à me faire mal. Il en a de la force !

« *Kobeyet chay !* Un verre de thé ?

— *Aywa be kollou sourour !* Oui, avec joie ! »

Nous nous asseyons par terre côte à côte. Peu m'importent les déchets, l'important c'est de boire ensemble ! Les chiffonniers de la ruelle accourent. En cercle fraternel, nous partageons le thé, devisons et rions... Je suis devenue « chiffonnière avec les chiffonniers » ! Ce verre pris au coude à coude, à même le sol, en est le merveilleux signe. L'amitié égalise : nous sommes tous sur le même plan. Soudain, mes nouveaux amis ne me sentent plus au dernier rang de la racaille.

Le soir, avant de m'endormir dans ma cabane, je songe. Je suis venue m'unir au bidonville pour le meilleur ou pour le pire. Avec ces gens simples, comme nous allons nous aimer : ce sera « le meilleur » ! Nous porterons ensemble les jours de détresse : ce sera « le pire ». Je ne sais pas encore dans quelles bagarres je me suis embarquée. Parmi les combats, le premier va être de renverser le mur le plus épais qui sépare les hommes : le fanatisme religieux. Quant à ceux qui suivront, le plus terrible sera la lutte corps à corps avec la mort, visiteuse sinistre et quotidienne !

Le fanatisme

« Jeune » épousée, mon premier pas consiste à visiter ma nouvelle famille, en allant de ruelle en ruelle bavarder amicalement avec chacun. Étonnement, quand la petite Tereza me conduit, elle me fait dépasser soigneusement telle impasse ; quand Mohamed me dirige, il m'y amène directement. Je finis par comprendre. La chrétienne évite toute rencontre avec l'islam, le musulman m'y entraîne irrésistiblement. Je m'enquiers auprès de Labib : « Ici, en général, personne ne pratique sa religion. On ne se bat pas sur ce plan, mais on ne se parle pas. » Ah ! ça, non, ça doit changer ! Le problème n'est pas simple : je suis ici pour être un pont entre les deux rives, mais où et comment le lancer, dans quel lieu de rencontre ?

En discutant de-ci de-là avec les jeunes, je les entends, chrétiens comme musulmans, se passionner pour les mêmes héros de football. *Eurêka !* J'ai trouvé ! J'en parle au père Maurice, mon directeur de conscience, qui s'enthousiasme pour le projet et nous amène, un jour de congé, de grands élèves des Jésuites. Dans une allégresse générale, ils initient nos chiffonniers au sport universel ! Le succès dépasse les espérances. Bientôt il n'y a plus Mohamed ou Guirguis[1], mais des joueurs acharnés qui s'épaulent. Le foot fait de ces miracles ! Un jour de malheur, Mohamed est terrassé par une fièvre pernicieuse et meurt en trois jours. Chrétiens et musulmans se retrouvent pour la première fois de leur vie à la mosquée, unis dans la douleur.

1. Georges (prénom chrétien).

Pendant la Semaine sainte, je convoque les petits chrétiens dans le jardin d'enfants que j'ai aménagé. Je leur parle de Jésus qui nous a aimés jusqu'à la mort sur une croix. Nous devons nous aussi nous aimer ! Ils sont d'accord, mais pas pour les musulmans car, m'expliquent-ils :

« Ils iront en enfer !

— Tous ?

— *Naam*, oui, sans exception ! »

Je leur propose un simple raisonnement :

« Est-ce que Jésus aime tous les hommes ?

— *Naam, naam* !

— Est-ce que les musulmans sont des hommes ?

— *Hader !* Oh oui !

— Alors Jésus aime les musulmans. »

Nos gosses restent bouche bée. J'insiste : « Puisque Jésus aime tous les hommes, y compris aussi les musulmans, nous devons donc, comme lui, les aimer ! » Sont-ils convaincus ? Pas sûr. Ils me réclament maintenant une croix. Ce sera pour demain. Le Vendredi saint, je les mets sagement en rang, dans la petite cour, afin de ne pas renverser la porte branlante. Je fais entrer le premier. Je lui montre la petite croix.

« Qui aimes-tu, Farès ?

— Les bonbons, le chocolat, maman, mon cahier, mon crayon, papa.

— C'est tout ? De qui avons-nous parlé, hier ? »

Il réfléchit intensément : « Oh ! j'aime les musulmans. » Il saisit la croix et s'enfuit radieux. Les autres, coquins, qui ont écouté derrière la porte, enfilent à leur tour : « J'aime les musulmans, les bonbons, etc. » et serrent avec joie leur croix. Mes méthodes sont vraiment des plus primitives, mais ce n'est qu'une première initiation ! Ce qui est fondamental, c'est qu'ils me voient les entourer chacun d'une même tendresse, en leur donnant, sans distinction, le meilleur de mon cœur.

J'ai remarqué que les moyens les plus naturels – un regard, un sourire, une caresse au bébé – tissent des liens. L'amour de la mère pour chacun de ses enfants les soude entre eux. Ce même prodige se produit tout naturellement. Ces petits rayons quotidiens qui les atteignent diffusent une chaleur humaine qui les rapproche automatiquement. Chez nous, à l'école primaire ou au dispensaire, au club de loisirs ou au foyer de vieillards, tout le monde s'assied côte à côte et devise fraternellement. Au bidonville d'Azbet el-Nakhl, le désir du Christ se réalise : « Qu'ils soient un ! »

La mort

À mon arrivée au bidonville, un trou était béant dans la cour des cochons pour y enfouir la chair rigide des nouveau-nés tués par le tétanos. Alors qu'ils respiraient encore, les chiffonnières en pleurs m'amenaient des visages convulsionnés infléchis sur l'épaule, des doigts menus incurvés dans les paumes. C'était un horrible spectacle que je regardais impuissante : le microbe avait atteint le cerveau. Tous ceux qui l'ont expérimenté le savent : le plus atroce, c'est de serrer dans ses bras un être qui va mourir. Parfois, le drame se renouvelait plusieurs fois dans la même semaine. La lutte soutient l'espoir, mais là, il n'y avait plus de lutte. Devant ces cadavres en attente, j'aurais sombré dans le désespoir, sans les chiffonnières elles-mêmes. Le soir venu, j'allais m'asseoir près d'elles, devant leur cabane, au milieu des ordures. Chacune tenait dans ses bras le corps qu'elle m'avait apporté le matin et qui maintenant se refroidissait. Nous ne parlions pas, nous pleurions ensemble. Puis, je lui disais doucement les seuls mots qui consolent, m'efforçant de me convaincre moi-même : « Tu sais, ton petit est parti, mais c'est au Ciel qu'il s'est envolé. Il est heureux, il chante avec *Khadra Maryam*, la Vierge Marie. » Quelle leçon de foi je recevais alors !

Je la voyais, elle, la mère, soulever un peu la chair de sa chair devenue inerte, lever les yeux vers les étoiles et elle murmurait : « *Ya habibi*, ô mon chéri, tu m'as quittée, mais tu es heureux. Tu chantes avec *Khadra Maryam*. Moi, je pleure, mais ça ne fait rien. Toi tu es heureux, *ya habibi !* » Et j'entrevoyais sur son visage quelque chose d'indéfinissable. Non pas un rayon de joie, ce serait trop dire, mais une sorte de sérénité. Mes sœurs chiffonnières me font penser à la *Pietà*, la Vierge à qui la mort rend le corps torturé de son fils. Je ne parle pas de la *Pietà* de Michel-Ange. Elle est trop belle, trop éloignée de nos chiffonnières. C'est une déesse grecque. Je parle de la Vierge de nos églises de campagne. Elle est souvent une simple paysanne tenant dans ses bras un pauvre cadavre. Femme de la douleur mais jamais femme du désespoir, elle croit que ce corps va tressaillir, ressusciter, comme mes sœurs chiffonnières qui voient déjà l'enfant mort transfiguré en ange de lumière !

Parmi les êtres brutalement jetés dans une fosse, je parlerai de toi, Aouni. Avec ta figure poupine, tu étais le plus bondissant de vie du jardin d'enfants que j'avais créé à côté de ma cabane. Un jour, brûlante de fièvre, je suis emportée de force par la doctoresse Mimi qui venait une fois par semaine visiter les malades. Et pendant que mes sœurs n'épargnent rien – docteurs, antibiotiques, soins coûteux – pour triompher de la paratyphoïde, toi, Aouni, tu contractes la rougeole. Je n'étais plus là pour te protéger. Tu restes sans médecin, sans traitement. La Mort n'a personne qui se dresse entre elle et toi. Elle a vite fait de t'emporter, puis ton petit frère après toi ! À mon retour, j'étais bouleversée au-delà de toute expression. N'étais-ce pas moi, la femme déjà vieille, qui devais disparaître et non pas toi et ton petit frère, arrachés au seuil de l'existence ?

J'avais voulu épouser le bidonville à la vie, à la mort, dans sa pauvreté. Cela me paraissait soudain et cela me paraît encore – j'en ai déjà parlé – des épousailles dérisoires. Non, je ne serai jamais pauvre comme mes frères jusqu'à en mourir. Je ne connaîtrai jamais, comme eux, un jour sans manger, une maladie sans remèdes, un lit sans couverture, une cabane sans toit… Épousailles dérisoires, l'expression est juste, puisqu'il m'est impossible d'aimer jusqu'à partager la mort !

Et puis, enfin, qu'est-ce que j'arrive à transformer dans ce bidonville de malheur où je suis depuis cinq ans ? Le tétanos continue à tuer les bébés, la rougeole jette dans la tombe les enfants. Je reste sans argent, sans vaccin, sans dispensaire. Certes, tu distribues de beaux sourires, Emmanuelle. Mais ils n'arrêtent pas la mort. Oui, à quoi sers-tu ? que fais-tu ?

Je me rongeais, impuissante, lorsque soudain un autre choc fut d'une telle violence qu'il changea ma vie au point de me faire voyager autour du globe dans une course haletante et sans fin. Cette nouvelle rencontre avec « la sinistre visiteuse » s'est passée sur le petit chemin par où je rentre chaque jour au bidonville après la messe de l'aube. Je revois l'endroit auprès du canal bourbeux où je reçois un coup en pleine poitrine :

« On a tué Baazak !

— Baazak, ce charmant jeune musulman ! Tué par qui ?

— Par ses copains !

— Pourquoi ?

— Complètement ivres, ils ne voulaient pas lui payer les dix piastres qu'il avait gagnées au jeu » (pas même un franc français).

Je les connais, les copains. Ils se seraient fait tuer pour défendre Baazak, leur jeune ami, leur frère musulman. Mais quand ils sont ivres, ils voient rouge. Ils tuent. Je la connais, leur cabane : un bouge sans lumière, sans lit, des cartons par terre. Le soir, où peuvent-ils aller ? Au misérable café éclairé d'une faible lampe à butane, jouer aux cartes en buvant un sale alcool à deux sous ! Un ouragan de colère me fait frissonner. Qui, finalement, est responsable de la mort de

Baazak ? La société qui laisse ces jeunes pourrir dans l'ordure... et moi, oui, moi, sœur Emmanuelle, qui ne me suis pas assez battue pour leur offrir un lieu de loisirs le soir ! Ça ne doit pas se renouveler. Le sang de Baazak coule devant mes yeux, il me transforme en femme farouche, décidée à ébranler la terre. Je deviens avide d'espèces sonnantes. J'ai quelques dollars par mois, j'en veux maintenant des milliers, des millions. Je les trouverai à quelque prix que ce soit. Est-ce qu'il n'y a pas d'argent dans le monde ? Allons, Emmanuelle, pars dans les pays nantis. Oui, hurle, crie, gueule, ne reviens pas sans écus !

Ce fut le début d'une série de voyages qui, durant quinze ans, m'ont menée en Europe, en Amérique, en Australie. J'ai frappé à toutes les portes : associations, écoles, églises, salles privées et publiques. J'ai multiplié les conférences, assiégé les particuliers. Je suis passée par le Vatican, la Communauté européenne avec Jacques Delors, le ministère de la Santé et de l'Action humanitaire avec Bernard Kouchner, le gouvernement américain avec George Bush, la Banque mondiale avec Jean-Loup Dherse. Je peux le dire : j'y ai reçu un accueil efficace. Les dons se sont accumulés. Les projets, toujours multiconfessionnels, se sont multipliés en trombe dans les trois bidonvilles du Caire. Des dispensaires avec maternité, un hôpital, des cours d'alphabétisation, des écoles, des clubs de loisirs du soir, des ateliers de tissage et de couture, des centres professionnels se sont ouverts ; le scoutisme s'est développé ; une usine de compost s'est dressée aussi en plein bidonville ; le tétanos a été jugulé et la rougeole guérie. Une vaste maison au bord du lac de Suez s'est bâtie pour accueillir durant les vacances des milliers de chiffonniers qui viennent se plonger dans les eaux rafraîchissantes.

Naturellement, tout cela a pu être créé grâce à une équipe qui s'est peu à peu constituée autour de moi. Les professionnels égyptiens compétents et enthousiastes, les jeunes volontaires européens venus donner un coup de main avaient tous le même but : aider nos amis chiffonniers à se mettre en selle. Elle a été longue et tumultueuse la route de la vie, mais elle a mené à la victoire. Baazak et Aouni, vous êtes vengés ! Vous en tressaillez de joie dans les demeures éternelles.

Voici, entre bien d'autres, quelques aventures de cette épopée.

L'école, à quoi ça sert ?

La première année de mon séjour au bidonville, ma pensée s'arrêtait avant de m'endormir au sort misérable des enfants : collecteurs de poubelles, trieurs de poubelles, voués à vivre dans la poubelle. Je me disais : « Ils sont devenus la chair de ma chair, je dois les sauver à tout prix de l'ordure. Le jardin d'enfants que j'ai commencé ne suffit pas. Il faut à tout prix les amener à l'école. » Quelle guerre j'ai dû mener, cabane par cabane, pour arracher aux pères la permission de les scolariser !

La scène est toujours la même : je suis assise sur un vieux seau renversé face à un homme buté. « L'école, à quoi ça sert ? Je ne sais ni lire, ni écrire, moi ! Au lieu de perdre son temps aux études, mon fils doit m'aider au travail ! » À bout d'arguments devant cette tête de bois, je finis par éclater : « Écoute, en Europe, les cochons sont mieux logés que toi. J'ai vu beaucoup de porcs dans de petites maisons proprettes. Regarde ta cabane en vieux bidons troués, encombrée de saletés. Tu veux enfermer ton fils dans ces immondices toute sa vie ? » Devant les grands yeux noirs de l'enfant qui me fixent, impuissant, ma colère monte encore : « Je l'aime, moi, plus que toi. Je veux sauver son avenir ! »

Parfois le père ordonnait enfin à sa femme d'apporter l'extrait de naissance, s'il n'était pas rongé par les rats, tombé dans le feu ou perdu. Et le lendemain, la main dans la main de mon petit chiffonnier, nous partions tous les deux à l'école la plus proche, le cœur battant de joie !

Au commencement, j'en avais enrôlé à peine une vingtaine. L'amour ne capitule pas. À force de luttes répétées durant vingt ans, quand j'ai quitté Le Caire, ils étaient près de deux mille dans les trois bidonvilles, qui s'en vont chaque matin, joyeux et fiers, vers les écoles que nous leur avons bâties !

Chaque fois que je les vois lire et écrire avec application, sagement assis sur les bancs, mon vieux cœur de grand-mère frissonne de bonheur. Leur promotion a commencé. Quand le prince Philippe de Belgique a visité notre collège de Mokattam, les hauts représentants de l'Éducation nationale sont venus assister à la fête donnée en son honneur. Stupéfait devant la grâce et la bonne tenue de nos enfants interprétant des saynètes en arabe et anglais, l'un d'eux interroge notre inspecteur :

« Ce n'est pas possible, ce sont des chiffonniers ?

— Oui, bien sûr. Et cette école est la meilleure du district, du point de vue des études comme de la propreté. » Puis, il ajoute avec une pointe d'admiration :

« Ici, les élèves sont respectés et aimés. »

Cet homme avait trouvé le moteur du succès : respecter et aimer.

Certains adultes, privés de toute culture, commencent peu à peu à en sentir la nécessité. Quelques-uns s'inscrivent au cours d'alphabétisation du soir. Mais comme il est dur, leur métier d'éboueur ! Gravir des milliers de marches pour ramasser les poubelles dans les appartements les esquinte terriblement. Plutôt que de se fatiguer encore devant un tableau noir, ils préfèrent se reposer au café du coin. Alors, vieille maman que rien ne décourage, je vais les en extraire. Ils rient, jettent leurs cartes et me suivent. *Aleph, bé, té, sé*... Je me penche sur leur cahier. Nous nous sourions, unis dans une même fierté. Eux d'aligner des lettres, moi de les voir devenir des *moutaallem*, ceux qui acquièrent une science et se font respecter. Je les aime comme mes fils car, chez nous, nous en sommes encore au stade du maternalisme. C'est parce que nos murs suintent de tendresse que ces hommes intraitables se transforment en dociles élèves. L'inspecteur avait raison aussi bien pour eux que pour nos écoliers. Ici, ils se sentent « respectés et aimés ». Au bidonville, petits et grands sont d'autant plus sensibles à voir reconnaître leur dignité qu'ils sont trop habitués au mépris : « Sale *gabbâl*, chiffonnier ! »

Toute éducation réussie comporte « un certain regard » sur l'être humain. Quel qu'il soit, sa valeur est reconnue. Elle ne dépend pas de sa situation ou de sa fortune. Ce respect s'accompagne naturellement de l'affection qui cherche à épanouir la personnalité de tout un chacun. Nos classes de bambins et d'adultes sont devenues un haut-lieu où éclôt la culture et où s'élabore la libération du bidonville.

L'asservissement de la femme

Il n'est pas bon d'être femme au bidonville. Dès l'âge de onze ou douze ans, la petite fille est livrée à un homme qui la considère comme son esclave et la bat dès la nuit de noces pour qu'elle apprenne à quel maître elle appartient désormais.

Son unique rôle : faire des enfants sans une année de relâche et soigner les cochons sans un jour de répit. Je me revois la première semaine de mon arrivée au bidonville. J'entends soudain des cris stridents provenant de la cabane de Moustafa, mon voisin. Un accident sans doute : j'accours. Il est en train de rouer de coups sa femme. Européenne éprise de liberté, je me précipite pour la délivrer. Mais sa fureur augmente à ma vue, il hurle de plus en plus fort, la malheureuse me fait signe de disparaître au plus vite !

Je comprends que je dois changer de plan : ne plus bondir au moment du pugilat. C'est le soir, en partageant le verre de thé, que je reprends le problème en douceur.

« Qu'étaient ces cris que j'ai entendus ?

— Oh ! tu sais, je la battais. Avec elle, c'est la seule méthode.

— Ah ! vraiment, il n'y en a pas d'autre ? »

Et moitié souriante, moitié sérieuse, je commence à argumenter : « Je connais ta femme. Elle n'est pas bête. Pourquoi ne discutez-vous pas ensemble de temps en temps ? » Il finit par promettre de tenter l'expérience durant une semaine... Je reviendrai le voir et nous en reparlerons. Sincèrement, je n'ai pas obtenu grand-chose.

Une des démarches les plus simples m'a paru de mettre en valeur la fête des mères, inconnue chez les chiffonniers. L'instituer devait être le premier acte de la promotion de la femme. Le succès fut immédiat ! L'émotion était grande dans le public entassé au maximum dans le jardin d'enfants. Nos petits, que je trouvais beaux comme des anges de Raphaël, chantaient avec conviction : « *Ya Mama, ya Helwa !* Ô Maman, Ô Jolie ! » Chaque maman, les yeux mouillés, fixait avec admiration son rejeton, le plus beau du monde. Vint ensuite le moment des cadeaux : mouchoirs brodés par les filles, bonbonnières confectionnées en carton par les garçons, et enfin – ô, triomphe ! –, l'immense cake que nous avions fait cuire au four à pain d'une voisine et qui fut rapidement dévoré !

Valoriser la femme, valoriser la mère, est une entreprise facile avec les petits. Mais le soir, avec les hommes venus pour l'alphabétisation, c'est une autre histoire : « Pourquoi ces banderoles de fleurs ? » demandent-ils, intrigués. « Pour la fête des mères. Quel cadeau leur avez-vous fait ? » Quelle étrange question ! Ils se mettent tous à rire. Je passe à l'attaque :

« Pourquoi battez-vous vos femmes ? » Question plus étrange encore. La réponse classique arrive :

« C'est la seule méthode possible, une femme, ça ne comprend rien !

— Tiens, alors moi je ne comprends rien ? »

Réponse du tac au tac, en chœur nourri : « Oh ! toi, tu n'es pas une femme ! » Voilà où en est leur mentalité : puisque je suis douée d'intelligence, je n'ai rien de féminin.

J'ai dû faire un long apprentissage pour découvrir les meilleures voies de persuasion, selon les cas. Par exemple, la pauvre Hanem était devenue une loque pantelante sous les coups de son mari, au point qu'un séjour à l'hôpital s'avérait nécessaire. « Surtout ne lui dis rien, supplie-t-elle, il va recommencer à me battre ! » Le soir, en sirotant avec lui le thé traditionnel, je lui lance :

« J'ai rencontré Hanem. Elle a l'air malade !

— Oh ! elle est tombée du toit. »

Je ris : « Écoute, Mikhaïl, dis-moi la vérité. Elle a plutôt l'air d'avoir été battue. »

Il commence à fulminer :

« Bien sûr ! Elle a laissé la porte ouverte : un voleur est entré et il a pris ma radio, mon seul passe-temps.

— Je comprends, Mikhaïl. C'est une grande perte. Mais tu sais, tu l'as mise en si mauvais état qu'elle doit aller à l'hôpital.

— Ça, jamais !

— Comme tu veux, mais si elle n'est pas soignée, elle n'aura plus la force de veiller sur tes cochons. »

L'argument était de taille. Mikhaïl envoya Hanem à l'hôpital !

Un autre problème douloureux : l'excision. Défendue par la loi, elle se pratique en cachette dans d'épouvantables conditions d'hygiène. L'opératrice, une sorte de sorcière, arrive avec un instrument tranchant plus ou moins propre. La mère, assistée de deux femmes, maintient fortement la fillette de huit à neuf ans durant l'ablation du clitoris. Amina, une de nos petites du jardin d'enfants, nous arrive un jour, le visage douloureux. Elle préfère rester debout plutôt que de s'asseoir. La vérité finit par se faire jour. L'enfant – dix ans – avoue qu'elle a été « opérée ». Durant les soins donnés à sa plaie, horriblement infectée, Amina dit simplement : « C'est de ma faute, j'ai trop bougé pendant l'opération. »

Que de vains conciliabules avec les mères ! Elles affirment que sans l'excision aucun homme n'acceptera d'épouser leur fille, car elle ne deviendrait pas une docile épouse. C'est incroyable, la force d'une tradition qui remonte à la nuit des temps ! Heureusement, quelques mères un peu évoluées se sont laissé persuader. En fait, nous comptons surtout sur les jeunes, filles et garçons, qui sortiront de nos écoles. Ils arriveront, eux, à comprendre qu'il faut en finir avec cette coutume barbare, suivie par les chrétiens comme par les musulmans.

Nos filles de Mokattam marchent déjà d'un pas décidé vers leur promotion. Durant un camp scout à Alexandrie, elles nous disent : « Ce que vous avez fait de meilleur pour nous, c'est l'école. Sans elle, on nous aurait mariées à douze ans. » En 1992, les examens de fin d'études préparatoires (sorte de brevet) viennent d'avoir lieu. Les garçons réussissent, les filles échouent. Stupeur des professeurs ! D'un air gêné, celles-ci déclarent : « Les garçons ont triché, mais nous, non. » On finit par savoir qu'en fait, les trente-trois filles se sont donné le mot pour échouer. Raison : « Nos parents ne nous permettront pas d'aller dans une école loin du bidonville. Ils vont nous marier. Nous préférons doubler la classe. Peut-être allez-vous nous bâtir aussi un lycée sur place ? » Nous grondons nos enfants d'avoir agi ainsi en cachette, mais au fond nous sommes dans l'admiration. C'est la révolution au bidonville. De mémoire d'homme et de femme, on n'a jamais vu des filles décidant de leur avenir. Ce que femme veut, Dieu le veut ! Commençons à récolter des fonds.

À mes yeux de Française, mes sœurs chiffonnières sont de misérables esclaves. J'essaie de toutes mes forces de hâter leur libération. Il me paraît essentiel, de ce point de vue, qu'elles ne soient pas enceintes tous les dix ou douze mois. Ces grossesses répétées les vieillissent en effet prématurément. À quarante ans, ce sont de vieilles grand-mères. Cependant, j'ai dû reconnaître au fil des jours que la plupart sont loin d'être malheureuses. Elles rayonnent même d'une plus grande joie que leurs sœurs d'Europe ou d'outre-Atlantique. La maternité ininterrompue coule comme une source de nature qui les épanouit au plus secret de l'être. Elles sont comblées par ce qui représente à leurs yeux le sens de la vie. Heureusement qu'elles ont cela, car elles n'ont rien d'autre. Nos femmes serrent toujours un bébé sur leur sein perpétuellement gonflé. Elles le tiennent dans un bras et travaillent de l'autre en lui souriant avec amour. La racine de leur bien-être se cacherait-elle au creux de leurs entrailles ?

Chercherais-je alors à tarir leur principale cause de joie ? Attention, il y a la mère, mais il y a l'enfant. Ils sont, eux, les victimes de ces familles trop nombreuses. Vous les voyez courir pieds nus, sales et déguenillés, au milieu des ordures. Les femmes ne garderaient-elles pas le bonheur de leur maternité tout en espaçant les naissances ?

Préoccupée de ces questions, l'Église copte orthodoxe – à laquelle appartiennent la plupart des chiffonnières – a ouvert des centres de planification familiale où des doctoresses expérimentées les examinent et leur offrent, selon le cas, pilule ou stérilet. Elles veillent à leur santé, mais nos femmes les fréquentent peu par crainte de leur mari. Il en est de même pour les musulmanes qui, pour la plupart, ne se rendent pas dans les centres gouvernementaux.

Ayant suivi l'expérience de mère Teresa aux Indes et des docteurs Guy, un couple de médecins, à l'île Maurice, j'ai envoyé une de nos doctoresses égyptiennes parmi les plus compétentes s'initier à Paris à cette « méthode naturelle » qui a l'avantage incontestable de respecter le cycle de la femme. Elle demande d'arrêter les relations au moment précis de la fécondité. À son retour, notre doctoresse n'obtint rien de vraiment concluant.

Devant cette impasse, j'ai consulté un expert égyptien chargé par le gouvernement de chercher les meilleures voies pour abaisser le taux impressionnant d'un million de naissances tous les dix mois. D'après ses conclusions, la seule méthode valable est de procurer à celles qui le désirent et le peuvent un travail rémunérateur. Elles se sentent valorisées, ont une influence sur leur mari et, automatiquement, ne sont plus enceintes chaque année.

Cet avis des plus précieux a trouvé sa vérification dans l'atelier de tissage annexé à l'usine de compost dont je vais parler maintenant. J'ai sous les yeux l'exemple de Naama. Il y a vingt ans, après une lutte avec ses parents, j'avais pu la faire inscrire à l'école. Elle est arrivée à acquérir un bon diplôme, travaille, s'est mariée avec celui qu'elle aime et n'aura certainement pas une douzaine d'enfants ! Patience : les filles qui sortiront demain de notre lycée seront des femmes libres. Elles ne diront plus ce que j'ai textuellement entendu de leurs grands-mères : « Nous, les femmes, nous sommes faites pour être battues ! »

L'usine de compost

Essayez de parler « hygiène » au bidonville ! Essayez d'évaluer le nombre de microbes et de virus de toutes espèces qui y pénètrent chaque jour avec les tonnes d'ordures ! Tandis que les vieux chiffons, le carton, le papier, le verre cassé et le plastique repartent aux usines de recyclage, les cochons se repaissent des déchets de nourriture. Le reste, mélangé avec les immondices, est ramassé par les chiffonnières et jeté devant leurs cabanes. Ce sera récupéré un jour par un camion ou brûlé en dégageant une fumée cancérigène.

Durant des années, je me suis en vain penchée sur ce problème. Ne serait-il pas possible de transformer ces germes de mort en un engrais qui soit promesse de vie ? À force de recherche, j'ai fini par rencontrer en Suisse Arnold von Hirscheydt, expert international du recyclage des ordures, qui m'a offert gracieusement son aide. Il arrive au Caire, se passionne à l'idée d'assainir d'un côté et de fertiliser de l'autre et met sur pied un projet génial. Il ne manque que la coquette somme de six cent mille dollars ! Ce qu'il me reste à faire ? M'adresser à mes trois associations, Les Amis de sœur Emmanuelle, créées en Suisse, Belgique et France par des amis débordants d'activité. Ils recrutent des membres, m'organisent des tournées de conférences, récoltent des sommes rondelettes pour la promotion de nos chiffonniers. Mais quand je leur parle d'une usine de compost, ils m'assènent pour la première fois un « non » catégorique : « Vous n'êtes pas une femme d'affaires, sœur Emmanuelle. Vous allez vous débattre sur un champ plein d'embûches ; vous allez vers un échec total et vous aurez perdu six cent mille dollars ! » En Europe, comme au bidonville, est-ce que la gent masculine se laisse persuader par une femme ? Allons donc ! Je trouverai en Égypte des experts égyptiens parfaitement capables de mener le projet. Il faut coûte que coûte réaliser ce plan fabuleux.

Décrire les aléas de la course aux six cent mille dollars remplirait des pages. Je file à Bruxelles, j'obtiens une promesse de trois cent mille dollars de la Commission de l'Union européenne. En Suisse, un organisme d'aide au développement met à ma disposition cent cinquante mille dollars. Le reste ne sera pas trop difficile à trouver. Je rentre au Caire. Le maire, enchanté, m'offre immédiatement un terrain. Un geste large : « Prenez tout ce que vous voulez, la terre vous appartient ! » Je pars en jeep pour aboutir en plein désert :

pas de route, pas d'eau, pas d'électricité... Une année de nouvelles prospections : enfin, la mairie met à disposition un lieu favorable proche du bidonville. Je m'envole vers la Suisse pour récupérer cent cinquante mille dollars. Calamité ! Las de m'attendre, ils sont partis féconder la Colombie. Emmanuelle, ne laisse pas tomber les bras, reprends ton bâton de pèlerin ! En France, Michèle Torr accepte de chanter sous un chapiteau. Les compagnons d'Emmaüs se mettent en quatre. Je vais aussi mettre à contribution Jean Sage. Il était venu me visiter dès mes débuts au bidonville, ému lui aussi devant tant de misère. Il m'avait promis de répondre à chaque appel et il était devenu un de mes amis les plus efficaces. « Au secours, Jean, toi qui soulèves des montagnes ! » Et on les a eus, les six cent mille dollars, pas un ne manque.

Au Caire, la compétence de Mounir Naametalla et de son équipe entre en action. Authentique femme d'affaires, Yousreya Sawiris accepte de devenir la présidente bénévole du conseil d'administration composé d'experts en la matière. Le frère Boulad, de l'Institut des écoles chrétiennes, est directeur de collège et a fait, en France, de hautes études de comptabilité. Il prend les comptes en main. Un directeur compétent est trouvé et embauche des ouvriers. L'usine sort de terre, le compost s'entasse, mais les acheteurs manquent, méfiants devant un nouveau produit. L'équipe ne se laisse pas décontenancer. Des représentants vont porter des sacs gratuits aux agriculteurs. Ils voient leurs choux grossir, leurs céréales pousser dru. Finalement, après une année de patience, on a plus de demandes que de marchandise.

Yousreya, judicieusement aidée par d'autres femmes remarquables telles que sœur Anne-Marie Campo, Mary Assaad et Leyla Kamel, entreprend d'annexer à l'usine une fabrication de tissage de tapis. Son but est donc de valoriser la chiffonnière en lui assurant une source de revenus grâce à son travail. Bientôt, cent cinquante femmes y suivent en plus du tissage des cours d'alphabétisation, d'hygiène et de dessin. Elles peuvent aussi acquérir chez elles un métier à tisser et assurer elles-mêmes leur promotion. Leur nombre augmente. Pour les former toutes, il faut édifier un vaste bâtiment.

Intéressé par l'ensemble des résultats, le gouverneur du Caire m'a demandé récemment de construire une deuxième usine. Mais je n'ai plus soixante-dix ans pour courir derrière le million de dollars qu'il faudrait trouver, maintenant que les prix ont augmenté. Plus tard, d'autres après moi pourront le réaliser !

Une expérience universellement connue s'est dégagée de cette histoire de compost. Si vous ne lâchez pas le combat, la victoire vous attend. Ajoutons ceci : d'aucuns m'ont refusé leur aide parce que, étrangers, éloignés du terrain, ils ne pouvaient comprendre ni la valeur du projet, ni les possibilités de sa réalisation ; d'autres, Égyptiens, sur place, se sont vite enthousiasmés avec moi pour cette entreprise dont l'urgence éclatait à leurs yeux. J'ai mieux compris la nécessité de m'appuyer sur les gens du pays : Égyptiens en Égypte, Soudanais au Soudan, Libanais au Liban et ainsi de suite, partout où j'ai été amenée à agir.

À ce sujet, un homme qui brasse des affaires à travers les continents m'a dit un jour : « J'ai partout donné ma confiance aux habitants des lieux où j'ai travaillé. L'élan que je suis arrivé ainsi à susciter chez eux a produit des fruits étonnants. Je n'ai été déçu qu'une fois. Croyez en l'homme du terroir, sœur Emmanuelle, il vous fera un travail formidable. »

Dar el-Saada, la Maison du Bonheur

En plein milieu de la bataille pour assainir le Mokattam grâce à l'usine de compost, je me disais : « Nos chiffonniers n'ont-ils pas le droit d'aller se reposer loin des ordures ? Il nous faudrait acquérir une maison au bon air, au bord de l'eau si possible ! » Mais chaque fois que je parlais de ce projet, je m'entendais répondre : « C'est du luxe ! Ce n'est pas de cela qu'ils ont besoin. » Du luxe ! Permettre à des enfants de s'évader de la puanteur, de voir autre chose que cochons et détritus ! *Yalla*, Emmanuelle, mets-toi en campagne ! Des alliés, tu en trouveras.

De quel côté se diriger ? Alexandrie, c'est loin… plus de trois cents kilomètres. Voyons Ismaleya, un peu plus de cent seulement. J'y vais, je tourne dans tous les sens, mais les prix sont inabordables : du luxe ! Enfin, je déniche à une certaine distance de la mer une maison entourée d'un champ pour une somme raisonnable. Nous allons la visiter avec frère Boulad, l'ami fidèle, et sœur Sara, inclassable collaboratrice dont je vais bientôt parler. « C'est trop loin de l'eau si nécessaire pour les chiffonniers, s'exclame le frère. Cherchez le long des plages qui s'étendent vers Suez. »

Inutile de décrire cette nouvelle épopée aux nombreux aléas entre des propriétaires retors avec de faux actes de propriété et des promesses trompeuses. « La victoire, disait Napoléon, revient à celui qui tient un quart d'heure de plus. » Ce quart d'heure s'est prolongé, mais un jour mémorable, sœur Sara et moi découvrons une petite maison pas trop chère au bord des lacs amers, à Abou Sultan. C'est fabuleux ! Avec des lits superposés, on pourra y entasser la nuit une quarantaine de garçons ou de filles. Le jour, pas de problème, ils seront dans l'eau ou sur la plage !… Il ne manque plus que l'argent ! Par chance, passe un Hollandais qui s'intéresse aux chiffonniers. Il paraît argenté. Je lui suggère d'inviter un groupe de nos gamins au bord de la mer. Leur joie est si extraordinaire qu'elle émeut profondément notre ami. J'en profite pour lui expliquer mon rêve. Il est vite convaincu. Un chèque nous arrive et la maison suit !

Impossible de décrire la jubilation de nos enfants en voyant pour la première fois cette immense étendue bleue ondulant sous la brise. Ils battent des mains, courent se jeter dans les flots, se roulent dans le sable, rient et chantent sous le ciel !

Oui, mais je veux aussi offrir cette joie extraordinaire à nos chiffonnières et c'est une autre bataille qui s'engage avec les maris. Heureusement, je trouve un argument de poids : « Farès, tu seras invité aussi, mais ta femme d'abord. » Je reste intraitable. « C'est à prendre ou à laisser. » Pour persuader ces messieurs, j'affirme à chacun sans broncher : « Ton épouse restera sans cesse à ma droite, je ne la lâcherai pas d'une semelle. » Enfin, après maintes palabres, nous partons. Un chapelet de vingt chiffonnières suspendues à ma droite. Elles me disent, radieuses : « C'est le plus beau jour de ma vie ! »

Mais on est tout de même terriblement serrés dans la petite maison. Sœur Sara et moi contemplons avec envie le grand terrain qui s'allonge à droite de chez nous ! Il faudrait l'acheter avant qu'un acquéreur ne le transforme en quelque cafétéria au voisinage encombrant. Un jour faste, arrive de France un autre grand ami, l'abbé Fery, avec un groupe scout. Tout en apprenant à nager à nos jeunes, il est séduit par l'éblouissante étendue de sable d'or et promet de se mettre en campagne dans sa paroisse pour nous en envoyer la somme. Alertons aussi Pfarer Regner et les généreux donateurs autrichiens… Et c'est ainsi que s'est édifiée une vaste demeure qui, de mai à septembre, abrite tour à tour chaque semaine une centaine de chiffonniers : enfants, mamans… et papas.

Des amis me demandent parfois gentiment : « Où allez-vous vous reposer en vacances ? Venez chez nous, vous y serez si bien. » Je ris. Aller ailleurs me reposer, Seigneur, alors que mes vieux membres retrouvent leur jouvence quand je batifole avec nos enfants qui s'amusent comme des fous dans le lac ? N'est-ce pas ici *Dar el-Saada*, la Maison du Bonheur ? Quand je me laisse flotter sur l'eau, le regard levé vers le ciel d'un bleu de lavande, je murmure : « Notre Père qui es au cieux, que Ton nom soit sanctifié... » Sanctifier le nom de Dieu, n'est-ce pas aussi une autre manière d'aider la famille humaine à exulter sous le charme de sa création ?

Dar el-Saada, le dernier triomphe de l'amour, représente à mes yeux un avant-goût du Ciel. Ici, ni larmes ni cris. Seulement paix et joie. Ici, tous sont unis comme des frères. Ici, il n'y a plus musulmans ou chrétiens. Ici, l'on s'aime en chantant !

Sœur Sara

Depuis 1975, sœur Sara est devenue l'incomparable auxiliaire de la lutte pour la libération des chiffonniers. Je l'avais rencontrée une première fois dans le couvent de Beni-souef, ville à quelque cent kilomètres du Caire. Je m'y étais rendue pour un séjour d'arabe intensif. Je tombe sur une sœur à genoux, lavant l'escalier à grande eau.

« Je voudrais voir la supérieure.

— C'est moi. »

Et d'ajouter avec un sourire, dans un excellent français : « C'est une joie pour nous de vous accueillir. »

La visite qu'elle me rendit au bidonville fut le choc de sa vie, comme elle l'avait été pour moi. Elle se sentit littéralement aspirée par l'appel des enfants misérables.

Elle appartenait à la jeune congrégation copte orthodoxe *Banat Maryam*, les Filles de Marie. L'évêque de Beni-souef, Mgr Athanasios, homme remarquable, l'avait fondée au grand scandale de son Église. Depuis le IVe siècle, qui vit naître le monachisme en Égypte d'où il gagna le monde, les religieuses vivaient en effet cloîtrées. Quand les premières sœurs traversèrent les rues, on les couvrit d'insultes, on cracha sur elles : « Honte à toi, retourne dans ton monastère ! »

Elles continuèrent tranquillement leur marche, allant secourir les pauvres et les malades. Déjà, pour la plupart d'entre elles, quitter leur famille avait été dramatique. Quand la jeune Tahani avait prévenu son père, riche agriculteur, qu'elle avait décidé de partir chez les Filles de Marie, celui-ci, fulminant de colère, avait tiré son revolver : « Plutôt que de te voir courir les rues, je préfère te briser la tête ! » Tahani attendit... et partit ! Elle devint sœur Sara, supérieure de sa congrégation jusqu'à sa venue au bidonville. Peu à peu, devant les services rendus par les sœurs et la pondération de leur conduite, les préjugés tombèrent. Actuellement, on les réclame dans toute l'Égypte.

Voici une question qui m'a souvent été posée : « Pourquoi donc avez-vous choisi sœur Sara pour assurer la poursuite de votre œuvre ? » J'ai déjà esquissé la réponse dans le paragraphe sur l'usine de compost. Quel atout précieux est offert par les gens « du terroir » ! Cette étroite collaboration durant dix-huit années avec sœur Sara, l'Égyptienne, a fait partie des grandes grâces de ma vie et a été la source de la réussite de nos œuvres. Qu'aurais-je pu réaliser sans le concours de cette fille du pays, intelligente et pleine de vitalité, qui connaissait les finesses de sa langue – je ne parle que l'arabe populaire – et les méandres des administrations ? Mgr Athanasios nous a aussi puissamment aidées. Il nous a donné, au fur et à mesure de l'accroissement de nos activités, une vingtaine de sœurs spécialement formées comme infirmières, professeurs ou assistantes sociales.

Cette intime coopération chrétienne a produit des fruits sur d'autres plans. Sœur Sara, copte, s'est enrichie du regard de l'Église latine sur le Christ incarné dans l'homme d'aujourd'hui et l'esprit humanitaire qui en découle. J'ai appris, quant à moi, à m'imprégner (pas assez pourtant !) d'une spiritualité millénaire qui a gardé une certaine fraîcheur d'enfance tournée vers un Père bon et puissant, avec une confiance qu'aucune épreuve ne peut désarmer. J'ai appris aussi les bienfaits du jeûne fidèlement pratiqué les mercredis et vendredis, ainsi qu'en préparation des fêtes. L'homme est ainsi formé dès l'enfance au contrôle de ses appétits et au partage avec plus pauvre que lui. La foi se manifeste notamment durant les pèlerinages aux monastères qui s'égrènent le long du Nil. Nous nous y sommes souvent rendus en grande liesse avec les chiffonniers au moment des fêtes mariales. L'Église joue le rôle de la maison où le père de famille reçoit ses enfants. On y couche, on y mange et c'est à peine si, durant les offices, un certain calme se fait. Le bon peuple de Dieu y chante pendant des heures au parfum de l'encens. Aux alentours, les marchands offrent pour quelques sous leurs jouets en carton attrayants et leurs friandises en sucre coloré. On s'amuse à bon marché et on repart en entonnant des cantiques tout au long de la route.

Grâce peut-être à la simplicité fervente de ce culte monastique et à la force spirituelle puisée dans le jeûne, les Coptes ont gardé la foi des martyrs des premiers siècles. Ils sont les seuls de toute l'Afrique du Nord à avoir refusé la conversion à l'islam. À travers les persécutions de toute espèce, il était parfois héroïque de rester chrétien. J'admire leur fidélité à leur Église. Très pauvres pour beaucoup d'entre eux, ils dédaignent le travail plus rémunérateur ou la promotion qui leur est offerte à la condition qu'ils deviennent musulmans. La vigueur de leur foi est un stimulant quotidien pour la mienne !

Mon évêque catholique latin, Mgr Egidio, m'a toujours encouragée dans ce travail cœur à cœur avec les orthodoxes. Le patriarche copte, Chenouda, est devenu aussi un grand ami. « Quand l'unité avec Rome sera-t-elle conclue ? », lui demandai-je un jour. « *Soon*, bientôt », me répondit-il. Devant ma joie, il ajouta avec son fin sourire : « Attention, sœur Emmanuelle, *soon* peut se traduire en arabe par *bokra !* c'est-à-dire demain », et tout le monde sait que demain se répète interminablement jour après jour. Les Coptes ont peur des Latins. Conservateurs, ils n'acceptent pas l'exégèse de la Bible. La crainte d'une certaine dictature du Vatican les arrête aussi. Malgré tout, les pourparlers avancent entre les deux Églises... à petits pas !

D'aucuns, ecclésiastiques ou laïcs, m'ont donné ce conseil : « Vous devriez fonder vous-même une congrégation selon la logique de votre idéal, plutôt que de vous appuyer sur des étrangers. » Voici ma réponse :

1. Je n'ai pas l'étoffe d'une fondatrice. Je suis trop absolue, ce qui me fait aisément manquer de pondération. Or l'équilibre est une des qualités maîtresses pour lancer un nouvel institut. Inutile de m'étendre sur ce sujet qui comporterait bien des corollaires.

2. Mère Teresa de Calcutta a parfaitement mis en œuvre mon idéal de pauvreté et de service, en multipliant dans le monde ses foyers. Aucune raison de fonder une autre communauté similaire.

3. Ma congrégation de Sion a été la fontaine d'eau vive où je puisais mon énergie spirituelle. Pourrais-je, sans elle, être une source qui ne tarit pas pour moi et pour les autres ?

4. Raison de grand poids : où aurais-je trouvé de meilleurs collaborateurs que dans la communauté de sœur Sara spécialement consacrée par Mgr Athanasios au service des plus pauvres de l'Égypte ? Grâce à lui, l'Église copte s'est sentie responsable non seulement du culte spirituel, mais aussi du soutien matériel à toute détresse.

Il me plaît de terminer ce chapitre par un joli souvenir. Sœur Sara et moi assistons dans la chapelle de Beni-souef à la consécration au Seigneur de sœur Éva qui travaille au bidonville et de quatre jeunes novices. La cérémonie débute par l'encensement de l'autel derrière l'iconostase[1]. La majestueuse icône du Christ se voile derrière un nuage de fumée. Chaque religieuse est

1. Cloison ornée d'icônes avec larges portes.

appelée à son tour : « Sœur Éva, êtes-vous décidée à vous consacrer à Dieu pour la vie ? » Les « oui » fermement prononcés se succèdent dans l'émotion générale. Les cinq corps se prosternent ensuite, étendus devant l'iconostase. Cinq longs voiles amarante les couvrent entièrement. Ce symbole plonge dans la nuit des temps et préfigure la mort du « vieil homme », avec ses trois concupiscences, convoitise des yeux, de la chair, de l'orgueil. Les vêpres des défunts sont chantées sur les cinq tombes immobiles. Soudain, c'est la résurrection, le tressaillement de l'étoffe amarante, le réveil des corps qui se redressent, les hymnes joyeux qui éclatent.

Après de fraternelles agapes, le calme revient. Les sœurs, heureuses et légères, partent vers leurs tâches : jardin d'enfants, *home* de vieillards, foyer d'orphelines, atelier de broderie et dispensaire.

Sœur Sara, sœur Éva et moi retournons vers la plaine où nous attendent les chiffonniers. Nous avons passé vingt-quatre heures sur une cime qui touchait le Ciel. Nous repartons, joyeuses, vers nos frères et sœurs de la terre.

DEUXIÈME PARTIE

MISÈRE ET GRANDEUR DES CHIFFONNIERS

Au long des vingt-trois années passées au bidonville, j'ai découvert jour après jour que mes frères et sœurs chiffonniers unissent le meilleur et le pire d'une manière stupéfiante : brutalité sauvage et délicate bonté, brigandage et altruisme, libertinage et fidélité, impiété et foi... et l'on pourrait multiplier les paradoxes !

Quelques cas typiques de ces contradictions sont restés ancrés dans ma mémoire.

Labib : mon mentor

Dieu m'a donné la sagesse de prendre un chiffonnier comme mentor. Je n'ai jamais fait aucune démarche sans l'avis de Labib, celui qui m'a offert ma cabane. Avant mon arrivée, il était, m'a-t-on dit, plus souvent au café qu'au travail et grand buveur d'alcool. Il n'était pas bon de le contrecarrer. Il battait sa femme comme plâtre et ses enfants à l'occasion. Et pourtant, quel précieux conseiller et quel fidèle ami est-il devenu, du jour où il a compris que je lui donnais ma pleine confiance ! Finis les séances au café et l'alcool. Il me pilotait du matin au soir vers chaque détresse, même quand une jambe malade le faisait terriblement souffrir. Le nombre d'enfants envoyés à l'école, de malades soignés, de dissensions apaisées, de femmes réconfortées, de promenades organisées grâce à lui est incalculable.

Sa famille est l'une des premières à avoir atteint un meilleur mode de vie. Après leurs études loin des ordures, les filles ont été bien mariées, les fils ont trouvé un travail. Tous sont maintenant installés hors du bidonville, mais, malgré sa difficulté à marcher, Labib arrive chaque jour au service de tous. Il est le champion de la promotion des chiffonniers !

Zachareyya : une porte d'amour

Dans l'étroit débarras que Labib m'a donné pour le premier jardin d'enfants, la porte est inexistante. Je vais en commander une en *hobaybi* (aggloméré de canne à sucre), dont le prix est modéré. J'ai entendu parler d'un certain Zachareyya, musulman plus ou moins voleur mais bon menuisier. Je vais le voir et lui explique mon but : éduquer d'abord les tout-petits, dans la joie ; leur apprendre à ne plus se battre mais à vivre en bons copains. Du coup, il abaisse le prix !

Quand il me l'apporte, il me suit du coin de l'œil. Il y a gravé une croix et un croissant entrelacés, avec en dessous *Allah Mahabba*, Dieu Amour. Je bondis de joie. Il en rit de plaisir. Quelle délicatesse de cœur chez ce jeune artisan ! C'est sur l'amour qu'il fait reposer le dialogue entre chrétiens et musulmans. Le symbole de la fraternité, vocation première des fils d'Adam, apparaît sur une porte accueillante : celui qui la franchit noue une relation d'amitié. Ouvre-toi toute grande, porte de *hobaybi* ! Nous bâtirons ensemble la cité nouvelle. Merci, Zachareyya !

Chenouda : le siffleur

Chenouda, dix ans, fait partie de ces malheureux jeunes asservis aux ordures qui s'en vont la tête basse, le visage fermé et l'aspect sauvage, ramasser les poubelles qu'on leur jette avec mépris à la porte des appartements.

Mais un jour, on le voit arriver sifflotant, la tête haute, le visage ouvert. Que se passe-t-il ? La voix décidée, avec un sourire de fierté, il explique : « Ah ! quelque chose a changé chez nous. Nous avons notre sœur à nous. Oui, elle est à nous, elle vit avec nous ! » Cette histoire, lorsqu'elle me fut contée, me submergea d'émotion. Le garçon avait compris : non, il ne devait pas subir passivement sa situation d'éboueur méprisé. Il avait sa propre valeur et devait l'imposer. Me voir partager sa condition lui avait fait prendre confiance en sa grandeur d'homme... et siffler la chanson de la vie !

Police : l'espionne

De qui les chiffonniers ont-ils le plus peur ? De la police... mais de qui la police a-t-elle le plus peur ? Des chiffonniers au couteau vite tiré ! Aussi s'éloigne-t-on prudemment les uns des autres. Pourtant un dimanche – jour où je retourne dans ma communauté –, deux hommes viennent faire une enquête dans ma ruelle. Ce sont des policiers en civil. Ils s'adressent aux musulmans car les chrétiens vont sans doute me défendre : « Qui est cette étrangère, cette sœur qui est venue habiter chez vous ? Elle doit être une espionne payée par Israël. » (Nous étions en effet en 1973, en pleine guerre, et ils ne pouvaient concevoir que je vienne sans arrière-pensée dans ce bouge.) Stupeur de tous ! Nos hommes, habituellement terrorisés devant la force publique, se montrent maintenant agressifs : « Notre sœur, une espionne ! Elle ne s'occupe que de nos enfants et de nos malades ! Prenez qui vous voulez ici, mais elle, jamais ! C'est la seule qui nous aime. » Ils deviennent menaçants. Nos enquêteurs repartent aussi vite qu'ils sont venus... et personne ne m'a inquiétée. Malgré leur sinistre réputation, ces hommes étaient prêts, eux, à être emmenés en prison à ma place.

Tar : la vengeance

Par malheur, la haine resurgit rapidement dans certains drames, comme celui qui s'est passé entre les meilleurs copains du monde. Yahya, seize ans, musulman, et Beghit, dix-sept ans, chrétien, se retrouvent dès l'aube pour partir au travail et, le soir, pour prendre ensemble leur repas. À l'alphabétisation, ils s'appliquent côte à côte et sont fiers de mes encouragements. Mais un triste samedi soir, ils profitent de mon absence pour se lancer dans un de leurs jeux de hasard que je les conjure d'éviter. Beghit gagne deux livres et trente piastres, environ dix francs français, une grosse somme pour eux. Yahya, furieux, refuse de les lui donner. C'est la bagarre. Soudain un couteau brille, Beghit s'écroule et meurt, Yahya est livré à la police.

Au retour du week-end dans ma communauté, j'apprends cette tragique histoire. Je me précipite chez Zakka, le père de Beghit, au moment où, avec sa famille, il rassemble cent livres « pour faire sortir Yahya de prison ». Interloquée, je demande : « Vous voulez libérer l'assassin de votre fils ? » Ils sourient de ma naïveté. « Nous donnerons l'argent au gardien ; à minuit Yahya va s'échapper et nous le tuerons. » D'un geste, ils font jaillir la lame de leur couteau. Leurs yeux sont mauvais. J'ai soudain peur d'eux. En Haute-Égypte, la *tar*, la vengeance, est exigée par l'honneur. Œil pour œil, mort pour mort.

« Vous êtes *messihin*, chrétiens ?

— *Naam, hader*, oui !

— Le Christ n'a-t-il pas aimé ses ennemis ? Quelle est sa dernière prière en croix ? "Père, pardonne-leur, ils ne savent pas ce qu'ils font[1]." Yahya savait-il ce qu'il faisait ? »

Silence. J'ajoute : « Prions ensemble Notre Père. »

Nous nous levons et, dans la direction du soleil levant, selon la tradition copte, nos voix s'élèvent : « *Abana ellazi fi semahat*, Notre Père qui es aux cieux... pardonne-nous comme nous pardonnons aussi... »

Zakka se retourne : « Nous sommes chrétiens, nous ne tuerons pas Yahya. » Chacun, sans un mot, reprend son argent.

Basit : le tueur

Basit est le grand homme du coin. Il a tué deux lascars, assommé un troisième qui, lui, a survécu. Il suscite le respect général.

Ces questions de rixe ne me regardent pas. Basit est mon frère. Je m'assieds souvent près de lui, devant sa cabane. Nous buvons le thé ensemble, nous parlons des enfants, de leur scolarisation, du petit-fils handicapé, etc. Il me fait ses confidences, comme à une sœur aînée. Il sait que jamais je ne trahirai. Une sœur ne trahit pas son frère ! Sa délicatesse à mon égard est touchante. Il est toujours le premier à me rendre service, me prêter sa voiture pour transporter du matériel, m'envoyer un de ses fils pour un coup de main. Quand je viens le remercier, le soir tombant, et que nous sommes assis côte à côte, je le trouve si doux, si poli. Je me demande : « C'est vraiment lui, le tueur le plus redouté du bidonville ? » Il est fier de ma sympathie et tient à

1. Luc 23, 34.

mon estime. L'impact sur l'homme de l'estime et du respect est incroyable. C'est comme un retournement, des retrouvailles, avec le meilleur de lui-même. Basit n'a plus tué.

Omou Chaaban : la magnanime

Omou Chaaban est ma voisine d'en face. Elle est donc parmi les plus intimes amies. Bien sûr, je dois faire un peu attention car elle a la main longue. Quand elle entre dans ma cabane, si les ciseaux sont sur la table et que je tourne la tête, ils disparaissent en deux temps, trois mouvements. Elle est d'une dextérité remarquable ! Quand elle a une altercation, elle griffe, mord, déchire avec une force incroyable. Le matin, quand son époux est parti aux poubelles et qu'un gars passe, il s'arrête facilement chez elle. Je ne m'en étonne plus. J'ai compris que nos femmes horriblement battues par leur mari sont tentées en un clin d'œil par quelqu'un qui leur sourit. Mais quels trésors recèle aussi le cœur d'Omou Chaaban ! Une nuit, rentrée tard d'une visite à un malade ou d'une veillée de prières, je me trouve sans un morceau de pain, mais surtout sans une goutte d'eau, dans la chaleur du mois d'août. La lampe à pétrole de ma voisine brille, donc elle ne dort pas. Je prends ma cruche : « Un peu d'eau, s'il te plaît ? » Malgré mes protestations, elle m'offre toute l'eau et tout le pain qui lui restait ! À minuit, dans la chaleur tropicale, on donnerait de l'or pour avoir de l'eau. Et quant au pain, elle devra demain marcher une heure sous un soleil ardent pour en acheter ou passer plus de temps encore pour le pétrir et le faire cuire dans son four en boue séchée. Comme tu es magnanime, Omou Chaaban, sœur chiffonnière ! Dès que tu vois quelqu'un en panne, tu es prête immédiatement à lui offrir tout ce que tu possèdes.

Taki : le pieux

À quelque distance d'Omou Chaaban, ma chère compagne musulmane, réside Taki, le chrétien. Il était, paraît-il, un grand buveur d'alcool – de l'alcool rouge à brûler, bon marché ! – et il avait l'ivresse mauvaise. À minuit, il était prompt à brandir son couteau et à le planter dans les poitrines environnantes. Dans sa masure, sa malheureuse femme était rossée à en perdre la vie. Mais aujourd'hui qu'une église a été construite et qu'un curé nous est arrivé, il est en voie de conversion. Il me convie à une veillée de prière. Quel cadre : les murs en tôle, le sol en terre, le toit en palmes laissant couler un rayon de lune, la lampe à pétrole à la mèche vite éteinte, les rats sur nos pieds, les cochons à la porte ! Après les cantiques hurlés à pleins poumons, accompagnés par le hi-han des ânes, Taki se lève. La tête baissée, les épaules rentrées, le corps affaissé, il crie vers le Seigneur : « *Ya Rab, ana khati*, Ô Seigneur, je suis pécheur ! » Il le dit et le répète : « *Ana khati...* » Un temps de silence, puis il lève la tête, redresse le corps, lance les regards vers le ciel : « *Ya Rab, orham !* Ô Seigneur, pitié ! » La voix se fait de plus en plus joyeuse. Taki sait que Dieu l'écoute, lui pardonne comme un père à son enfant. Il se rassied, les yeux clairs, le visage pacifié.

Bientôt, en effet, il ne battra plus sa femme, deviendra le bras droit d'« *Abouna*, notre Père », le prêtre, et disparaîtra à tout jamais du café. Il sera l'ami précieux qu'on peut appeler n'importe quand, pour n'importe quoi !

Il m'a enseigné la meilleure prière que les hommes m'aient apprise. Depuis cette soirée de lumière, je m'unis à tous mes frères et sœurs de la terre pour crier vers Dieu, pour moi comme pour eux : « *Ya Rab, ana Khati... ya Rab, orham !* » Et la paix du Seigneur doucement m'envahit.

Fauzeya : l'héroïne

Fauzeya habite la cabane qui jouxte la mienne. Cette vie côte à côte, de jour et de nuit, nous a intimement unies. Son gourbi est souvent d'une saleté repoussante mais, chaque fois que j'ai essayé de le balayer, elle me saisit le balai des mains. Elle est trop fatiguée... trop d'enfants à la suite et qui meurent. Évidemment, comme Omou Chaaban, la pauvre chérie est quelque peu voleuse. Je l'ai un jour surprise cherchant chez moi quelques piastres. Elle en avait sans doute besoin... Mais une autre fois, elle m'a donné son dernier savon pour laver nos gosses, partagé avec moi son assiette de *foul*. Son mari, Khayri, est d'une tendresse touchante avec ses enfants, mais d'une sauvagerie effroyable avec elle. Elle aussi a eu son aventure avec un garçon. Je l'ai sauvée de justesse au moment où Khayri, qui avait quelques soupçons, allait la tuer.

Je la trouve un lundi matin le visage noir, les yeux sanguinolents, le corps effondré sur le sol. Elle finit par avouer. Khayri, après l'avoir écrasée de coups, l'a jetée contre la porte faite de vieux métal coupant. Je suis hors de moi : « Ça ne peut pas continuer, Fauzeya, prenons les enfants et partons chez tes parents ! » Un non catégorique : « *Lê, lê !* » À travers le sang qui couvre ses yeux, elle jette un regard d'amour sur ses quatre petits : « Vois-tu, ils adorent leur père, ils souffriront loin de lui ! » Elle ajoute : « C'est moi qui dois souffrir ! » Elle saisit Teresa, la dernière-née, et la berce en lui souriant doucement. La paix revient dans son cœur.

Je suis incapable de parler. Je la regarde. Son visage tuméfié rayonne de tendresse. Il est comme transfiguré par la joie d'aimer. Je voudrais la prendre dans mes bras, la bercer à mon tour, lui dire : « Fauzeya, ma sœur, tu es une héroïne. » Elle ne comprendrait pas. Il lui semble naturel de souffrir pour que ses enfants ne souffrent pas. Elle est décentrée d'elle-même. Sa source est en eux, elle y puise sa raison de vivre, sa sérénité et sa joie.

Tu me remets en question, Fauzeya. Est-ce que j'ai déjà dit : « C'est moi qui dois souffrir pour que les autres soient heureux » ? Fauzeya, apprends-moi à aimer.

Il est un autre souvenir qui, pour n'être pas aussi extraordinaire, a également laissé en moi une trace profonde. C'était un soir d'hiver. Je priais dans ma cabane. Subitement, j'entends une sorte de mélopée grave qui s'arrête, reprend pour s'arrêter encore. J'entrebâille ma porte. Celle de Fauzeya est ouverte. Elle est assise avec les siens autour d'un feu. Khayri, qui a fait un peu d'étude, lit l'évangile et elle répète tour à tour les versets en chantant doucement... Oh, ma sœur Fauzeya, tu resplendis de joie : tu es sûre, en laissant retentir en ton âme les paroles sacrées, que le Christ est Sauveur. Tu allaites Maryam. Tu es sûre que Lui va t'aider à lui donner une meilleure vie que la tienne. Tu as les yeux fixés sur Guirguis, ton aîné. À plat ventre, il écrit son devoir de calcul – ni chaise ni table dans ta cabane. Tu es sûre, Fauzeya, que ton fils commence sa promotion. À force de lutte, nous avions obtenu du père qu'il aille à l'école. Dieu est avec toi, tes enfants seront sauvés. Une beauté étrange t'habite. Les flammes dansent sur tes joues incarnates, tes yeux scintillent comme deux étoiles sous ton front disparaissant dans le clair-obscur. Une paix émane de toi. Je rentre dans ma baraque pour m'en imprégner à mon tour.

Quel mystère tout de même. Cette pauvre femme qui ne sait pas lire n'a jamais scruté les philosophies, les théologies, les différentes religions. Le doute ne l'effleure pas. Dieu n'est pas le Dieu des philosophes et des savants ! Je redis doucement en pensant à Fauzeya cette prière du Christ, un des sommets de l'évangile : « À ce moment, Jésus exulta de joie sous l'action de l'Esprit-Saint, et il dit : "Père, Seigneur du ciel et de la terre, je proclame ta louange : ce que tu as caché aux sages et aux savants, tu l'as révélé aux tout-petits. Oui, Père, tu l'as voulu ainsi dans ta bonté."[1] » Et j'ajoute : « Seigneur, par la grâce de Fauzeya et des tout-petits, donne-moi un cœur d'enfant ! »

Omou Sabah : face à la mort

Dans le deuxième bidonville où j'ai vécu, au Mokattam, la cabane d'Omou Sabah est à quelques mètres du nouveau dispensaire que nous avons bâti, sœur Sara et moi. J'ai rarement vu une chiffonnière aussi négligente. Une doctoresse a beau venir régulièrement pour les femmes enceintes, elle n'ira jamais la consulter. Sa masure est d'une saleté sans précédent : sous la paroi en tôle, filtre un filet jaunâtre qui provient de la bufflesse accroupie dans la cour… cela ne paraît pas la préoccuper outre mesure !

Je la rencontre un jour, haletant dans la ruelle. Je la ramène chez elle et l'étends doucement sur son grabat noirâtre tout en cherchant où poser mes pieds. J'appelle le docteur Aadel qui l'ausculte et me parle en français pour qu'elle ne comprenne pas : « La malheureuse a le cœur dans un état pitoyable. Elle me dit être enceinte de quelques mois, mais elle ne supportera jamais l'accouchement. Son cœur flanchera. Il faudrait qu'elle avorte au plus tôt. » L'alternative est brutale, mais elle seule a le droit de décider. Je dois lui dévoiler la vérité. Elle me fixe en silence. « Si tu veux, nous allons appeler ton mari, Omou Sabah. Parlez ensemble, mais la dernière décision te revient à toi seule. » Il arrive, nous attendons dehors, Aadel et moi, sur un tas d'ordures. Ce n'est pas long. Elle dit simplement :

« Je ne tuerai pas mon enfant.

1. Luc 10, 21.

— Omou Sabah, tu as compris ? Tu risques la mort ! »

Maout, mort, ce mot terrible qu'on ne prononce presque jamais en arabe, ne la trouble pas. Elle répète : « Je ne tuerai pas mon enfant. Ma vie et ma mort sont entre les mains de Dieu. » Elle caresse son ventre avec douceur. Son visage reflète une sérénité pleine de tendresse. Elle est déjà tout entière orientée vers ce petit être. Un seul désir l'habite : lui donner la vie... s'il le faut, sa propre vie ! En Europe, elle aurait avorté. Mais ici, loin de toute pression, elle laisse prévaloir son instinct maternel dans un héroïsme qui lui paraît naturel.

Sœur Sara et moi, très inquiètes de son état, lui envoyons chaque jour un repas substantiel. Le dernier mois, nous l'emmenons à l'hôpital copte. Le soir où elle doit accoucher, le jeune médecin de garde s'affole : « Elle va mourir dans mes bras, son cœur est trop faible, je ne suis pas assez expérimenté, portez-la ailleurs. » Trois fois se répète le scénario : chariot, ascenseur, salle d'accouchement. La troisième fois, seule dans l'ascenseur, Omou Sabah accouche ! Le lendemain, nous la trouvons, radieuse, tenant dans ses bras un petit paquet de chair rose. Elle a encore vécu trois ans et est partie vers la maison du père après un dernier regard de tendresse sur son beau petit Youssef. L'amour avait été plus fort que la mort !

Noël au bidonville

Quand je suis arrivée au bidonville, les chiffonniers chrétiens gardaient une foi vivante, mais sans relation avec l'Église copte orthodoxe qui ne paraissait pas soupçonner leur existence. Ils ne mettaient jamais les pieds à la paroisse assez proche, car ils se sentaient trop mal vus des fidèles !

Je vais visiter pour la première fois le patriarche Chenouda pour lui parler de son troupeau sans pasteur et lui demander un prêtre pour Noël. Il me reçoit avec la plus grande cordialité et accède immédiatement à ma requête. Ce sera le point de départ de notre amitié. J'ai ainsi assisté à la plus belle messe de Noël de ma vie ! Un chiffonnier nous prête sa cabane et sa cour rigoureusement nettoyées. Quelques relents d'ordures y subsistent seulement. Une lampe à butane éclaire les parois noirâtres, la table branlante couverte d'un vieux drap qui sert d'autel et quelques bancs de couleur indéfinie. L'âne de la crèche et le bœuf transformé en bufflesse ne sont pas loin. Quelques hi-han sonores, entremêlés de grognements de cochons, nous le rappellent. Un vieux moine arrive et ne paraît pas décontenancé comme son homélie nous le prouve : « Si le Christ devait renaître sur terre cette nuit, il viendrait chez vous : son gîte, c'est la pauvreté, les bergers sont vos frères. Soyez dans la joie, le Ciel visite le bidonville. »

Des bougies sont allumées. Le plus bouleversant, ce sont les visages de nos chiffonnières : leurs yeux sont éclatants de lumière, leurs lèvres chantent avec allégresse : « *Koudous, Koudous, Koudous*, Saint, Saint, Saint, le Seigneur. » Ces femmes précocement vieillies par la dureté de leur vie ont soudain revêtu un rayon de beauté céleste.

Ils m'ont évangélisée

Un des mystères les plus troublants de la nature humaine n'est-il pas apparu à travers les quelques faits que je viens de décrire ? un alliage hallucinant de misère et de grandeur. Mes frères et sœurs chiffonniers m'ont évangélisée par cette découverte qui m'a été révélée au plus secret de leur cœur. Ils m'ont amenée à une recherche de valeurs plus authentiques, à une relecture de l'évangile, enfin à une descente dans mon propre labyrinthe.

Le Christ a déclaré : « Ce ne sont pas les gens bien portants qui ont besoin du médecin, mais les malades. Je suis venu appeler non pas les justes, mais les pécheurs[1]. » Il n'a pas craint de scandaliser en s'asseyant à la table d'un voleur, Zachée[2], en respectant une prostituée, Madeleine[3], en refusant de jeter la pierre sur la femme adultère[4], etc. La racaille, les « maudits », selon l'expression des « honnêtes gens », sont manifestement ses privilégiés. Ils sont les premiers à comprendre son appel à l'Amour : le voleur donne la moitié de ses biens[5], la prostituée devient l'apôtre des apôtres[6], le bandit crie son repentir[7]. Le bon moine avait raison : « Si le Christ revenait sur terre, il naîtrait dans votre bidonville. »

Les « pauvres types » sont donc plus près du Royaume de Dieu. Pourquoi ? mes frères chiffonniers me donnent peut-être la réponse : ils sont... ce qu'ils sont. Ils vivent dans la vérité de l'être, ils ne portent pas le masque beaucoup plus courant dans ladite « bonne » société où la « misère » intime est cachée sous une « grandeur » facilement superficielle. Chez nous, où la situation est renversée, la « misère » flagrante creuse un appel à la « grandeur », aspiration de tout homme... mais à une grandeur authentique. Il suffit de l'apparition d'un détonateur : quelqu'un qui les aime, selon leur réponse à la police, quelqu'un qui leur apporte l'amour du Seigneur. Labib me disait : « Nous avons changé depuis que tu es venue partager notre vie. Moins de beuveries, de bagarres, plus de solidarité, de fraternité... et nos femmes vont volontiers prier dans la nouvelle église. »

---

1. Marc 2, 17.
2. Luc 19, 7.
3. Luc 7, 36-50.
4. Jean 8.
5. Luc 19, 8.
6. Jean 20, 17.
7. Luc 23, 39-43.

Mais attention, Emmanuelle, n'entre pas dans la classe des pharisiens, contents d'eux-mêmes[1]. Sois vraie, descends dans ton labyrinthe : sincèrement, dans l'intime de ton être, ne partages-tu pas la « misère » de tes sœurs chiffonnières ? Sincèrement, si tu étais née ici dans le bidonville, aurais-tu été « une honnête femme » ? Certainement non. Mais je peux aussi participer à leur « grandeur », développer en moi cette capacité d'amour qui leur permet de porter le poids de leur vie d'un pas léger et souvent même joyeux.

Emmanuelle, laisse-toi évangéliser !

1. Luc 18, 11-12.

TROISIÈME PARTIE

Aimons-nous, vivants

J'ai décrit dans les pages précédentes la tranche de ma vie la plus bouleversante, le partage du destin du rebut de l'espèce humaine, les chiffonniers, mes frères. Mais d'autres cris m'atteignaient au cœur du bidonville : les cris d'enfants livrés ailleurs dans le monde à la famine et à la mort.

C'était de nouveau la chair de ma chair qui gémissait sur les trottoirs de Khartoum ou dans les immeubles calcinés de Beyrouth. Les cris d'un enfant, quelle que soit la couleur de sa peau, font toujours choc. On se précipite pour le prendre dans ses bras et sécher ses larmes.

La misère des petits d'hommes, je la connaissais. Elle m'avait frappée, corps et âme. Mais, défiée dans un combat corps à corps, en équipe, elle pouvait être terrassée. C'est ainsi que j'ai été amenée à poursuivre en d'autres lieux l'expérience passionnante des bidonvilles du Caire : ranimer avec d'autres lutteurs les étincelles de vie pour les faire jaillir en gerbes de feu.

Dans la débâcle

Novembre 1985. Une lettre m'arrive d'amis soudanais rencontrés à Genève. Ils m'appellent à Khartoum :

« Des milliers de réfugiés y arrivent chaque jour, meurent en masse, au secours ! » J'avoue que j'hésite. De quel secours efficace puis-je être dans un pays inconnu ? Les activités auprès des chiffonniers sont en plein développement. Vais-je disperser mes forces à travers le monde ? Une seconde lettre m'arrive avec un billet d'avion Le Caire-Khartoum, Khartoum-Le Caire. Je le retourne entre mes mains. Dieu parle par les événements. Courage, Emmanuelle, le sort en est jeté ! Je ne me doutais pas, en traversant les nuages au-dessus du Caire, que d'autres appels allaient m'entraîner vers d'autres équipées sur la planète.

À peine descendue de la carlingue, à une heure de la nuit, j'entends parler de la terrifiante calamité qui s'est abattue sur le Sud-Soudan, animiste et chrétien. Il s'oppose au Nord musulman qui veut à tout prix l'islamiser. La guerre, et maintenant la famine, y déciment des millions d'êtres humains. L'Église soudanaise – pauvre s'il en est – a jeté dans la mêlée tout ce qu'elle possédait. Mais elle est dépassée par l'ampleur de la catastrophe.

Le matin, le choc qui vous secoue jusqu'aux entrailles en arpentant les rues : des enfants, partout des enfants à moitié nus, peau noire sur un squelette ambulant, deux bâtons qui flageolent en guise de jambes, deux globes de jais qui jaillissent de leurs visages faméliques. Certains plantent leurs ongles effilés dans ma chair comme pour s'y cramponner : « *Ana maaki*, moi avec toi. » Ils ont fait des centaines de kilomètres à pied ou juchés sur les toits des trains pour échapper à la mort, envoyés vers Khartoum par leurs mères désespérées qui leur ont donné les derniers petits sacs de seigle pour la route.

Entre autres secours, une association des Enfants du Nil se forme à la hâte. Des hommes et des femmes comme Robert Richard et Simone Brahamsha s'y dépensent jour et nuit pour recueillir, nourrir, rendre la vie et l'espoir. J'assiste à leur conseil d'administration. À ma stupeur, je n'y rencontre que des Italiens et des Français. Cela me paraît une aberration car, un jour ou l'autre, les étrangers partiront. Qui prendra la relève ? En Égypte, j'ai expérimenté à quel point il est impératif de travailler avec les gens du pays. La collaboration avec sœur Sara et son équipe a permis de résoudre les problèmes les plus ardus des chiffonniers. Après moi, je sais que tout se poursuivra. L'Afrique a le sens de l'homme, l'homme africain s'entend. Qui comprend mieux qu'elle les exigences de corps et d'âme des autochtones, leurs aspirations, leur sensibilité à fleur de peau ? Elle détient les solutions adaptées. Dès que nous, occidentaux, acceptons d'abandonner notre complexe inné de supériorité, nous entrons dans une coopération étrangement enrichissante pour tous. Nos amis se forment à la rigueur de « l'esprit de géométrie » et nous nous affinons dans la chaleur de la relation humaine.

Heureusement, j'ai bientôt l'occasion de rencontrer le Soudanais Kamal Tadros. Il me confie : « Il est des nuits où je n'arrive pas à dormir. Dans la rue, je vois des adolescents dépenaillés qui rasent les murs, en quête d'un mauvais coup pour survivre : vol, prostitution, drogue. Quant à moi, je suis bien à l'abri dans ma demeure confortable avec ma femme et ma fille qui sont ma joie, et j'ai un magasin de tout genre d'outils qui marche bien. Mais que puis-je faire pour ces jeunes en perdition ? » Voilà l'homme qu'il nous faut. Il accepte en cette fin de novembre 1985 de travailler à l'association, quoique son salaire ne puisse égaler les bénéfices de son magasin. Sa connaissance du pays, ses qualités d'administration jointes à un dévouement hors ligne rendent sa collaboration incomparable. Il sauvera l'œuvre après le retour en Europe de tous les étrangers.

Je m'enquiers de la situation actuelle. Les enfants trouvent, à midi et le soir, des centres où de bons sandwichs les sauvent de la famine :

« Combien sont-ils ?

— Environ sept mille, de cinq à douze ans. Les plus grands se cachent de la police le jour et volent la nuit !

— Et ces milliers de gosses, à quoi s'occupent-ils ?

— Ils traînent dans les rues ! »

Sept mille gamins à errer dans l'oisiveté totale... C'est une graine de bandits ! Durant quarante ans, j'ai été professeur. Je connais la valeur de l'éducation. Chez les chiffonniers, j'ai en plus expérimenté qu'un jardin d'enfants est le premier pas vers le développement des facultés, on y apprend les premières notions de la vie en société : partage, respect de l'autre, gratuité de l'amitié. Comme le chêne est dans le gland planté en terre, l'homme est dans l'école, germe de personnalité.

« Simone, il faut créer des écoles.

— Pour sept mille élèves ! Où trouveras-tu les millions pour les bâtir ? Empêchons-les déjà de mourir de faim ! »

Heureusement, notre Soudanais Kamal découvre la solution :

« Créons des *rakoubas*, des écoles en roseaux. Ce n'est pas cher.

— En roseaux ?

— Oui, l'air circule et tempère la chaleur. Ce sont des abris courants chez les pauvres. La dépense est modique et quelques donateurs s'empressent de nous aider. »

Avec Simone et Kamal, aussitôt dit, aussitôt fait. Quand nous revenons un mois après avec sœur Sara, une dizaine de *rakoubas* facilement montées par les futurs maîtres fonctionnent déjà. Faute d'enseignants spécialisés, de jeunes Soudanais sachant tout juste lire, écrire et compter ont été recrutés. Simone mettra tous ses soins à les former et même à leur faire passer les examens d'instituteur. Le désir d'apprendre de nos milliers de bambins est prodigieux. Ils comprennent que c'est leur seul salut. Ils sont entassés sur des bancs, à soixante, soixante-dix et parfois plus par classe, séparée d'une autre salle par une simple haie en roseaux. Sœur Sara et moi les trouvons en silence. Miracle !

Allons maintenant féliciter les cuisinières dont la tâche est si importante ! Celles-ci, assises par terre dans la cour, préparent le substantiel repas de fèves ou de lentilles aux oignons, rapidement dévoré par nos enfants affamés. La dépense est couverte par mon association de Paris. C'est ma foi très bon ! Sœur Sara et moi repartons au Caire, tranquillisées au sujet de la situation présente.

De retour en mars 1986, je me retrouve au conseil d'administration. Du Sud-Soudan sont maintenant arrivées sept mille petites bouches affamées. Le comptable nous passe les factures. J'apprends avec effroi qu'à partir du 1er avril, argent et provisions seront épuisés ! Le père Charles, le président, nous regarde : « Combien reviendront à la rentrée ? Combien seront morts de faim ? » Silence. Tous ont les yeux rivés sur moi. Je me dresse : « Demain, je pars en avion pour Paris au siège de mon association. Je vais ameuter presse, télévision, radios. Je vais faire appel à la justice. Je déteste le mot charité dans le sens d'aumône. A-t-on le droit de ne manquer de rien, voire d'avoir trop, et d'abandonner au seuil de la mort sept mille petits frères et sœurs ? »

À peine débarquée dans la capitale, je m'empare du téléphone. Dès que vous faites appel pour des enfants réduits à la famine, les médias sont prêts. En quelques jours, des sacs postaux gonflés de chèques et de mandats viennent s'entasser jusque dans l'escalier du siège de l'association. Une équipe de volontaires les dépouille, court à la banque, endosse l'argent et expédie en hâte une somme rondelette à Khartoum. Elle est rapidement transformée en nourriture substantielle. On dit l'humanité égoïste. C'est un pur mensonge. Chaque fois que j'ai fait appel à une urgence, hommes, femmes et enfants sont accourus à l'aide. Et je ne suis pas la seule à avoir fait cette expérience ! Qu'on se rappelle l'avalanche de dons envoyés à l'abbé Pierre, durant l'hiver 1954 ! Le vieux Persan Sciabistari a toujours raison : « Fends le cœur de l'homme, tu y trouveras le soleil ! »

Nous voici, sœur Sara et moi, revenues en septembre. Ces petits que nous avions laissés dans la tristesse se précipitent vers nous pour nous enlacer en riant. Ils arrivent tout fiers de leur *rakouba*, leur sac en étoffe rempli de livres et de cahiers qu'ils nous montrent. Sœur Sara reste en admiration devant leur belle écriture arabe ! Quelle joie aussi de voir leurs joues arrondies et leurs jarrets prêts à bondir !

L'après-midi, la plupart repartent vers quelque parent ou ami qui les reçoit dans sa hutte en carton ou en vieux sacs à pommes de terre. Mais environ une centaine d'entre eux n'ont personne au monde et errent seuls dans la nuit. Alertés par ce drame, Simone et Kamal créent des foyers avec des parents nourriciers, des réfugiés comme eux, parlant leur langue, le dinka. Je demande surtout de ne pas les enfermer. Que la porte soit toujours ouverte, leur laissant la liberté de repartir à leur gré vers leur vagabondage. J'insiste. S'ils reviennent, ne pas leur faire de reproche, mais les recevoir avec tendresse, par un baiser : « Ah ! te revoilà. Quelle joie, nous t'attendions. Viens vite manger ! »

L'important, c'est que nos jeunes ne vivent pas dans la contrainte, mais s'épanouissent dans une voie librement acceptée. Avec ce système, si quatre-vingt-dix sont un jour partis de leur foyer, quatre-vingt-neuf sont revenus… Un seul n'a jamais été revu, tué paraît-il dans une rixe. Parmi eux, certains, ramassés dans la rue, ne voulaient pas aller à l'école. Nous n'avons pas insisté, mais seulement félicité ceux qui s'y rendaient. Petit à petit, tous, sans exception, sont allés en classe. Grâce aux leçons de rattrapage, le soir, la plupart sont devenus de bons élèves et ont réussi avec fierté leur examen d'études primaires pour continuer leurs études. L'éducation est une longue patience qui exige beaucoup d'amour, mais qui donne son fruit !

Bientôt, Les Amis de sœur Emmanuelle, à Genève et à Bruxelles, viennent aider l'association ASMAE[1] à couvrir les dépenses, car le nombre de nos petits Soudanais va en se multipliant ! Sœur Sara et moi venons régulièrement du Caire pour les visiter et nous rendre compte des nouveaux besoins. Un soir de mars 1987, j'arrive dans un foyer récemment ouvert. Ils sont une quinzaine, de six à douze ans. Nous n'en voulons pas davantage pour que puisse se créer un climat familial. Les enfants sont occupés à leur construction de lego que nous leur avons envoyés pour égayer leurs loisirs, mais ils gardent lèvres fermées, le front plissé, dans un silence total. Quels gosses au monde jouent-ils ainsi, tristes, sans parler ? Inquiète, je demande à Simone :

« Qu'est-ce qui se passe ? Ces enfants ont-ils peur ? De quoi ? De qui ? On les bat ?

— Emmanuelle, tu ne te rends pas compte ! Ils viennent d'arriver du Sud, à des centaines de kilomètres d'ici. Ils ont connu la faim, ils ont vu la mort, l'incendie. Regarde Louwal. Quand les ennemis ont envahi son village, il s'est enfui dans la brousse. Il a été capturé par un marchand d'esclaves, vendu à un paysan qui l'assommait de coups. Mais sa femme l'a un jour laissé partir, il a atterri enfin à Khartoum où nous l'avons ramassé à moitié mort. Chacun de ces enfants a eu son drame, il n'y a pas si longtemps. Et toi, tu veux les voir chanter et rire ? »

Un moment de silence…

« Simone, achète-leur un ballon de football, trouve-leur un entraîneur… En avant, pour la joie ! »

1. Aide socio-médicale à l'enfance.

Trois mois après, de retour au foyer silencieux, j'entends les cris du dehors, les enfants reviennent du foot, courant, sautant, riant : la magie du ballon !

Je leur distribue les crayons de couleur que j'ai apportés du Caire. Grand luxe ici ! Les dessins sont poignants : un cône avec une ouverture et une femme, c'est la maison avec la maman laissée là-bas ; deux longues silhouettes jaunes sur la feuille blanche, portraits du père et de la mère perdus. Un seul dessine quelques petites fleurs avec un grand soleil d'espérance. J'ai aussi apporté un gros ours en peluche. Cette fois, c'est l'enchantement. On le lance, le rattrape, le relance dans des éclats de joie.

Après un bon repas de *foul*, l'heure du coucher arrive. Je sens qu'une soudaine mélancolie les envahit tous. Ils ont soif d'une maman ! Je circule de lit en lit pour remonter les couvertures sur les épaules : sourires, caresses, embrassades. Je reviens un peu plus tard. Dorment-ils bien ? J'ouvre doucement la porte des plus grands. Dans l'obscurité, j'entrevois un spectacle étrange. Ils sont à genoux sur leur lit. L'un d'entre eux lance : « *Abana ellazi fi semawat*, Notre Père qui es aux cieux. » Tous s'y unissent. Puis, la même petite voix demande : « Qui a des intentions ? »

Les réponses sont bouleversantes :

« Prions pour nos papas et nos mamans restés là-bas.

— Pour ceux qui n'ont rien à manger.

— Pour ceux qu'on massacre.

— Pour les bêtes qu'on tue.

— Pour les enfants abandonnés. »

Un *Salam aleyki ya Mariam* (« Je vous salue Marie ») s'élève ensuite, puis, en silence, les formes s'allongent sur les lits… C'est ainsi que, seuls, dans la nuit, des enfants qui souffrent parlent à leur Père des Cieux.

Quand je reviens en été, nous dormons ensemble à la belle étoile car la température atteint quarante-cinq degrés. Comment se plaindre de la chaleur, en écoutant la respiration régulière de ces enfants sauvés ; de

Louwal, le petit esclave dont j'ai raconté la libération ; de Mayok et Botros sortis de la drogue et de la prostitution ? Ceux qui avaient contracté les premiers germes de la syphilis et de la bilharziose dorment aussi, tranquilles, heureusement guéris. Ils respirent en confiance, aimés de tous. Nous veillons sur vous, enfants. Reposez sous le grand Ciel de Dieu, criblé d'étoiles.

De son côté, sœur Sara loge avec les filles dans leur foyer fleuri. Autre triste aventure, plus dramatique encore. Elles sont « protégées » par un frère ou un cousin qui les « louent » la nuit et ne veulent pas les lâcher. Simone et Kamal vont les chercher dans leur cachette sous les égouts desséchés quand leurs « protecteurs » ne sont pas là, et les confient à un premier foyer... pour les reprendre rapidement la nuit et les installer en secret dans leur foyer définitif. Bientôt, elles commencent à perdre leur regard effarouché et à s'épanouir dans l'animation générale et la gaieté. Sœur Sara ramène ainsi une pauvre gosse apeurée, l'entoure de tendresse jusqu'à ce qu'elle s'endorme en souriant dans ses bras !

Une chose importante est de respecter la liberté religieuse des animistes et des musulmans comme celle des chrétiens. L'essentiel est de leur apprendre à s'aimer et à se respecter mutuellement. N'est-ce pas, finalement, le message que devrait offrir toute *religion*, qui tend à *re-lier* l'homme à Dieu et à ses frères ? Nous attendons que les petits chrétiens insistent plusieurs fois pour aller à la messe du dimanche. Ils s'y rendent alors de plein gré, joyeux de chanter Dieu dans leur langue !

Nous assistons un jour avec eux à la commémoration du martyre des jeunes pages de l'Ouganda massacrés au siècle dernier pour leur foi. L'intrépide évêque de Khartoum, Mgr Zubeir Wako, interpelle les séminaristes : « Ces jeunes, noirs comme vous, sont morts pour le Christ. Et vous ? » D'un bond, les cent dix se lèvent et, la main tendue vers l'autel, clament : « Nous sommes prêts ! » Ce n'est pas chez eux une jolie phrase. La mort peut leur arriver demain. À travers le pays, un prêtre est, de temps à autre, massacré.

Pour nous, le grand sujet de préoccupation reste les jeunes. Quand ils ont déjà trop goûté à la drogue, au vol, à la prostitution, nous n'arrivons pas à les réintégrer dans les foyers. Mais, un jour, Kamal nous arrive triomphant : « J'ai trouvé une ferme appartenant à l'évêché. Mgr Wako nous la donnera facilement pour nos gars en péril. Mettons-les en pleine nature. Le contact avec les animaux et le travail de la terre les transformeront. » Kamal avait trouvé dans son cœur et sa tête la bonne solution.

Quelques mois plus tard, en visitant la ferme, je tombe sur un Kamal allègre, entouré de garçons jovials, trépidants de vie, qui se précipitent pour me montrer leurs réalisations. Ils ont construit des huttes spacieuses, creusé des caniveaux amenant l'eau, aménagé des étables de tout genre, planté les premiers pamplemoussiers, semé tomates et légumes, etc. Kamal a donné à chacun sa responsabilité : moutons, canards, poules, vaches, fromage, légumes et fruits. L'être ne se sent-il pas devenir « homme » dès qu'il fait jaillir la vie, en quelque domaine que ce soit ! Avec quelle fierté chacun me lance : « C'est moi qui travaille ici ! » On les sent en pleine santé physique et morale. La ville trouble le sang, la nature rafraîchit. Je comprends ce jour-là à quel point la relation entre l'homme et le cosmos est source de vie. Guy Gilbert, le prêtre éducateur des « loubards », a fait la même expérience. Dans sa ferme de Provence, des jeunes au ban de la société retrouvent eux aussi leur *ré-génération* !

Lors de ce voyage, une rencontre inattendue me permet de me rendre aussi au sud du Soudan, lieu de violents conflits. Voici comment, et les circonstances sont plutôt cocasses. Durant un de mes voyages du Caire à Khartoum, Air France, qui me pilotait gratuitement, m'avait placée en première classe. Ce luxe ne me plaisait guère ! Il n'y avait personne, sauf un inconnu qui s'avance vers moi : « Emmanuelle, quel plaisir de voyager avec toi ! Comment vas-tu ? » et il m'embrasse cordialement sur les deux joues. Je ne me laisse pas décontenancer : « Oh ! très bien, et toi ? » Je m'écarte un peu et demande tout bas à l'hôtesse de l'air :

« Qui est ce monsieur ?

— Bernard Kouchner.

— Ah ! et qui est Kouchner ? »

Elle me regarde stupéfaite.

« Excusez-moi, dans mon bidonville, nous, chiffonniers, nous ne connaissons personne d'important !

— C'est le ministre de l'Action humanitaire !

— Ah, merci ! »

Je me rapproche de nouveau : « Alors, Bernard, comment va l'action humanitaire ? »

Notre conversation devient vite passionnante. Il me parle de ses luttes passées et présentes pour secourir les détresses, je lui parle aussi de mon combat. Nous sommes sur la même longueur d'onde... Cette nuit passée entre Le Caire et Khartoum à nous pencher ensemble sur les tragédies humaines nous a liés à jamais. Au moment de nous quitter, à trois heures du matin, il me dit :

« Si je pars dans le Sud, je t'emmène.

— D'accord. »

Toujours avide de l'eucharistie quotidienne, j'apprends que l'épouse du premier conseiller de l'ambassade de France à Khartoum prépare les enfants à la première communion. Un prêtre viendra leur dire la messe. Je me rends à l'ambassade où je retrouve Kouchner assis dans un salon avec sa suite.

« Emmanuelle, un whisky ?

— Merci, je vais assister à l'eucharistie. »

Et, en plaisantant : « Et toi, Bernard, tu ne viens pas ? » Un rire, puis : « Après tout, pourquoi pas, je te suis. »

Il se lève et, comme un seul homme, tous, envahis d'une piété inopinée, se lèvent avec lui. La cérémonie commence. J'entonne un chant. Les enfants bafouillent quelque peu. Je lance : « Monsieur le ministre, messieurs, aidez-nous donc ! » Et voilà la grosse voix de Kouchner, soutenue par celles de l'ambassade, qui ébranle le plafond peu habitué à un pareil enthousiasme : « Chez nous, soyez reine, nous sommes à vous, régnez en souveraine, chez nous ! »

L'atmosphère devient de plus en plus fervente. Le moment de l'homélie arrive. Dans l'épître, saint Paul affirme qu'il voudrait, d'une part, partir vers le Christ mais, d'autre part, rester sur terre pour soutenir l'ardeur de ses chers néophytes. J'invite Kouchner à parler. Dans un style simple et entraînant, il explique aux enfants à quel point nous devons, comme saint Paul, lutter en ce monde pour que les hommes arrivent à s'aimer davantage. « Tous, petits et grands, nous sommes responsables avec sœur Emmanuelle d'aider les plus pauvres. »

Les enfants sont captivés et l'un d'eux proclame sa décision de devenir docteur pour soigner sans argent tous les pauvres de la terre. Il est applaudi et s'assied fièrement. L'eucharistie se déroule dans un recueillement impressionnant. Manifestement, ceux qui sont venus par politesse pour accompagner Kouchner, et Kouchner lui-même, se découvrent au seuil du mystère de Dieu, du mystère de l'homme. Dès que le « divertissement » pascalien cesse, notre âme au plus profond d'elle-même se sent créée pour une vision d'éternité. Ce soir-là, nous vivons une heure de communion intense.

Le lendemain, je pars avec mon nouvel ami visiter un camp de réfugiés. Quelqu'un nous emmène d'abord à l'hôpital. Une chambre nue, sans lit. Sur le sol, des corps noirs allongés sur du papier d'emballage qu'on fait brûler – je suppose – quand il est trop souillé. Rien, pas même un verre d'eau… Un bébé exsangue se meurt. Le cadavre de sa mère a été emmené il y a une heure.

Kouchner serre les poings : « Avec tel médicament, je pourrais le sauver ! » Nous voilà maintenant marchant vers les survivants couchés à l'ombre de palmiers rabougris : vieillards au visage osseux, femmes serrant dans leurs bras des bébés rachitiques. Des milliers sont déjà morts de faim. Les spectres que nous avons sous les yeux subiront bientôt le même sort. L'interprète traduit les paroles de Kouchner : « La France ne vous abandonne pas. Je suis venu inspecter les lieux, dans trois jours un hélicoptère vous apportera des provisions. » Spectacle incroyable : comme galvanisés par une décharge électrique, ces morts vivants se dressent, les femmes dansent en chantant les chants de leur village, les vieillards jettent en l'air et rattrapent leur bâton. L'espoir a repris possession de ces gisants. Prodigieuse force de l'espérance : elle métamorphose une danse macabre en valse jubilante. Trois jours plus tard, les vivres arrivent, le camp est sauvé.

De retour à Khartoum, en visite dans un hôpital, je tombe sur un autre spectacle. Devant un des pavillons, des femmes sont assises sur le sol. À côté d'elles, de vieilles boîtes de conserve où du pain trempe dans de l'eau : leur nourriture ! À la suite d'un mauvais accouchement, ces mères, m'explique-t-on, sont affligées de fistule à la vessie. Elles viennent de partout, de très loin même. Elles ont été chassées de leur village, depuis l'immense Soudan, le Tchad, l'Ouganda. Leur vessie laisse échapper, goutte à goutte, une odeur particulièrement nauséabonde dans ces pays chauds. Elles attendent leur tour d'être opérées, là, sans abri, supportant les pluies d'hiver et les chaleurs torrides d'été. Il faudrait construire des salles et un bloc opératoire qui leur seraient exclusivement réservés. Ce furent deux longues années de combats, renouvelés à chaque voyage au Soudan, non pour trouver l'argent mais pour tout terminer : obtenir que le courant électrique soit enfin amené de quelques mètres de distance ; faire nommer un autre entrepreneur à la place de celui qui avait été jeté en prison pour malversation ; faire venir le catgut de Birmingham mais, ce fil n'étant pas conforme à la demande, le renvoyer et attendre des mois le catgut conforme à l'épaisseur requise, etc. Deux ans de labeur pour que ces mères repartent, le cœur gonflé de joie, vers l'enfant qui les attend au bout de la route !

Une autre visite m'est offerte, celle du « mouroir » créé à Khartoum par mère Teresa de Calcutta. Sur des paillasses recouvertes de draps immaculés s'allongent des corps décharnés. Une des femmes a été ramassée dans une poubelle, recouverte de vermine. Elle repose enfin propre dans sa tunique blanche. Soudain, un long bras noir s'élance vers moi, m'agrippe. Un homme, un étrange rictus aux lèvres, me jette le regard angoissé d'un agonisant. Je reste pétrifiée, sans oser bouger. Du fond de la salle, un rideau se soulève, le sari bleu d'une sœur se profile, un plateau à la main. Elle approche du premier mourant, s'agenouille, le caresse doucement et lui fait boire quelques gouttes avec une infinie tendresse. Un sourire de béatitude illumine la face desséchée. J'ai honte de ma peur. Cette sœur m'apprend le miracle de l'amour. Je me penche à mon tour. De ma main libre, j'effleure tendrement le visage tourmenté tendu vers moi. L'homme desserre son étreinte, son corps se décontracte, ses yeux rassérénés rencontrent les miens… Nous devenons frère et sœur. Quelle leçon d'amour on peut recevoir dans un mouroir !

Un drame devait éclater quelque temps après dans cette demeure de paix. Le cheikh de la mosquée voisine, durant la prière du vendredi, vitupère contre les sœurs. Quelques jeunes musulmans, fanatisés, se précipitent dans le mouroir, jettent par terre mère Joan, la supérieure, et la criblent de coups. La tête ensanglantée, à moitié mourante, elle est transportée à l'hôpital. Mgr Wako vient la voir et lui demande le nom de ses assassins. Elle a à peine la force de murmurer : « Non, je leur ai pardonné comme le Christ. » Mais les Dinkas, eux, ne pardonnent pas. Apprenant que leur mère est mourante, ils saisissent leurs lances et en avant pour massacrer les musulmans. Kamal, averti, accourt pour éviter une tragique effusion de sang. En pleine nuit, au risque de sa vie, il avance vers eux : « Ne me tuez pas, je suis votre frère. » Médusés, ils l'écoutent : « Les chrétiens ne tuent pas, ils laissent agir la justice. » Il amène près de mère Joan le juge responsable du quartier ; celui-ci l'entend redire : « J'ai pardonné. » Bouleversé devant ces yeux chargés d'amour dans un visage tuméfié, il mène vigoureusement son enquête et livre les coupables à la justice. Après des mois de souffrances, mère Joan parvient à se rétablir. Elle me dit un jour avec un désarmant sourire : « Bien sûr que je leur ai pardonné, je prie souvent pour ces malheureux : fanatisés, savent-ils ce qu'ils font ? » Son regard s'est posé loin, au plus profond du cœur des hommes. C'est sans doute ainsi que nous regarde le Seigneur.

Les événements soudanais ont copieusement élargi ma vision. J'ai d'abord approfondi la vérité de cette parole : « Dieu a besoin des hommes » pour réparer ce que font d'autres hommes. Sur cette terre où nous avons été créés libres, les uns détruisent, artisans de mort, les autres rebâtissent, artisans de vie. Fort est qui abat, plus fort est qui relève. J'ai rencontré des êtres qui rendent vigueur – corps et esprit – à des milliers d'enfants, font repousser la chair sur des squelettes, offrent la sérénité à ceux qui marchaient vers la mort, extraient de l'abîme des adolescents en voie de débauche.

Le Soudan, après l'Égypte, a mis en lumière le déploiement d'une œuvre humanitaire : elle est le fruit d'une coopération d'êtres possédés par un souffle fantastique. J'ai déjà parlé des Amis de sœur Emmanuelle en France, Belgique et Suisse. L'opération Orange va bientôt être lancée par Jean Sage. J'ai déjà parlé de lui au sujet de son exceptionnel renfort pour l'usine de compost. En l'intéressant un jour à nos petits Soudanais, je lui fais part de ma préoccupation :

« Ces enfants auraient besoin de fruits, mais nous n'avons pas les moyens de leur en acheter !

— Pas de problème, nous répond l'ami Jean, je vais lancer l'opération Orange et vous aurez de quoi leur en procurer. »

Et ce fut fait ! Ces bienfaiteurs représentent le cœur qui envoie le sang à un corps immense. Ils financent les activités de secours grâce à l'aide des milliers de donateurs qu'ils suscitent. Voici quelques exemples de lettres de ces derniers : « Partie en croisière, au lieu de retenir une cabine sur le pont, assez chère, j'ai choisi une place plus bas et moins onéreuse, je vous envoie la différence » ; « J'ai chauffé durant l'hiver une seule chambre, voici l'économie réalisée » (une célibataire de soixante-quinze ans).

En cette année 1990 où j'écris ces lignes d'un village en France, ce formidable concours de générosité permet de nourrir et d'éduquer au Soudan trente-quatre mille enfants dans soixante-quatorze *rakoubas*, d'offrir à des centaines d'entre eux famille et formation dans des foyers, des fermes, des centres professionnels. Kamal en est l'âme. Il a été arrêté, torturé, menacé de mort. Imperturbable, il reprend chaque fois sa mission. Un des jeunes animateurs des foyers m'a un jour confié : « Je ne veux pas me marier tout de suite, car je ne pourrais plus passer mes soirées à égayer nos enfants, je serais trop pris par les miens ! » Au cours des années, j'en ai la confirmation. Le cœur de la planète n'arrête pas de battre pour les petits d'homme en perdition.

Sur les tombeaux, l'espérance

En octobre 1987, les deux associations qui me soutenaient en France à cette époque, Les Amis de sœur Emmanuelle et l'ASMAE, décident de fusionner. La première, fondée par Bruno de Leusse, ambassadeur au Caire, m'avait fort aidée dès le début. Son successeur, Pierre Lambert, avait prolongé son action en organisant un vaste périple en Australie et aux États-Unis qui avait permis de recueillir des fonds.

La seconde, créée par Éric Blanchard et Benoît Lambert, avait pris en trois ans, grâce au dynamisme de leur jeune équipe, une telle ampleur que la fusion devenait nécessaire. Hervé Teule, ancien secrétaire d'Emmaüs international, prend alors la présidence de la nouvelle structure, apportant le même intelligent dévouement que ses prédécesseurs. Particulièrement sensibilisé aux événements qui se déroulent à Beyrouth, il m'entraîne en 1987 vers ce malheureux Liban, terre de massacres et d'horreur.

Nous pénétrons dans une ville tragique, divisée par le mur de la haine ; personne ne peut être sûr au matin de voir venir le soir, ni le soir de voir encore se lever un matin ! Nous passons par Dora, centre de la capitale : immeubles effondrés, fils de fer barbelé, carcasses d'autos incendiées ! Deux heures plus tard, deux de nos militaires français y seront assassinés...

À chaque voyage – et on m'appellera plusieurs fois – cette vision se révèle toujours plus effroyable. Beyrouth, jadis si prospère, est en train de devenir une ville apocalyptique : décombres, effondrements, voiture d'enfant suspendue à un pilier brisé, loque rouge de sang accrochée à un pan de mur, pantalon noir qui flotte sur une antenne de télévision, épaves de vie dans un décor de mort. Où sont les êtres de chair et de sang qui ont ri et pleuré ici ? Frères ennemis, pourquoi cet acharnement ? Au loin, on entend quelques grondements d'obus. À chaque fois que je m'y rendrai pour répondre à un appel au secours, le Liban me remettra en question, me noiera dans l'accablement devant l'ampleur de sa tragédie. « Que suis-je venue faire dans cette galère ? Les ruines relevées aujourd'hui seront anéanties demain ; je risque ma peau pour qui ? Et pour quoi ? »

En 1987, je commence par visiter les familles réfugiées qu'il serait peut-être possible de sauver. À ma première arrivée, Leyla, cinq ans, boucles et yeux de jais, se précipite vers moi et m'embrasse avec effusion. Avec ses parents, nous nous attardons quelques instants sur le balcon. Je vais prendre son avenir en charge. Le lendemain, la même petite fille, sur le même balcon, est abattue par un tueur à gages caché sur le toit d'en face : verser le sang, pour lui, est un gain. Cette mort brutale sera pour moi un choc dont l'ébranlement ne s'est jamais complètement dissipé. L'atroce exécution de Leyla me semble dépasser en horreur tout ce que j'ai vu et entendu jusque-là : on peut en toute sécurité tuer une enfant pour quelques dollars !

Dans ce Liban crucifié, dans cet enfer de vengeance, ma foi vacille de nouveau : « Seigneur, où es-tu ? Pourquoi laisses-tu massacrer les innocents ? » La terre des hommes restera-t-elle toujours souillée par les carnages ? Le ciel de Dieu restera-t-il toujours muré dans son mutisme ? Et la désespérance m'envahit. Pourquoi cette absence de Dieu dans l'agonie des hommes ? Comment comprendre ce jeu atroce où l'oppresseur est libre de torturer, de clouer sur une croix un homme appelé Jésus et des millions d'êtres avec lui ? Mon cœur se crispe, la révolte une fois de plus s'empare de moi. Quand donc ma foi, qui meurt avec chaque cadavre, va-t-elle enfin s'agripper définitivement au Ressuscité ?

Je l'ai déjà dit, dans ces heures de ténèbres, c'est la Vierge du Vendredi saint qui me sauve, elle qui, en scellant la tombe de son fils, attend qu'un vivant ressurgisse. Je lui crie : « Ô Notre Dame, mère d'un Mort Vivant, je suis ensevelie dans le tombeau de Leyla, de tous ceux qu'on assassine. Délivre-moi ! Ne me laisse pas chez les morts ! »

J'essaie de reprendre courage, je pars avec une franciscaine de Marie vers un village de montagne. Sur la route, des miliciens, mitraillettes braquées sur nous : à chaque virage, discussions, nouveau départ. Au sommet, nous ne trouvons que des ruines où gîtent de misérables vieillards que la sœur vient aider comme elle peut. Dans une première habitation, sur le sol, sur les murs, partout, rampent des centaines d'escargots dont se nourrit un couple pitoyable. Plus loin, une vieille femme, une tasse à la main, est penchée sur un être décharné qui tremble de froid dans une pièce glacée, ouverte à tous les vents, aux carreaux cassés ; un petit soulier d'enfant est niché dans un coin. Atterrée devant tant de misère, j'écoute leur drame : « Une nuit, un homme est arrivé en hurlant… "Fuyez ! Ils arrivent, ils tuent, violent, incendient !" Ma fille a saisi le petit et son époux les deux autres enfants, mais mon mari ne peut plus marcher. Je suis restée avec lui, ils ne nous ont pas massacrés. » L'homme se soulève et, avec un regard qui m'a paru superbe : « Nous gardons la maison, ils reviendront ! » Elle, avec le regard attendri des grands-mères : « Kerim retrouvera son petit soulier ! » Leurs yeux restent accrochés à la chaussure, image d'espérance. Peu de chose suffit, me dis-je, pour aider l'être humain à survivre ! Mais Kerim reviendra-t-il ?

Le lendemain, je rencontre un certain père Sélim qui part célébrer la messe dans une autre montagne. Je demande de l'accompagner. Il hésite :

« Il n'est pas sûr que je revienne vivant !

— Vous allez souvent dans ce village ?

— Bien sûr, une fois par semaine.

— Alors, je peux bien y aller une fois ! »

Nous filons. Sur la route, toujours les miliciens prêts à nous abattre… Nous avançons. Le père Sélim me raconte qu'une nuit, alerté par un terrible bombardement du côté de son village natal, il s'y est précipité dès l'aube :

« Tous, parents, amis, gisaient dans leur sang, les membres épars. En pleurant, j'ai creusé de mes mains une immense fosse. J'y suis plus tard revenu pour y planter de l'herbe.

— De l'herbe ?

— Herbe verte, espérance : de leur tombe, la vie resurgira. J'essaie d'unir dans la paix les frères ennemis, mais on m'abattra sans doute un de ces jours. »

Il ajoute avec un sourire que j'ai encore dans les yeux :

« Je veux semer la paix, l'amour. Après, qu'importe, on ne meurt qu'une fois ! »

Oui, une fois ! Nous arrivons sains et saufs au sommet. La guerre a fauché ce village. S'aidant de béquilles, chaises roulantes, prothèses tenant lieu de pieds, jeunes et vieux s'engouffrent dans une église démantelée. Une toile représente le sacrifice d'Abraham : un ange arrête son couteau levé – « Ne tue pas ! » –, tableau qui apparaît ici dérisoire. Juifs, chrétiens, musulmans se proclament tous fils d'Abraham et se tuent allègrement au nom du Dieu de leurs pères.

Le père Sélim commence l'homélie. Lui qui a enfoui tous ses aimés, massacrés, ne parle que de pardon, le bras tendu vers le crucifix. C'est bouleversant. Pendant qu'il reprend les paroles du Christ « Père, pardonne-leur », on entend rouler le tank ennemi qui surveille la montagne. Les voix tremblent en priant : « Notre Père… Pardonne-nous comme nous pardonnons. » Je me trouve transportée sur un des hauts lieux du monde où la religion n'est plus routine, mais incarnation. La divinité n'est plus ressentie comme suprême dispensatrice de biens matériels, le dialogue devient recherche d'amour avec le Seigneur et l'homme prend son visage d'éternité. C'est bon d'être ainsi soulevée vers l'au-delà de Dieu, mais quelle chute brutale que de retomber ensuite dans la haine ! Il faut dévaler la montagne avant la nuit si on veut éviter la mort.

1er novembre, fête de la Toussaint, la cathédrale de Saïda est bondée. L'atmosphère n'est pas aussi tragique que sur la montagne, mais les visages portent la même gravité, la même intensité de prière douloureuse. Durant la cérémonie, des musulmans montent la garde pour éviter un mauvais coup. Quelle joie de parler avec ces hommes ouverts, fraternels. Ils sont conscients de la redoutable complexité des rapports entre les différents politiciens qui déchirent le pays. Ils insistent : « C'est la politique, non la religion, qui divise le Liban. Le peuple, lui, n'a qu'une aspiration, la paix ! »

La paix ! Il est des mots qui sonnent comme une raillerie, je dirais plutôt ici comme un glas ! Tout en me parlant de paix, ils sont armés jusqu'aux dents. Chaque Libanais serre contre lui un revolver chargé, prêt à tirer. La paix ! Je ne rencontre à chaque pas que des séquelles de guerre, le pays entier paraît condamné à devenir un charnier !

L'accablement me prend chaque jour davantage devant cette masse impossible à sauver, les vivants s'acharnant à s'anéantir mutuellement, les morts gisant sous la verdure. L'herbe semée par le père Sélim pourra-t-elle rendre vie à la terre libanaise ? Ne vaut-il pas mieux partir et abandonner à leur lugubre destin ceux qui le forgent de leurs propres mains ?

La réponse vient du cœur même du Liban. À Beyrouth, je suis conduite à l'Entraide professionnelle, organisme créé par un évêque de choc, Mgr Grégoire Haddad. Il est assisté par une équipe de laïcs intrépides avec, à leur tête, Christiane Sahyoun. Leur but ne manque pas d'audace : remettre rapidement sur pied ceux que la guerre a brisés. Pendant ma visite, Yasmine entre, visage sombre et hargneux. Sa ferme a été détruite, son mari tué, elle cherche du travail pour nourrir ses enfants. Sait-elle tricoter ? Elle éclate d'un rire amer : « J'avais assez de bêtes à soigner, moi, je ne suis pas une belle dame de Beyrouth ! » Christiane l'assure que ce n'est pas difficile et lui met entre les mains le dos ébauché d'une layette. Les aiguilles se mettent à tourner sous la direction de « la belle dame de Beyrouth ». Une heure après, Yasmine part, triomphante, tenant un sac avec un tricot déjà avancé et son premier salaire. Christiane soupire :

« Je pourrais sauver ainsi des quantités de familles, mais je n'ai pas assez de commandes !

— Envoyez-moi cinq cents layettes pour commencer ! »

J'ajoute en riant :

« Je vais expédier une lettre aux membres de mes associations pour leur proposer ces "robettes". Je vais ainsi encourager les Françaises à avoir plus de bébés !

— Et pour les prêts ? demande Christiane avec une pointe d'inquiétude.

— Pas de problème. Après les mamans, je vais mettre au travail les papas de France. »

L'étau du désespoir qui m'étouffe se desserre un peu.

Une autre rencontre inopinée devait avoir des conséquences imprévisibles. Un matin, je remarque un petit gosse penché sur un livre français qu'il essaye péniblement de déchiffrer, seul. Étonnée, je l'interpelle :

« Tu ne vas pas à l'école ? »

Un regard de tristesse, puis une voix tendue me répondent :

« Pas d'argent ! »

J'apprends avec stupeur que toutes les écoles sont payantes, donc inaccessibles aux pauvres. La rentrée a eu lieu trois semaines auparavant, retardée par les événements, mais environ six cents enfants ne sont pas scolarisés ! Hervé et moi décidons d'intervenir rapidement et entrons en dialogue avec deux directeurs : « Avant fin novembre, nous enverrons les frais de scolarité du premier semestre et, en janvier, l'argent du second. » Ils acceptent instantanément et, sous leur regard bienveillant, six cents petits font une entrée triomphale dans leurs écoles respectives. En France, six cents parrains ont été rapidement trouvés.

Où peut-on encore aider la résurrection à surgir ? J'entends parler d'une fondation de Pierre Issa, L'Arc-en-ciel. Fils d'un riche Libanais, Pierre est pris de compassion pour les jeunes handicapés de guerre réduits à l'immobilité. Il décide de les prendre en charge pour les aider à retrouver vie. Son père lui donne une de ses fabriques pour y faire vivre sa nouvelle famille : ici, tout est mis en commun sur le modèle des premiers chrétiens et chacun reçoit la formation professionnelle qui lui convient le mieux. Je suis frappée par la fierté de ces jeunes, heureux d'apprendre un métier qui va les réinsérer dans la société. Un groupe en chaises roulantes entoure Yves Prévost, religieux venu de France. Il leur enseigne comment réparer une machine à tricoter. Il sait qu'il peut être, un jour, kidnappé ou tué, mais apparemment il n'en a cure ! Pierre Issa nous entraîne, Hervé et moi, dans son bureau. Nous lui demandons comment vont ses comptes... En déficit, comme on pouvait s'y attendre ! Mais rendre l'espoir en la vie à cent quarante-trois jeunes chômeurs, cela mérite de l'aide. Là aussi, nous trouverons des parrains !

Pierre nous parle de Tony Bechara, paraplégique. Il a terminé sa formation de menuisier et a reçu un prêt pour ouvrir un atelier. L'après-midi, j'assiste à son mariage ultrasecret, car le père en furie a juré à sa fille qu'il tuerait Tony, « ce misérable cul-de-jatte », s'il osait l'épouser. Ils ont décidé, immédiatement après la cérémonie, de s'enfuir à la Beka, zone des plus dangereuses ; ils n'en reviendront que si le père renonce à la vengeance ! Ils sont là, tous les deux devant l'autel. Tony se dresse un instant et lance son « oui » d'une voix éclatante, elle le prononce comme en chantant : les voilà unis à jamais « pour le meilleur et pour le pire » ! Puis, rapidement, elle l'entraîne dans sa chaise roulante. Vers quel avenir partent-ils ainsi ensemble ? La mort, peut-être. Leurs deux visages sont radieux : l'amour se rit de la mort. J'ai assisté à bien des mariages, orgue, fleurs, chants, élégante assemblée. Ici, rien de pareil. Un couple isolé trouve au plus profond d'un amour dépouillé le bonheur et la force de forger son destin. Une telle audace, une telle confiance dans la vie font de nouveau éclater en moi l'espérance morte. J'ai maintenant la certitude éblouie que l'amour est la force de résurrection la plus extraordinaire de la planète.

Le lendemain, j'en aurai la confirmation. « La reconstruction du Liban se fera dans l'amour » : ce sont textuellement les mots que j'entends à Yaroun, petite ville du Sud. L'ambassadeur de l'Ordre de Malte, le prince de Lobkowicz, accompagné de son épouse, Françoise de Bourbon-Parme, inaugure un centre médico-social : atmosphère inusitée de joie, sans ombre de tension. Le cheikh musulman et le notable chrétien prononcent un discours où chacun cite ces mêmes paroles : « Jésus l'a proclamé, "aimez-vous les uns les autres" ; nous reconstruirons notre pays dans l'amour ! » Les applaudissements sont frénétiques. Dans une foule en liesse, les interpellations fusent :

« Mohammed, tu viens boire un verre avec moi ?

— Allons-y, Georges ! »

Pendant qu'ils trinquent en riant, ils m'expliquent :

« Nous, chrétiens et musulmans du Liban, qu'on nous laisse donc tranquilles entre nous ! Nous pouvons facilement nous entendre, c'est la sale politique qui nous divise ! »

Quelques jours plus tard, un homme m'en donne la preuve. Mgr Haddad me présente son ami Moustapha, assis dans sa chaise roulante. Pendant le dîner qui nous réunit, celui-ci me décrit son aventure :

« L'an dernier, le Liban était particulièrement à feu et à sang, le parcourir était aller vers une mort quasi certaine. Il fallait faire quelque chose. J'ai décidé d'organiser une marche de la paix avec des amis, infirmes de guerre comme moi : "Traversons le pays, sans armes, musulmans et chrétiens confondus ; si nous sommes tous handicapés, qui aura le cœur de nous tuer ?" Nous sommes partis, une longue colonne d'une cinquantaine de sourds, muets, aveugles, paralytiques, les uns poussant les autres. Nous portions des banderoles : *Salam ! Shalom ! Peace !* Paix ! À travers les villes et les villages, nous scandions : "chrétiens et musulmans, tous frères !" Contrairement à ce qu'on m'avait dit, personne ne nous a attaqués, les miliciens de tous bords abaissaient leurs mitraillettes, les gens criaient dans un délire de joie : *Salam ! Shalom !* On nous jetait du riz, comme à des noces. Nous avons senti battre le vrai cœur du Liban ! »

Mgr Haddad approuve de toutes ses forces :

« Ah ! si on pouvait comprendre l'âme libanaise, non pas fanatique, mais fraternelle ! »

La voix étranglée, Moustapha ajoute :

« Dans les deux camps adverses, nous étions drogués avant les batailles pour nous transformer en loups sanguinaires prêts à nous massacrer ! »

Au cours de ce repas, la joie de notre harmonie fut telle que peu nous importait le grondement de la mitraille qui roulait au loin. Le même obus aurait, ce soir-là, tué dans une rafale commune les disciples de Jésus et de Mahomet unis dans un même cœur. Mgr Haddad dirait : « Dans un seul sacrifice. » Il discernait en effet dans la communion entre les hommes l'épanouissement de la communion eucharistique.

L'heure du retour en France a sonné. Impossible d'atteindre l'aéroport de Beyrouth, trop dangereux. Il faut partir en bateau jusqu'à Chypre et, de là, s'envoler avec Air France. Me voilà enfin installée. Je pousse un soupir de soulagement : finis les bombardements ! Je ne me sens pas aussi courageuse que ces hommes et ces femmes que je viens de rencontrer et dont certains restent en volontaires !

Noël approche. Environ vingt-cinq mille enfants libanais n'auront rien, rien, aucun cadeau. Une fois de plus, la révolte commence à bouillonner. C'est trop scandaleux – il faut alerter l'opinion qui réagira, c'est sûr. *Yalla !* en avant, pour vingt-cinq mille colis, rien de moins. En France, radios, télévisions, presse, paroisses, écoles sont interpellées et mises au défi. Y aura-t-il encore de la justice sur la terre ? Les enfants sont invités à demander moins pour eux et à partager leur

Noël : ils doivent préparer eux-mêmes leur colis de cinq kilos. C'est un branle-bas général. La compagnie de transports Freiche, à Paris, reçoit, charge et envoie à Marseille des milliers de colis. Les employés travaillent nuit et jour en refusant tout salaire supplémentaire. À La Côte-Saint-André dans l'Isère, Jean Sage, le toujours efficace collaborateur, est alerté. Aidé de son équipe, il emporte à Marseille d'autres milliers de colis et charge les containers qui vont partir par bateau pour le Liban. Sur place, Christiane a organisé avec une nuée de bénévoles la réception, le transport et la distribution des cadeaux. Résultat : la nuit de Noël a fait bondir d'allégresse vingt-cinq mille petits chrétiens et musulmans unis dans la joie. Les miracles existent encore !

Le drame libanais est un de ceux qui m'a le plus forcée à réfléchir sur la destinée humaine. Quel mystère que l'agonie d'un peuple, quel mystère que la résurrection d'un peuple ! Je l'affirme pour l'avoir vu : le Liban ne peut pas mourir. Cette nation possède des hommes et des femmes d'une force indomptable. Jetés à terre, ils sont prêts à rebondir. Avoir senti vibrer leur âme, au cœur même de leur tragédie, fait comprendre que « l'homme passe l'homme ». Il est des heures où la bestialité paraît l'emporter, lorsque « la sale politique » transforme des humains en fauves hurlant la mort. En arrivant à Beyrouth, j'avais l'impression de tomber dans l'enfer de Dante : « Vous qui entrez ici, perdez toute espérance. » Mais au fil des rencontres avec des « fous de vie », mon esprit a basculé. En eux, l'amour est plus fort que la mort. Leur cœur fait germer la vie. Ils sèment la verdure sur les tombeaux.

Corps à corps avec la mort

En 1992, l'aide en Égypte, au Soudan et au Liban est définitivement organisée par Les Amis de sœur Emmanuelle-ASMAE. Les équipes travaillant sur place, d'une part, et les secours financiers répondent efficacement à la tâche primordiale : sauver les enfants.

Il devient possible d'élargir nos horizons. Francis Pelissier, qui a collaboré à un chantier chez les chiffonniers du Caire, s'est ensuite investi dans l'aide aux Philippines. Une amie, Christiane Barret, s'est aussi rendue là-bas et y entreprend une nouvelle action. Avec notre jeune président de l'époque, Benoît Lambert, et notre dynamique directrice, Catherine Alvarez, nous décidons d'aller voir sur place les endroits où notre secours serait le plus efficace. Nous découvrons une nation intelligente et travailleuse, mais mise à sac par le gouvernement Marcos. Comme toujours, nous sommes prêts à tout mettre en œuvre pour aider en priorité les enfants. Pour nous initier à leurs problèmes, nous prenons d'abord contact avec le père Tritz. Étonnante histoire que celle de ce jésuite français, arrivé aux Philippines en 1950 comme professeur d'université. Un jour, sa chaire ne l'intéresse soudain plus. Le drame d'une autre jeunesse que celle du campus se révèle à lui, celle qui est esclave d'un travail de galérien ou vendue à la prostitution. Il décide de l'arracher à sa dégradation. Au fil des ans, il arrive à offrir une solide éducation à quarante-cinq mille jeunes, à travers quatre cents bidonvilles ! Il a encore, à soixante-dix-neuf ans, le dynamisme d'un jeune homme et multiplie ses projets d'écoles et de formation professionnelle.

Sœur Luz, religieuse philippine de l'Assomption, possède elle aussi une personnalité hors pair. Ayant compris que le couple Marcos menait le pays à la ruine, elle a coopéré avec d'autres membres de l'Église et de nombreux amis pour susciter une révolution non sanglante. Elle s'est mise à la tête des manifestants. J'ai vu le film où, avec d'autres religieuses, elle est au premier rang de centaines de milliers de Philippins réclamant le départ des Marcos. Les bulldozers avancent pour écraser cette foule sans armes. Sœur Luz sort son chapelet, s'agenouille avec ses sœurs et, sans bouger d'une semelle, lance vers les bulldozers « *Ave Maria, gratia plena...* ». Mais ils ne s'arrêtent pas. Implacable, la mort approche. Les sœurs restent indomptables. Leur vie ne compte pas, le pays est en jeu. Amour et mort, impuissance et force se défient face à face... Finalement, l'amour triomphe, les bulldozers s'arrêtent, les Marcos s'enfuient, la révolution triomphe : pas une goutte de sang n'a coulé ! Combien de réalisations remarquables ces religieuses n'ont-elles pas lancées ? Ici, neuf mille fermiers sont formés aux dernières méthodes d'agriculture et les enseignent à cinquante mille autres ; là, cinq cents filles et garçons reçoivent un enseignement de qualité propre à transformer leur avenir ; à l'école de Santo Nino, en plein bidonville, des centaines d'élèves en uniforme impeccable nous chantent en anglais un vibrant merci pour les avoir arrachés à leur vie inhumaine.

Je m'apprête aussi à visiter mes sœurs de Sion australiennes, en mission aux Philippines. Je montre leur adresse à sœur Luz. Elle éclate de rire : « Oh ! c'est un village dans une île perdue, loin de toute civilisation, sans poste ni téléphone ! » Par chance, j'apprends qu'elles sont venues pour trois jours dans un couvent de Manille... avec téléphone. Elles accourent me voir. Elles travaillent au milieu d'un environnement minable, pour aider les femmes à assurer peu à peu la promotion de leur famille. Débordantes d'enthousiasme, elles ne paraissent pas regretter le confort de Melbourne !

Le lendemain, dans un pays perdu au milieu des rizières, une surprise nous attend. Nous tombons soudain sur une charmante Française, Nathalie. Elle nous explique dans un sourire qu'elle est venue ici pour répondre à un appel. Elle ne doit pas avoir beaucoup plus de vingt ans ! Antoine – dans les trente-cinq ans – arrive à son tour et nous raconte son histoire : en faisant le tour du monde, il passe par ici en touriste et se trouve inopinément en présence d'une vingtaine de gosses misérables, vivant d'aumônes. « Pouvais-je repartir pour mon périple, le cœur tranquille ? Quelque chose a basculé... et je suis resté. J'ai lancé un appel en France pour recevoir de l'aide et Nathalie est arrivée. » Nous visitons les huttes sur pilotis. L'échelle est remontée le soir pour empêcher les bêtes d'y pénétrer durant la nuit. La hutte que Nathalie partage avec des filles est particulièrement accueillante. Il est midi, nous assistons à leur repas avant le départ pour l'école.

Un drame a éclaté l'an dernier. Un enfant tombé malade et mal soigné au dispensaire voisin est mort dans les bras d'Antoine. L'idée nous vient alors de créer un chantier de volontaires pour rénover la clinique afin qu'il n'y ait pas de récidive ! Un groupe de bénévoles avec Raymond Morillon – soixante-dix ans, un de nos collaborateurs parisiens les plus assidus – viendra bientôt mettre tout sur pied et apporter les médicaments nécessaires.

À Manille, nous avons une entrevue avec une autre personne remarquable, Loretta Castro. Elle est recteur de deux universités : le matin pour celle ouverte à une jeunesse privilégiée, le soir pour celle qu'elle a créée à l'intention des exclus. Quel étonnement d'être confrontés à des hommes et des femmes dont certains ont les cheveux blancs, venus chercher une formation inespérée ! Analphabètes au départ, quelques-uns arrivent en effet à obtenir un diplôme universitaire. Loretta nous entraîne ensuite à la prison, sorte de boyau étroit qui sépare des rangées de cages en fer disposées comme pour des fauves ! C'est monstrueux ! Notre guide nous avoue qu'elle-même a longtemps hésité avant d'y entrer, paniquée à l'idée de pénétrer dans un antre pareil : « Mais quand enfin je me suis décidée, j'ai été subjuguée par l'explosion de joie que j'y apportais ! » Elle est en effet visible sur ces visages plus ou moins hirsutes. Nous serrons toutes les mains, celles de ceux qu'on a sortis de leurs cages, mais surtout celles qui s'agrippent à nous derrière les barreaux...

Quelle fierté fait naître ce simple geste chez ces malheureux ! Au moment de notre départ, hommes et femmes – celles-ci sont strictement enfermées dans leur niche – ont entonné spontanément un chant d'adieu, un des plus poignants que j'aie jamais entendus. En sortant, je dis à Loretta : « Vous avez du courage de venir ici, seule ! » Elle me répond simplement : « Non, je n'ai pas besoin de courage. Je les aime. »

Au pied du volcan Pinatubo, c'est un autre genre de scène extraordinaire qui nous attend. L'éruption a tout saccagé, mais comme elle est rarissime, les malheureux habitants sont revenus. Les uns égalisent sur le sol les cendres de la lave refroidie et fertilisante. Certains, artistes, confectionnent d'étranges statuettes et de petits outils couleur de la cendre qu'ils arrivent à utiliser. D'autres sont occupés à construire quatre murs et, faute d'argent, leur maison s'arrêtera là ! Nous notons la somme qui leur manque. Au retour en France, un appel de fonds leur permettra d'avoir un toit pour se préserver du soleil et de la pluie… tout de même ! Des gosses en haillons nous regardent et accourent bientôt pour dévorer les provisions que nous leur apportons. Le cœur se serre devant ces gens qui se débattent pour survivre au pied d'un cratère qui fume encore, au milieu d'un désert où tout n'est que cendres !

J'en arrive à présent au plus affolant spectacle de ma vie : la pestilentielle montagne fumante, en continuelle croissance, formée par l'amoncellement quotidien des ordures de la ville. Sur ses flancs, des hommes et des enfants, les pieds enfoncés dans les immondices, fouillent avec ténacité ce qui serait mangeable ou revendable. Mais le feu couve dans les entrailles de ce monstre volcanique qui s'entrouvre parfois pour engloutir l'imprudent, souvent un enfant, et l'embraser vivant ! Sous mes yeux terrifiés, un mioche court de toutes ses petites jambes à côté d'un camion colossal qui gravit péniblement la pente, stoppe et crache ses tonnes d'ordures au risque d'ensevelir le bambin qui accroche de son fer recourbé quelques détritus. C'est insoutenable !

Mais il faut rapidement partir au rendez-vous pris avec la présidente des Philippines. Mes souliers couverts d'une boue noirâtre puent horriblement. De vieux journaux trempés dans un seau archaïque sont ici le seul remède, je vais pouvoir lui parler de la montagne fumante avec démonstration concrète du problème. Avant de pénétrer dans son bureau, on nous fait visiter le palais prestigieux des Marcos, avec la fameuse salle où sont exposées les deux mille quatre cents paires de chaussures qu'Imelda Marcos a été forcée d'abandonner dans sa fuite... Je jette un regard piteux sur mes pieds !

Cory Aquino nous reçoit aimablement dans un sobre décor. Je m'empresse de lui parler du spectacle que je viens de voir. Elle n'élude pas la question dont la complexité, explique-t-elle, préoccupe son gouvernement. En effet, il ne s'agit pas seulement de supprimer cette montagne fumante, mais de créer un autre système et de procurer du travail à tous les malheureux qui, vaille que vaille, y trouvent un moyen de subsistance ! Comment atteindre des investisseurs pour un projet d'une telle ampleur et sans perspective de bénéfices ? Par bonheur, je dois bientôt rencontrer Jacques Delors, le président de la Commission européenne. Je l'avais connu à Louvain, lorsque j'avais eu l'incroyable bonheur d'être nommée avec lui *doctor honoris causa* de la prestigieuse université ! J'explique que cet homme aussi remarquable par le cœur que par l'intelligence s'intéressera sûrement au problème.

Cory Aquino, dont la vie personnelle est simple, aux antipodes de celle d'Imelda Marcos, n'a malheureusement pas réussi ses tentatives de réformes. La coexistence de l'immense fortune de quelques familles privilégiées et de la misère de millions d'autres est toujours un scandale : des villas luxueuses s'alignent à quelques centaines de mètres de quartiers pouilleux et, ce que je n'ai vu nulle part ailleurs, l'entrée même des allées luxuriantes est sévèrement gardée par la police qui m'a tout juste permis d'y pénétrer !

Il faudrait faire éclater une nouvelle révolution. Je crois que si je vivais aux Philippines, je deviendrais une sorte de volcan Pinatubo, n'arrêtant pas de cracher le feu ! Ces gens sont trop doux, ils auraient besoin d'être volcanisés !

La nausée m'a prise dans le charter du retour. Ce genre d'avion offre des voyages « particuliers » à des individus qui viennent profiter de la misère des petits Philippins. On appelle ça du « tourisme sexuel »... ça, c'est le comble ! Je jette un coup d'œil rapide sur les messieurs très « distingués » qui m'entourent. Est-ce que certains d'entre eux... ? Cette fois, le cratère déborde. Je me sens des instincts de kamikaze : une bombe et je fais sauter l'avion qui s'engouffre dans l'océan avec ces gens monstrueux, je me noie avec, pas de problème ! Allons, allons, Emmanuelle, du calme, laisse tomber tes folles imaginations, nous arrivons à Paris. File vite à Bruxelles rencontrer Jacques Delors.

Comme prévu, son intérêt est vite capté. Il demande un dossier à étudier et appelle immédiatement un de ses collaborateurs pour l'intéresser au problème. À Paris, lors d'un rendez-vous à la Banque mondiale, je m'empresse d'évoquer la question. Merveille, elle est déjà connue à Washington ! Notre coopération, si modeste soit-elle, pourra-t-elle faire avancer les choses... ou plutôt faire reculer la montagne ? J'ai appris que, en effet, la montagne a été supprimée, les ordures disparaissent dans les flots, mais le projet de leur recyclage n'a pas encore été réalisé.

Je termine ce chapitre par un rêve étrange : un volcan lance des torrents de flammes sur des palaces prestigieux, puis s'endort. Au pied du cratère devenu pacifique, des champs de canne à sucre s'étendent à perte de vue et fourmillent d'hommes affairés qui fauchent joyeusement les hautes tiges. Non loin de là, des enfants rieurs s'élancent de claires maisonnettes et courent à travers les rizières vers leur école, tandis que des jeunes, filles et garçons, s'engouffrent gaiement dans une immense bâtisse qui paraît être une université. Tout chante et bouillonne de vie.

Je me suis réveillée, ce n'était qu'un rêve, mais, demain, ce sera une réalité ! L'action de notre association est limitée, mais elle se fait en partenariat avec le pays d'accueil, qui multiplie ses efforts. Depuis 1997, le tourisme sexuel est battu en brèche, l'agriculture et le commerce sont en voie de développement. Je l'ai vu à l'œuvre, le Philippin : il est capable de transformer la lave de mort en culture de vie !

Une femme : libération

« Si tu dénoues les chaînes de l'injustice [...], si tu renvoies libres les opprimés [...], si tu ne te dérobes pas devant celui qui est ta propre chair [...], alors ta lumière éclatera comme l'aurore[1]. »

Nelly Robin a participé au Caire, dans ses vingt ans, à un chantier des « mille logements » pour les chiffonniers. Depuis, elle rêve de se mettre au service d'un pays en voie de développement. D'après une lettre que j'ai reçue, je lui signale qu'au Sénégal des enfants sont livrés aux exploiteurs. Elle part là-bas en 1989, avec quelques amis, et y reçoit le choc de sa vie. Avec l'aide d'un prêtre, Marc Valette, elle fonde quelques mois plus tard Pour le sourire d'un enfant, association qui va s'acharner à briser les chaînes de l'injustice et que la nôtre va soutenir. Son action s'intéresse surtout aux enfants. Il s'agit de sortir de leur geôle ceux qui ont été arrêtés pour vol et de leur assurer une prise en charge dans un joyeux climat familial. Elle lutte également

1. Isaïe 58, 6-8.

pour obtenir des conditions de travail acceptables pour les gosses et les jeunes injustement exploités.

En cette fin de l'année 1992, Benoît Lambert et moi débarquons sur son appel à Thiès, deuxième ville du Sénégal, pour lui prêter main-forte. Elle nous emmène d'abord dans la prison qui tient dans une effrayante promiscuité bandits de grands chemins et mineurs arrêtés pour vol. Il n'est pas rare que ceux-ci, oubliés de tous, restent ainsi prisonniers jusqu'à leur majorité, noyés dans une pourriture physique et morale.

Nous nous engageons dans une minable bâtisse où Nelly entre directement en pourparlers avec le directeur. Visiblement sous son charme, il ne lui refuse rien. Elle arrive ainsi à extraire du cachot des gosses qu'elle intègre aussitôt dans le foyer organisé pour eux.

Nous filons maintenant en pleine brousse sur une piste cahoteuse vers une oasis verdoyante d'orangers, dattiers, salades et tomates. Nous pénétrons dans les huttes coniques disposées en demi-cercle où tout est impeccable : le sol en terre battue et les lits soigneusement rangés ; chacun est à son tour responsable de la netteté des lieux. Tous fréquentent l'école, à quelque distance de là. Le soir, ils apprennent sur place un métier dans les ateliers rustiques mais actifs : confection, menuiserie, mécanique. Nous sommes accueillis dans une atmosphère de fête : danses, sketches, rires, musulmans et chrétiens confondus. Nelly nous glisse : « Regardez leurs yeux si troubles à leur arrivée, si clairs aujourd'hui ! » Son visage porte la fierté rayonnante d'une mère contemplant les enfants auxquels elle a rendu la vie !

Le lendemain, nous partons rencontrer au marché les petits porteurs. Leurs parents « crève-la-faim » les confient à un marabout qui se rend garant de leur éducation et de leur subsistance. Souvent, en fait, ils deviennent comme ses esclaves, à peine nourris, condamnés à transporter des charges trop lourdes pour leurs petites épaules… et ils n'ont pas le droit de garder un sou de ce qu'ils gagnent ! Nelly a eu le courage d'entrer en lice contre une aussi monstrueuse injustice. Elle a été palabrer avec chaque marabout. Quels ont été ses arguments ? Je présume qu'elle leur a fait comprendre que les parents étaient en droit de se plaindre à la police. Toujours est-il qu'elle a triomphé. Les enfants libérés ne remettent plus à leur maître qu'une somme raisonnable. Ils nous montrent avec un éclair de joie les chariots qu'elle leur a procurés. Cela devient un jeu maintenant de les pousser, quel que soit leur fardeau ! Leur éducateur sénégalais arrive sur ces entrefaites avec des sandwichs prestement dévorés. Le soir, il les alphabétise au pied d'un palmier : « Il ne faut négliger ni le corps ni l'esprit », nous dit Nelly.

Après les enfants, les jeunes apprentis : eux aussi sont maltraités et soumis à toutes les corvées. Après bien des sourires et des palabres, Nelly obtient que leurs patrons se donnent la peine de les former. Nous arrivons au moment où l'un d'eux, entouré de trois adolescents, leur montre comment travailler une pièce. Tout fier des progrès de ses élèves, il les fait manœuvrer seuls devant nous et s'exclame : « Voyez quels bons ouvriers ils vont devenir ; demain ils seront capables de bien gagner leur vie ! » Enchanté de nos félicitations et dans l'euphorie générale, il nous offre à tous, apprentis compris, un jus de fruit rafraîchissant. Au sortir du lieu, Nelly nous dit avec un soupir de joie : « Comme il est devenu humain ! » Elle connaît, elle, les difficultés qu'elle a dû surmonter pour donner à cette jeunesse sa chance de vivre !

Benoît et moi sommes de plus en plus convaincus du bien-fondé du soutien que notre association lui assure. Pour réinsérer définitivement les enfants dans la société, Nelly travaille aussi à renouer le lien trop facilement rompu avec leurs parents. Nous la suivons volontiers dans une de ses visites. Les huttes sont d'une pauvreté absolue, elles ne contiennent rien. C'est simple : rien ! La maman d'un des petits porteurs nous explique que son mari ne trouve pas de travail. De quoi vit-elle ? Elle se rend tous les jours au marché au moment de la fermeture et ramasse les légumes et les fruits dont personne ne veut mais qui nourrissent sa famille. Cette histoire paraît beaucoup l'amuser, elle en plaisante avec ses amies et converse avec elles dans d'incessants éclats de rire ! Cette joie au milieu de ce dénuement est stupéfiante ! Où l'homme trouve-t-il donc son bonheur ?

Cette même question, je me la poserai plus tard en Europe, où je découvre souvent un climat de morosité, une insatisfaction foncière. J'ai l'impression que les individus sont empêtrés dans un autre genre d'esclavage. Des désirs impossibles à maîtriser, sans cesse renaissants, une course haletante sans rémission étouffent dans son germe le plaisir de vivre, de vivre l'instant : joie d'être, de respirer, de marcher, penser, dialoguer, lire, goûter son repas, regarder le ciel, la terre, les plantes, les oiseaux, les enfants, surtout la joie de se sourire, de donner et recevoir la joie ! Nous touchons peut-être ici une des divergences essentielles : l'Africain, plus près de son enfance, reste immergé dans le présent dont il jouit simplement. Demain ne l'intéresse pas. L'Européen, toujours en quête d'évolution, est tourné vers l'avenir qu'il veut indéfiniment meilleur. D'autre part, chez les pauvres gens la relation humaine se déroule dans un climat différent, dont j'ai déjà parlé. D'abord – constatation qui paraît simplette –, le siège, chaise ou fauteuil, crée une séparation spatiale. Dans la cabane sénégalaise ou chez le chiffonnier, on s'en passe car cela coûte cher. Le fait d'être assis sur la « mère terre », côte à côte, chair à chair, engendre une sorte de convivialité plus immédiate. Pas d'ameublement, de tableaux, de bibelots, rien ne distrait le regard porté sur l'autre, le copain. Le langage est décanté de tout artifice, de toute facétie factice. Que peut offrir l'homme simple, sinon l'accueil chaleureux de son être, corps et âme ? C'est bon d'être ensemble, on existe à l'unisson. La relation, libérée de la baliverne, se vit dans l'essentiel.

Ceci me rappelle un fait particulier qui paraît être une digression mais éclaire cette analyse. J'ai eu l'occasion de connaître Jean-Loup Dherse lorsqu'il était directeur de la Banque mondiale de Washington. Il venait chaque jour me chercher pour me conduire à l'eucharistie du matin, puis m'amenait prendre le petit déjeuner dans son luxueux appartement. Nous partions ensuite à la Banque voir comment intéresser les responsables des différents services, susceptibles d'amener l'eau et l'électricité chez les chiffonniers du Caire (ce projet s'est ensuite réalisé). Plus tard, de passage à Paris, je suis invitée chez lui : Stupéfaction ! il me fait pénétrer dans une HLM des plus simples ! Son épouse m'explique en riant : « Jean-Loup et moi avons trouvé le bonheur. Il est maintenant en retraite, nous n'avons donc plus à donner de grandes réceptions. Nos enfants ont chacun une excellente situation. Alors, nous avons décidé de distribuer le superflu et de ne garder que le nécessaire. Si vous saviez comme nous sommes heureux dans ce cadre dépouillé ! Nous vivons libérés, davantage tournés vers les autres, vers le tiers-monde en difficulté. » Sa voix allègre sonnait comme un écho de celle qui fusait dans les cabanes dénudées. Finalement, le bonheur paraît comporter une part d'austérité : les lèvres saturées de boissons artificielles peuvent-elles jouir de l'eau fraîche des sources ?

Mais revenons à Thiès. Le plus extraordinaire au milieu de tout, c'est Nelly. Comme beaucoup de filles de son âge – vingt-cinq ans – elle travaille pour gagner son existence. Elle a obtenu un contrat avec le CNRS pour des recherches scientifiques au Sénégal. Elle s'y installe pour quelques années avec son mari qui a un poste de fonctionnaire. Elle porte parfois une robe d'une simplicité extrême qui la fait apparaître encore plus menue et frêle. Comment ce petit bout de femme fait-il pour faire fléchir ces grands Sénégalais, marabouts et patrons ? Comment affranchit-elle les délinquants au regard trouble pour les faire vivre en adolescents au regard clair et jubilant ? J'ai cherché son secret. Sa personne porte quelque chose de limpide et confiant, elle cherche le bien, sans plus, elle ne veut rien d'autre que dénouer les chaînes qui enserrent le cœur des uns et leur interdisent d'aimer, afin de les amener à libérer les autres, ceux qu'ils asservissent. Elle expose ses désirs simplement, mais avec une chaleur intime et une douceur telles qu'on ne se sent pas sur la défensive, mais plutôt en connivence. Comme il est merveilleux d'être ainsi instrument de vie ! Quand la femme utilise son pouvoir de séduction pour engendrer le droit, elle actualise la prophétie d'Isaïe : « Sa lumière éclate comme l'aurore. »

En quittant le Sénégal, dans l'avion qui me ramène en France, j'ai de nouveau un songe comme au retour des Philippines. Mais, cette fois, il englobe la vision de tout un passé auparavant enfoui dans mon subconscient. Les diverses séquences d'un film passent tour à tour devant mes yeux. La première partie de la bande déroule une longue lutte d'amour solitaire dans un bidonville où des enfants écrasés sous leur destin restent rivés à un couffin d'ordures. Bientôt se profilent sœur Sara et son équipe penchées sur des centaines d'écoliers rieurs et sur des filles à jamais libérées. Dans la lumière du Caire, les cabanes en vieux bidons se transforment en maisons éclatantes de vitalité.

La deuxième partie se déploie avec une ampleur exceptionnelle. Kamal et ses collaborateurs apparaissent dans les *rakoubas* de Khartoum, souriant aux centaines de jeunes Noirs qui se pressent jubilants autour d'eux. Dans les fermes soudanaises, les adolescents sauvés de la drogue et de la prostitution se dressent, retrouvant la fierté des Dinkas éleveurs de bétail. Bientôt, les six cents Libanais arrivent au pas de course, cordialement accueillis par leurs directeurs d'école, prêts à se former pour redresser leur pays. De petits Philippins surgissent à leur tour, chantant de tous leurs poumons sous la direction d'une avenante maîtresse, tandis qu'un rayon émanant de Loretta transforme des faces sombres en lumière. Nelly surgit la dernière, caressant les joues rebondies des petits Sénégalais au regard limpide, visitant les apprentis, radieux artisans de demain.

Une nouvelle séquence apparaît soudain. Des hommes et des femmes au cœur immense qui luttent pour faire triompher la vie sont soudain engloutis dans un soleil d'amour : il irradie un univers d'enfants dans un tourbillon d'allégresse. Au moment où ma vision s'estompe, il me semble entendre une voix qui clame : « Quand l'amour flamboie, la vie explose ! »

Nous commençons alors la descente vers Paris : Paris, la ville lumière, farcie de plaisirs et de luxe, mais aussi, comme toutes les grandes cités, gorgée de misérables exclus terrés la nuit sous les ponts ! Tandis que l'avion frémit au choc de l'atterrissage, je sens la révolte s'emparer de mon cœur. Pourquoi déborde-t-il encore ainsi ? Oui, lâchons le mot, même s'il risque de scandaliser, c'est la révolte, ce souffle qui se déchaîne et m'emporte. Quelque fée Carabosse a dû la déposer dans mon berceau.

RÉVOLTE contre mon éducation : « Cela ne se fait pas.

— Eh bien, moi, je le ferai ! »

RÉVOLTE au noviciat contre la défense de lire la Bible : « Moi, je la lisais ! »

RÉVOLTE à Istanbul contre une discipline qui étouffait les élèves, et lutte pour les entraîner vers les pauvres de Teneke Mahallesi.

RÉVOLTE à Tunis contre l'auto du colon roulant à côté de l'âne du *fellah*, et lutte pour rejoindre mère Magdeleine de Jésus dans sa roulotte.

RÉVOLTE à Alexandrie contre le mépris de mes riches élèves envers les gosses pouilleux.

RÉVOLTE contre ma propre vie trop facile au milieu de tant de misère. Et ce fut la première échappée vers « Dame Pauvreté » chantée par François d'Assise.

Ces révoltes, qui m'avaient fait bouillonner devant tant d'injustices successives, ont créé en moi une effervescence prête à éclater. Et voilà le raz de marée, le comble de l'iniquité, l'ordure crachée par les uns devient nourriture des autres : la tomate pourrie qu'avale un enfant, ça c'est insoutenable, imbuvable ! Je dois basculer, m'immerger avec l'enfant dans son bidonville jusqu'à ce que je l'arrache à l'ordure !

Il faudra un jour aller gueuler contre les « trop-pleins » de nourriture qui pourrissent dans les réserves européennes et les obtenir de Jacques Delors. Il faudra gueuler pour récolter des fonds et faire surgir écoles, dispensaires, logements. Il faudra gueuler pour faire comprendre aux nantis de l'Europe que l'on n'a pas le droit de laisser mourir de faim des milliers de petits Soudanais et de « pourrir » ses propres enfants.

La Terre subit aujourd'hui des transformations colossales. Les Terriens visitent d'autres planètes, mais le même grondement contre l'iniquité doit de plus en plus secouer notre globe où l'inégalité entre les hommes prend des proportions de plus en plus monstrueuses et révoltantes, où une minorité d'individus repus jouissent de dix à cent fois plus qu'une majorité de misérables affamés.

Cette violence qui déborde ainsi de moi me semble l'écho d'autres voix, celles des prophètes bibliques qui gueulaient déjà contre ceux qui écrasent la veuve et l'orphelin et vendent le juste « pour une paire de pantoufles[1] » : le peuple qui opprime le pauvre et le malheureux et fait violence à l'étranger, « je fais retomber sa conduite sur sa tête, oracle du Seigneur »[2]. Le Christ lui-même n'a-t-il pas lancé ces paroles terribles à ceux qui ne donnent pas à manger à l'affamé ni à boire à l'assoiffé : « Allez loin de moi, maudits ! » Au IVe siècle,

1. Amos 8, 6.
2. Ézéchiel 16, 43.

saint Basile n'a-t-il pas jeté ces apostrophes implacables :

À l'affamé appartient le pain que tu gardes,
À l'homme nu le manteau que recèlent tes coffres,
Au va-nu-pieds la chaussure qui pourrit chez toi,
Au miséreux l'argent que tu tiens enfoui…
Ainsi opprimes-tu autant de gens que tu en pourrais aider[1].

Si on pousse plus loin l'analyse, on arrive à saisir l'essentiel de ces cris, de cette révolte : elle est un torrent aux sources divines qui dévale des montagnes éternelles ; elle ne comporte pas une once de haine contre la richesse, mais des tonnes de compassion pour la pauvreté, pour la pauvre humanité. Ce n'est pas facile d'être homme, ni frère d'un autre homme ! La virulence des apostrophes des prophètes et du Christ n'a d'autre but que de nous extraire de notre indifférence, de nous pousser vers le chemin d'éternité qui n'est autre qu'un chemin de justice.

Je garde la fierté d'avoir collaboré avec les révoltés, ceux qui ont su, dans notre siècle, être « la voix des hommes sans voix », ceux qui ont bataillé sans répit, la main tendue vers les gisants pour qu'ils se mettent debout et marchent en hommes libres dans un monde où, enfin, la fière maxime de la Révolution ne s'inscrira plus seulement sur la pierre de nos monuments mais dans la chair des citoyens :

Liberté, égalité, fraternité !

Yalla, en avant, luttons tous contre nos terrifiants égoïsmes :
ils sont, eux, semences de mort.

---

1. Migne, *Patrologie grecque*, XXXI, homélie 6.

Lançons-nous dans le partage : il est, lui, semence de vie,
car il inaugure l'authentique fraternité.
Il faut nous aimer, mes frères,
il faut nous aimer vivants !

Livre III

CONFESSIONS

Dans ce livre, j'ai cherché à témoigner du mystérieux appel vers un plus grand amour que ni troubles ni conflits n'ont pu vaincre. De mission en mission, d'Istanbul à Tunis et Alexandrie, cet amour est resté tendu vers un don plus absolu, toujours inassouvi. Puis j'ai raconté quel fut ce temps du plus grand amour : passion des nouvelles épousailles avec les chiffonniers, les exclus du Caire, luttes enragées pour les libérer. Ce temps s'est clos sur d'autres appels d'enfants en détresse.

Je souhaite à présent pénétrer au secret de la personne, là où se génère le jugement. Une étonnante mesquinerie, une incompréhension de l'autre ont longtemps été chez moi le résultat d'un environnement assez étroit mais aussi, avouons-le, d'un tempérament altier, enfermé sur lui-même. Un ensemble de personnes rencontrées, d'événements vécus au fil de la vie, m'ont heureusement amenée à opérer une conversion de mon jugement, me fortifiant dans de nouvelles convictions que je voudrais vous faire partager. J'aurai alors l'espoir d'avoir accompli honnêtement ma confession, confession de ma vie, confession de ma foi.

PREMIÈRE PARTIE

LES CHEMINS DE LA CONVERSION

Rencontres

C'est par la rencontre de l'autre que l'on s'enrichit. C'est ainsi qu'en profondeur on peut voir se transformer son cœur, se convertir son jugement et se créer un nouvel art de vivre et de penser.

L'être le plus extraordinaire

Pour moi, la plus significative de ces rencontres s'est produite dans un hôpital d'handicapés mentaux profonds, où j'ai été mise en présence d'une femme hors classe. Elle me faisait visiter l'asile dont elle était responsable. Je me suis trouvée confrontée à l'aspect le plus rebutant de notre humanité, spectacle tellement affreux que, je dois l'avouer, j'ai paniqué. J'étais sur le point de m'enfuir. À ce moment, elle s'est approchée d'un lit où bavait, dans un rictus, une face qui n'avait rien d'humain ; elle a saisi dans ses bras le long corps aux bras ballants et l'a serré contre son cœur, puis elle a penché son visage sur le visage tombé sur son épaule et lui a adressé un radieux sourire. Les yeux qui roulaient dans leur orbite ont soudain fixé le regard tourné vers eux, l'homme a poussé un grognement et quelque chose comme un éclair de vie a traversé ses traits obtus... et elle de s'écrier, heureuse : « Il a senti qu'il est aimé ! » Elle l'a gardé longtemps ainsi, le réchauffant au contact de son corps. Il était calmé, presque épanoui. Elle a alors doucement repris : « Voyez, il devient beau ! » Une phrase m'a fait comprendre qu'elle était passée par de graves souffrances, mais elle a ajouté avec une sorte d'allégresse : « Je n'ai plus le temps de penser à moi ; chacun, ici, a besoin de tout mon amour. » Elle en était illuminée. Lui, la bouche ouverte, buvait sa lumière.

C'était une vision supraterrestre. Pour se perfectionner, d'après saint Thomas d'Aquin, le théologien philosophe, il faut contempler la beauté. Le souvenir de cette femme me revient presque chaque jour. Elle a changé quelque chose en moi. D'abord, j'ai touché du doigt ma limite : j'avais trop confiance en mon cœur, je croyais qu'il était prêt à faire sienne toute détresse humaine. Hélas, non ! Cette femme, elle, savait aimer au-delà – au-delà de la répulsion qu'engendre ce qui n'a plus face d'homme. Plus encore, il semblait que l'avilissement faisait naître en elle un surcroît de dilection compatissante ! Son visage resplendissant penché sur ce visage d'abruti est toujours dans ma mémoire et m'a amenée à un approfondissement de réflexion : si une créature peut atteindre un tel degré d'amour, qu'en est-il du Créateur de l'amour, qu'en est-il de la Vierge, nommée « Mère du bel amour » ?

Les jours où je suis ballante de corps ou d'âme, je pense à ce malheureux, je m'abandonne entre les bras de Marie et j'aspire sa clarté. Je lui demande aussi d'aller plus loin dans le regard : le vrai, le beau, le bien ne sont pas faciles à discerner aujourd'hui sur notre terre. Les médias nous accablent de flashes sur un monde presque exclusivement oppressé par la corruption, la bassesse et la violence. Il existe pourtant une autre vision, malheureusement trop cachée. Notre planète demeure habitée par des hommes et des femmes doués d'un singulier pouvoir d'altruisme : ils savent faire germer le bien dans les champs les plus rebelles à la culture. Ce sont des catalyseurs d'espérance, ceux qui osent dire « il devient beau » devant le dernier des humains.

Sans voix devant la mort

Mais il est aussi des heures dans la vie où, inversement, tout ce qui est grandeur se volatilise, et où seule apparaît la misère avec son corollaire, l'impuissance radicale !

C'était à la fin d'une conférence où j'avais abondamment parlé de lutte victorieuse contre la famine et la mort, au Soudan et ailleurs. Au moment du dépouillement des questions, mon interlocuteur déchiffre péniblement ces mots gribouillés sur un bout de papier : « Mon enfant vient de mourir, que pouvez-vous me dire ? » Un silence lourd régnait dans la salle, les visages étaient tendus vers moi. La mère, quelque part parmi eux, attendait.

Devant un cœur blessé à mort, les paroles d'homme n'ont plus de sens, paraissent même un outrage. Le seul qui puisse parler, c'est le Christ – et sa mère – pour aider l'âme en tempête à atteindre le rivage où l'aimé l'attend dans la lumière de Dieu. Mais moi qui voudrais donner un sens à tout, je ne trouvais rien à dire. Les secondes s'écoulaient comme des siècles. Enfin, la gorge étranglée, j'ai articulé : « Un enfant vient de mourir. Sa mère est là, elle attend une parole. Qu'elle veuille me pardonner, je ne trouve rien à dire. Restons quelques instants en silence. Que Dieu nous donne de laisser pénétrer en nous sa douleur. »

Aucune autre question n'a été posée ce soir-là. Devant l'énigme insensée de la mort, le reste paraît charade.

Les détenus, mes frères

Parmi les êtres qui m'ont remise en question, les détenus ont une place à part. Le milieu carcéral est le dernier des lieux où je pensais découvrir quelque enrichissement, et pourtant...

Les détenus ont toujours suscité ma compassion. J'en ai visité un grand nombre. Leur détresse me paraissait plus effroyable, en un sens, que celle des pires situations que j'avais connues. Entraînés à la violence par de tristes circonstances, ils étaient rejetés et comme mis en cage par une société épouvantée, en position de défense.

Mais, quant à moi, leur passé ne me regarde pas. Les détenus sont des êtres humains, des frères. Au fond, d'où vient la destinée ? En grande partie de l'environnement. Cela m'a amenée à leur dire ceci : « J'aurais pu être à votre place, si j'avais eu à affronter vos tentations ; et vous à la mienne, si vous aviez été, comme moi, préservés. »

Lors de mes visites en prison, je leur racontais les jours passés avec les chiffonniers poussés trop souvent au vol, à la drogue, aux rixes sanglantes. Je leur parlais de Basit qui avait tué deux hommes. Moi, ce n'était pas mon problème : Basit était mon frère, un point c'est tout. Puis je leur racontais que j'allais boire le thé avec lui, que j'étais prête à l'aider pour qu'il se redresse et que lui, au fond, il ne désirait que cela ! Une flamme alors s'allumait dans les yeux de ces hommes. Quelle blessure leur avait laissée leur passé, quelle angoisse leur procurait leur avenir ! « Moi, je sors dans trois mois... Où aller ? Où trouver du travail ? Comment gagner ma vie ? Sinon – et la voix se faisait rauque –, je vais me retrouver ici. » Ils se taisaient, et le drame, c'est que je ne trouvais rien, mais rien à répondre. Alors, en partant, j'embrassais chacun comme une vieille maman. Je n'étais pas la seule à avoir une larme dans les yeux ! Je sortais de là comme d'une eucharistie.

J'entretiens une correspondance avec quelques détenus, voici la lettre terrible que j'ai un jour reçue :

« Le procès aura lieu mardi… à 9 heures, aux assises de…, avec la qualification d'*assassinat*. Ce sera le jour le plus long et le plus dur *de toute ma vie entière* (les mots étaient soulignés). J'en tremble, non de peur mais d'émotion, à revivre ce genre de choses, devant un public qui en est friand, comme s'il y avait une gaieté, un plaisir à savourer. J'ai l'impression que l'homme dans ces conditions a un malin plaisir à voir un autre souffrir et subir un "étiquetage"… plus une punition dont il se réjouit. Parfois j'en ai des vertiges. Que dire à la maman de mon ami P., *si ce n'est mes profonds regrets d'avoir tiré sans penser à tuer.* Je me trouve soudain dépourvu de mots !… Que vos prières accompagnent cette journée-là. Je souhaite que vous brûliez un cierge pour mon ami P. et moi-même, cela m'est important… Je vous embrasse ainsi que toute votre communauté. Votre ami de toujours, D. À bientôt… »

« Le public friand », « plaisir à savourer », « plaisir de voir un autre souffrir », est-ce possible ? Quand j'ai un journal sous les yeux, il est vrai que je m'arrête facilement aux pages judiciaires. Pourquoi ? Est-ce une curiosité malsaine ? Le désir de voir justice s'accomplir ? Je ne sais. À D., en tout cas, j'ai adressé ce télégramme : « Suis près de toi en pensée et prière, courage, ta sœur Emmanuelle. » Il me semblait que chacun devait jouer son rôle : le jury avait à juger et moi à aimer. D. a été lourdement condamné.

Un autre détenu m'a écrit :

« Avec quelques frères prisonniers, nous dessinons et vendons des cartes hors les murs. Les bénéfices vont directement au profit d'une association que j'ai créée, Pour que les enfants vivent. Geneviève nous a dit qu'une somme coquette partira pour tous les enfants malheureux dans le monde. Ma prison est devenue mon Carmel. C'est là que je veux vivre, souffrir, prier, aimer et mourir pour tous ceux qui souffrent. C'est ici que Dieu m'a trouvé afin d'être une petite lumière pour mes frères prisonniers. [...] J'ai de bonnes nouvelles de mon filleul des Philippines et j'attends des nouvelles de mon filleul du Liban. [...] Je suis bien faible et bien petit, mais j'ai en moi cette "force cachée" qui t'habite toi-même, chère petite sœur. Je t'embrasse fort. Ton tout petit frère qui t'aime dans le cœur de Jésus. »

Il avait ajouté cette prière :

Mon Dieu, donne-moi de souffrir avec ceux qui souffrent,
D'avoir froid avec ceux qui ont faim,
Mon bien-aimé, donne-moi
de m'oublier entièrement pour ne penser qu'aux autres.

Inutile de préciser que je ne reçois pas souvent ce genre de lettres !

Les détenus m'ont révélé un aspect fulgurant du mystère de l'homme. Au départ, deux graines sont cachées dans son être. L'une porte en germe un criminel, l'autre un saint au cœur fraternel. Dieu seul peut juger la part de choix libre qui a amené la croissance de l'une ou de l'autre. Je suis de plus en plus persuadée que j'ai eu besoin pour mon compte d'un recours continuel à Dieu pour mettre un mors à mes passions. J'ai souvent pensé à cette phrase de Taine déjà citée qui me paraît effrayante de vérité : « Grattez le vernis de cet homme civilisé, vous trouverez un gorille féroce et lubrique. » Je flaire en moi une affinité secrète de corruption avec mes malheureux frères humains entraînés vers le mal. Je ressens parfois dans ma chair et mon sang d'étranges fermentations. Parfois, la nuit, en proie à des rêves troubles, je me réveille en sursaut : où suis-je, qui suis-je ? Aurais-je pu devenir le chef de gang dont mes amis blagueurs voient en moi l'embryon ?

Le regard de l'abbé Pierre

Pour l'homme tombé au dernier échelon de l'échelle sociale, l'abbé Pierre a eu cette idée de génie : proposer à ce désespéré d'être sauveur d'autres désespérés... merveilleux pouvoir de relèvement de l'être humain ! Les compagnons d'Emmaüs sont la preuve vivante de cette puissance de transformation. Ils comptent parmi les amis que j'admire profondément. J'ai écouté leurs histoires qui aident, elles aussi, à comprendre les méandres du cœur humain.

« J'étais chauffeur de poids lourd. Au retour d'un périple de huit jours, je tourne la clé de la porte, l'appartement avait été totalement vidé, ma femme et mon gosse avaient disparu ! J'ai commencé à boire, et ce fut la dégringolade jusqu'au jour où j'ai rencontré Emmaüs. »

« Ma mère m'a jeté à la porte à quinze ans, ma mère, oui, ma propre mère... alors, vol, drogue... J'ai un jour tué. Heureusement, il y a eu l'abbé Pierre ! »

L'amour de cet homme les a remis debout. Je les ai vus à l'œuvre dans la cinquantaine de foyers où j'ai été tour à tour appelée. Leur travail est dur : récupérer et remettre en état les rebuts qu'on jette à la poubelle. Ils ne reçoivent aucun salaire, juste de quoi s'acheter des cigarettes – ceci pour éviter les tentations de l'alcool. Ils tiennent bon parce qu'ils libèrent les oppressés de la misère, depuis l'Europe jusqu'à l'Afrique en passant par l'Amérique du Sud. J'en ai eu la preuve tangible par les chèques substantiels qu'ils m'ont remis : une partie des petits chiffonniers du Caire sont debout grâce à eux.

L'abbé Pierre me fit un jour une confidence qui me bouleversa. Face à face avec lui, dans son petit bureau de Charenton, je lui disais ma joie exubérante de soulager les détresses. Un regard d'angoisse filtra soudain entre ses paupières. Il se tut un moment, puis murmura comme à lui-même : « Quelle douleur de porter en son âme, comme en son corps, les malheurs de la terre. » À ce moment, il me fit penser à la face du Christ imprimée sur le suaire de Turin : un cercle d'ombre autour des yeux mi-clos, des lèvres douloureuses, un visage de souffrance... Il leva ensuite vers moi son regard empreint de chaleur et une sorte de paix lumineuse s'empara de lui : « Oui, joie et douleur, sœur Emmanuelle, il faut laisser les deux pénétrer en soi, si on veut aider l'autre à sortir de la douleur pour entrer dans la joie. » Cette entrevue me fit profondément remettre en question le côté léger et rieur de ma nature.

Un autre jour, l'abbé Pierre me disait : « Aimer, c'est : quand tu as mal, j'ai mal. » Je comprenais que, trop impatiente de passer à l'action, je ne prenais pas le temps de laisser pénétrer en moi la blessure de l'autre, alors que, devenant sa sœur, « portant en moi sa douleur », je pouvais, ma main dans sa main, chercher avec lui le remède à *notre* douleur.

J'ai revu l'abbé Pierre au bidonville du Caire, serrant les mains sales des chiffonniers avec une chaleureuse amitié. Il ne leur disait mot, ne sachant pas l'arabe, mais il les regardait avec une intensité extraordinaire, il semblait parler à chacun : « Je ne connais pas ta langue, mais tu es mon frère et je t'aime. » On sentait que son seul intérêt à cet instant était la rencontre de cet homme-là, à cet endroit-là. Nous en fûmes tous bouleversés.

En France, on n'imite guère ce regard, non par racisme, mais parce qu'on se méfie de l'étranger. Je l'ai pourtant expérimenté un jour. J'étais entrée avec une amie dans une cour où un Nord-Africain se tenait debout, adossé au mur, l'air agressif. J'aurais voulu lui adresser la parole, mais l'arabe des chiffonniers lui aurait peut-être paru ridicule. En un éclair, le souvenir de l'abbé Pierre m'est revenu. J'ai tenté de mettre mon cœur dans mes yeux en me tournant vers lui. Étonné qu'une Française lui témoigne cette amitié, il a cherché à droite, puis à gauche à qui je m'adressais, cela m'a fait mal ! J'ai dû rentrer dans ma demeure. Au sortir, il m'attendait. Il a fait un pas vers moi, et moi vers lui. Il m'a tendu la main et je lui ai tendu la mienne. Il n'a pas parlé, je n'ai rien dit… mais nos deux mains se sont nouées avec une telle énergie, nos regards se sont plongés l'un dans l'autre avec une telle chaleur que chacun de nous a entendu un message : « Tu es ma sœur et je t'aime. — Tu es mon frère et je t'aime. » Nous ne nous sommes jamais revus.

L'Égypte : le sens de l'éternel

Si Emmaüs et l'abbé Pierre ont imprimé en moi un tel souvenir, que m'a donc apporté le pays bien-aimé où j'ai passé « le temps du plus grand amour » ?

Hérodote disait : « L'Égypte est un don du Nil. » J'oserais ajouter : « Le sens de l'éternel est un don de l'Égypte », legs mystérieux qui a insufflé à ma foi une dimension pour ainsi dire pyramidale. Je m'explique. Que bâtissaient les pharaons Kheops, Khephren et Mykérinos ? Un palais somptueux ? leur demeure terrestre ? Non pas, mais une pyramide, leur demeure d'éternité, symbole de l'escalier occulte à gravir vers Râ, le dieu solaire. Ma foi pyramidale reste solidement ancrée sur la terre charnelle, mais monte avec un élan accéléré vers le sommet d'éternité, l'au-delà de Dieu.

Lorsque j'ai commencé à partager la vie du bidonville, les appels étaient tels que, à part la messe matinale, j'avais peu de temps pour me recueillir. Mais les chiffonniers sont en partie des Coptes, descendants directs de l'Égypte pharaonique, tournée vers l'Éternel, et j'entendis bientôt ce reproche du père de Labib :

« Toi, religieuse, quand pries-tu ?

— Je me rends à l'eucharistie et je me recueille avant de m'endormir.

— C'est tout ? »

Il attendait de moi une oraison plus prolongée. Quel choc de recevoir, moi, religieuse, cette leçon d'un chiffonnier. Elle m'a remise en question et j'ai repris mon heure de prière silencieuse, à la satisfaction générale. J'intercédais pour eux et pour le monde : « *Kwayess !* C'est bon ! » J'ai alors expérimenté que ma relation avec le Seigneur intensifiait le don de moi-même.

Quelle est encore aujourd'hui l'ambition de mon ami collecteur de poubelles ? Acheter son tombeau, sa « demeure d'éternité ». Il économise piastre par piastre et vient enfin me confier avec un soupir de contentement : « J'ai fini ma tombe, je peux vivre en paix ! » Dans quel autre lieu du monde ai-je entendu ces mots ?

Mon oreille reste bruissante de cette sentence mille fois entendue et qui conclut chaque événement heureux ou malheureux : « *Rabbêna kebir, Rabbêna maougoud,* Dieu est grand, Dieu est présent. » Cette phrase habite maintenant mon cœur.

Tout comme cette étrange réponse qu'il vous arrive de recevoir quand vous demandez des nouvelles d'un malade : « *Enta taaïch* », ce qui se traduit par : « Toi, tu vis ! », sous-entendu : « Lui est mort ! » L'accent est mis sur le vivant, car il est chargé de triompher du trépas. Par sa relation cordiale avec le défunt, il prolonge en quelque sorte son existence et accompagne son âme (son double, d'après les Anciens) dans son voyage d'éternité. C'est un vestige de l'antique croyance où le défunt voguait vers le dieu Râ. Il partait, entouré de ses proches sous la forme de statuettes. Aujourd'hui, comme hier, le mystère de mort s'engloutit dans un mystère de vie !

Pour nous, Occidentaux, la course à l'argent exige une perpétuelle tension alors qu'en Égypte le temps s'écoule, paisible comme le Nil qui, depuis des siècles, flâne entre ses rives. Avant de traiter une affaire, on goûte le plaisir de boire ensemble un verre de thé. Ensuite seulement arrive le *business*. Combien de fois ai-je bouillonné devant ce rythme au ralenti ! J'ai pourtant fini par accepter sa leçon de sagesse : vivre en fraternité demande le temps de se regarder, de s'écouter, de partager les petits bonheurs et soucis de l'existence... Cela ne remplit pas l'escarcelle, mais dilate l'âme. Au bidonville, tout le monde connaît tout le monde, les bonnes histoires sont vite colportées, la joie fuse et rebondit de ruelle en ruelle, il y fait bon vivre. « *Time is money* » est supplanté par « *Time is relation* ». On ne court pas derrière l'oiseau argenté du bonheur, on préfère s'asseoir et s'inviter en riant : « Mon verre n'est pas grand, mais viens boire dans mon verre ! »

Le comportement quotidien exprime un genre particulier de philosophie. Puisqu'on avance doucement vers l'éternité, pourquoi donner une importance capitale aux événements qui passent ? Cette mentalité a sa part de bon sens. Pourtant je me suis battue contre elle, car elle encourage la paresse et retarde le développement. Choses et gens ont fini par se transformer et donner plus d'importance à l'action, mais quelque chose a changé aussi en moi : oui, je dois lancer toutes mes forces vives pour que le bidonville soit le plus tôt possible muni d'eau, d'électricité, d'une école, d'un dispensaire, mais pourquoi ne pas mener le combat avec les trois grains de sagesse égyptienne : « *Maalesh*, ce n'est pas grave ; *Bokra*, demain ; *Inch'allah*, avec l'aide de Dieu, ça va se faire ! »

Cette sagesse, j'ai essayé de la mettre en œuvre dans ma vie : ne t'acharne pas avec une telle fièvre aujourd'hui ; demain viendra, l'œuvre s'achèvera ; avec l'aide de Dieu et des hommes, tout finira bien ! Ces trois grains ont donné à ma vieillesse leur fruit de sérénité. Le cœur dilaté, je marche doucement, fidèle à l'impulsion de mes frères chiffonniers, vers la cime de la pyramide, ma « demeure d'éternité », le Ciel de Dieu, ami des hommes !

Autres convictions, autres richesses

Les rencontres que j'ai faites et mes nombreux voyages ont converti mon jugement pour le doter de nouvelles convictions. Ce sont elles que je veux maintenant partager. Je l'ai déjà dit, compte tenu de mon éducation, je courais le risque d'être une « bonne âme » concentrée sur mon petit univers, persuadée qu'il était supérieur au reste de la planète. Je me serais alors privée de l'apport considérable que le monde apporte à ceux qui s'ouvrent à lui.

Mais voilà ma chance : j'ai pu accéder au nouveau courant missionnaire de l'Église. Son but n'est plus d'arriver, le crucifix à la main, pour baptiser des peuplades dites barbares – rêve de mon enfance –, mais d'adopter une démarche de respect et de compréhension. Le cardinal Bea parlait en ces termes aux Pères du concile Vatican II, insistant sur le fait qu'il faut « reconnaître les valeurs spirituelles et morales qui existent en chaque religion et en estimer sincèrement les adeptes [1] ».

C'est ainsi que, lors de mes séjours en Turquie, Tunisie, Égypte, j'ai eu la grâce d'entrer en relation avec l'islam et ses richesses intérieures. Dans nos cor-

1. Discours du 18 novembre 1964 sur l'attitude de l'Église à l'égard des religions non chrétiennes.

diales conversations, j'ai très rarement parlé de ma foi avec mes milliers d'amis, intellectuels ou chiffonniers, qui partagent la religion de Mahomet. La déférence pour nos convictions mutuelles a toujours été la base de nos rapports. C'est d'abord l'amitié qui fait tomber les barrières. Il y a malheureusement dans le monde musulman un courant fanatique, une minorité certes, mais terriblement agissante et qui fait grand tort à l'islam. Le Coran demande, en effet, de respecter les « gens du Livre », Juifs et chrétiens, les adeptes de la Bible.

Dans la prière du musulman, la prostration du corps aide l'âme à se reconnaître « petit » devant Dieu, Allah, « le Miséricordieux des Miséricordieux ». Rien de terrestre ne fera détourner le regard centré sur l'Éternel. J'accorde parfois ma prière avec celle de l'islam : dans le silence de ma chambre, je me prosterne le front contre terre, perdue dans mon néant, unie avec mes frères musulmans. Je fais passer notre adoration par le cœur du Christ, Sauveur de l'humanité.

Quand la religion est conçue dans cette optique, elle offre un élargissement mutuel. Mes anciennes élèves d'Istanbul m'ont dernièrement invitée en Turquie. Elles m'ont amenée, chrétiennes et musulmanes réunies, prier au sanctuaire d'Éphèse dédié à Maryam Ana, la Vierge Marie, dont le culte est approuvé par le Coran. Nous avons chanté d'un même chœur : « *Salam, Salam, lêki ya Meryem* », l'*Ave Maria* de Lourdes. Quant à moi, qui avais un peu perdu le sens du « Tout Autre », j'ai reçu de l'islam une nouvelle clarté sur la transcendance de Dieu. J'ai ainsi mieux compris cet hymne du Bréviaire :

Toi, l'au-delà de tout,
Seul, Tu es indicible.
Seul, Tu es inconnaissable.

Le désir universel,
L'universel gémissement tend vers Toi[1].

Va pour les croyants d'autres religions, mais les incroyants ? Dans mon adolescence, j'étais persuadée que tous iraient rôtir en enfer, et j'en avais grandement pitié ! Une vieille demoiselle, amie de ma grand-mère, me disait un jour :

« Oh ! moi, je ne vais jamais à la messe, que valent ces bondieuseries ?

— La malheureuse, pensais-je, elle va bientôt mourir et tomber dans les flammes éternelles ! »

Et de me mettre à la recherche de livres propres à la convertir, et de l'arroser de prières... Je suis partie au couvent sans savoir si elle avait abandonné la voie de la perdition !

En Turquie, le fait d'être en relation avec des non-chrétiens de haute valeur a commencé à me poser problème. Plus tard, je me suis souvent trouvée sur la même longueur d'onde avec des incroyants qui, hantés par la souffrance humaine, se battaient pour la faire disparaître. Leur passion pour la justice intensifiait la mienne. L'anecdote suivante l'illustre : je me rends dans une de nos bonnes villes de France pour une conférence. Un dîner officiel est prévu. Un des organisateurs m'annonce que le maire a demandé à me voir en tête à tête à une petite table. Visiblement gêné, il ajoute : « C'est un mécréant, un communiste enragé ! » Je ris et lui avoue que cela ne me dérange en rien. Nous voilà face à face. Il me décrit avec feu le village africain où il se rend régulièrement pour l'aider à survivre ; un puits a été creusé, le sol fécondé, les gens sauvés. Je suis subjuguée et lui parle avec la même flamme des chiffonniers, du tétanos éliminé, des enfants scolarisés. Il s'enflamme à son tour. On en oublie presque de manger ! Cet homme n'est-il

1. D'après un poème attribué à saint Grégoire de Naziance.

pas un des meilleurs disciples de celui qui a dit : « Aimez-vous les uns les autres » ? Qui suis-je, moi, pour l'envoyer gaillardement flamber pour l'éternité ?

D'ailleurs, une des personnes à laquelle j'ai porté la plus grande vénération était une athée convaincue. Germaine, une de mes cousines Dreyfus, s'était vouée corps et âme aux enfants handicapés. Elle avait fondé un foyer pour eux. Elle y a passé toute sa vie, refusant de se marier pour s'y consacrer totalement, en maman d'amour. J'admire la force de dévouement qu'elle puisait en elle-même, tandis que moi, je dois m'appuyer sans cesse sur le Christ pour l'imiter.

À sa mort, Germaine a voulu que ses cendres soient jetées dans l'Escaut descendant vers la mer profonde, afin que les restes de sa chair soient à jamais engloutis. Mais son âme allait-elle sombrer dans les gouffres infernaux ? Non, Germaine, tu m'as ouverte à cette conviction : tu possédais Dieu car, si ton esprit le refusait, ton cœur le trouvait dans l'abandon de ton être au profit des petits handicapés qui demandaient ton amour. Au moment où tu exhalais ton dernier soupir, tu as dû entendre cette parole ravissante : « Entre dans la joie de ton Seigneur. » Tu as alors reconnu ce Jésus dont tu faisais naître l'image de tendresse dans les yeux de tes enfants. Tu l'as maintenant compris, Germaine, l'amour est humano-divin, il est éternel dans son essence.

L'évocation de ma cousine Dreyfus m'amène au judaïsme dont je voudrais aussi dire un mot. Je me revois, vers mes treize ans, une paire de chaussures à la main, dans la boutique d'un cordonnier. Tout à coup, mes yeux s'accrochent au mur sur des lettres hébraïques. Je suis chez un Juif ! Je m'enfuis à toutes jambes hors de cet antre satanique. Je raconte en haletant à ma mère le péril auquel j'ai échappé.

« Voyons, Madeleine, pourquoi veux-tu que les Juifs soient dangereux ?

— Ils ont tué Jésus-Christ !

— En tout cas, ce n'est pas ton cordonnier !

— Oh ! c'est leur race, ils ne veulent pas se convertir. »

Finalement, sur le conseil de ma mère, je suis retournée confier mes chaussures aux mains d'un fils d'Abraham. J'y ai rencontré sa femme et son bébé, ce qui m'a portée à cette réflexion : « Tiens, ils n'ont pas l'air méchants. » Mais enfin, d'où provenait cette lame de fond qui m'avait fait courir loin de cet homme ? La peur de l'autre dans sa dissemblance ? Une catéchèse antisémite ou mal comprise ?

Plus tard, devenue religieuse de Sion, j'ai appris avec quelque étonnement que le judaïsme est la source première du christianisme comme de l'islam, et « combien Jésus, fils d'Israël, avait aimé son peuple », comme nous le répétait mère Marie-Alphonse. Les relations avec des personnes telles que le savetier de la rue Rogier s'en sont trouvé changées. En Turquie, par exemple, au cours d'une conversation, un garçon m'avouait, en baissant la tête : « Vous savez, moi, je suis juif. » Je lui rétorque du tac au tac : « C'est un honneur, mon ami, Jésus était de votre race, levez fièrement la tête ! »

Pour ma part, j'ai souvent remarqué que le cœur juif recèle un appel à l'absolu. Je ne parle pas seulement de mes étudiantes adolescentes sensibles au dépassement, mais aussi aux fils d'Abraham rencontrés en des lieux divers. Plus d'une fois, l'un ou l'autre laissait tomber le ton badin du dialogue pour faire entrevoir une blessure, celle de se sentir prisonnier des nourritures terrestres, ou s'inquiétait d'être privilégié dans un monde baigné de souffrances. Telle cette jeune femme qui, sur le Bosphore, en Turquie, me parle avec une pointe d'orgueil de la réussite de sa vie : affaires, mari, enfants, tout lui est source de satisfaction. Soudain elle s'arrête, ses yeux s'assombrissent et elle me lance : « Oui, moi j'ai tout, et les autres ? » Ce regard, je l'ai plusieurs fois rencontré ! Le drame de la Shoah, l'holocauste de millions de Juifs a encore développé chez une certaine jeunesse ce sentiment d'angoisse. Il m'arrive alors parfois de me remémorer ce verset de la Bible :

« C'est Rachel qui pleure ses enfants et ne veut pas être consolée[1] ».

Fille d'Israël par ma grand-mère Dreyfus, aurais-je reçu de cet héritage l'aspiration à l'absolu qui ne m'a jamais quittée ? Même engluée encore dans le charnel, je ressentais l'attirance du Tout Autre, l'Unique. Peu à peu, je suis passée du rejet à la fierté de mes origines. J'ai inséré dans ma Bible la photo de mon aïeul, le rabbin Moÿse Dreyfus qui présente, écrit de sa main, le *Sefer ha-Berit*, le livre de l'Alliance. Par une étrange coïncidence, j'ai pris en entrant à Sion le nom de son fils « Emmanuel », Dieu avec nous. Il semble me dire : « N'oublie pas tes racines, les prophètes d'Israël ont bataillé pour la justice. C'est ton tour, vas-y ! » Oui, je veux que leur sang continue à bouillonner en moi. Ma vocation de sœur de Sion a enfin pris son ampleur : rester debout, à la charnière d'Israël et de l'Église, comme le veilleur sur les remparts.

Musulmans, athées et juifs ont nourri ma foi de chrétienne. Ils ont élargi ma compréhension de Dieu. Certes, toutes les religions ne sont pas égales, la Vérité est un absolu et ne peut présenter des aspects contradictoires : Jésus est Fils de Dieu ou il ne l'est pas. Mais mon intelligence n'atteint dans ses limites qu'une très faible partie de cet absolu. Les autres religions possèdent chacune leurs valeurs, comme le cardinal Bea, cité plus haut, le faisait justement remarquer. Elles ont fait grandir ma vision de Dieu, du beau, du bien, elles m'ont appris comment respecter et servir davantage l'homme. Elles m'ont fait comprendre que la valeur ne dépend pas de la religion, mais de l'amour qui nous fait considérer l'autre comme un frère ou une sœur.

---

1. Matthieu 2, 18.

Jeunes, j'ai foi en vous

Les jeunes d'aujourd'hui sont aussi pour moi des exemples qui m'enseignent la persévérance et le dynamisme. La génération du premier quart de siècle n'avait pas le battant de celle qui marche vers l'an 2000. Mes amies rêvaient au coin du feu du prince charmant et, dûment escortées par leur mère, se rendaient au bal pour le rencontrer. Les garçons reprenaient souvent le travail de papa ou, selon l'expression consacrée, épousaient la fille... et l'affaire ! Aujourd'hui, les filles quittent le giron maternel, veulent gagner leur vie, ne sont guère pressées de trouver l'époux idéal. Elles rencontrent leurs copains au « boulot ». On voyage ensemble jusqu'aux extrémités de la Terre.

En Europe et en Amérique, j'ai fait la même expérience étonnante lorsque j'ai été appelée pour donner une conférence à des lycéens. Ils arrivent, manifestement enchantés de remplacer un cours par un bon chahut. Je donne un coup de poing sur la table et, en français ou en mauvais anglais, je hurle : « Je viens du pays de la mort, le Soudan, je ne supporterai pas qu'on rie pendant que j'en parle. Choix libre : vous vous taisez ou je pars. » Silence de mort. Je parle pendant plus d'une heure, ils sont subjugués. Jeunes Américains ou Français, ils s'en vont sur la pointe des pieds, pour revenir, certains d'entre eux, me proposer de l'aide. Je leur aurais offert à tous de partir avec moi en vacances, non pour une bonne partie de plaisir, mais pour travailler dur dans un bidonville, combien d'entre eux n'auraient-ils pas été prêts ?

Que de jeunes viennent se dévouer en volontaires dans les lieux les plus hétéroclites ! Le nombre est incalculable de ces filles et garçons qui travaillent bénévolement et que rien n'arrête. Parfois privés d'eau et d'électricité, je les ai vus coucher au milieu des rats et des ordures, abattre des taudis sous un soleil de feu, construire en dur avec des moyens de fortune, emporter au loin des immondices puantes qu'aucun ouvrier ne voulait remuer, soigner des lépreux aux plaies purulentes que docteurs et infirmières n'approchaient pas. Ils véhiculaient l'espérance et repartaient dans la joie. Ils ont amplifié mon action, ils ont été le tremplin qui me propulsait toujours plus loin et renouvelait ma verdeur comme celle de l'aigle.

Tout serait foutu, notre société tout entière pourrie ? Il n'y aurait, dans la génération qui monte, que violence, haine et tuerie ? Allons donc ! Je ne tarirais pas en parlant de vous, jeunes hommes et femmes. Je vous ai jaugés, j'ai foi en vous. Votre génération prend la place de la nôtre. Nous avons travaillé pour que diminue la misère et grandisse la fraternité. Nous n'étions pas assez nombreux, pas assez forts pour changer le monde. Nous vous confions le flambeau, intensifiez la lutte pour que soient mieux équilibrées les ressources de la Terre, pour diminuer l'abîme qui sépare les habitants de la planète, enfin et surtout pour résorber les haines qui engendrent les génocides. Le combat sera âpre, mais vous êtes prêts à en faire à votre tour l'expérience : c'est passionnant de se battre pour aider des hommes à se mettre debout !

Église, j'ai foi en toi

Par contraste avec ce dynamisme de la jeunesse, j'ai souvent pensé à cette page célèbre de Balzac qui décrit l'Église comme une petite vieille confinée dans une sacristie encombrée d'oripeaux surannés. Je rêvais sans ambages d'ouvrir grand les fenêtres et de tout jeter pardehors !

Aujourd'hui, après avoir traversé maintes sacristies, j'ai acquis d'autres convictions. Bien sûr, rien n'est parfait. Mais quelle est l'institution sur terre qui ne prête pas flanc à la critique ? Je l'ai déjà écrit : mon regard, à présent, se porte avant tout sur le côté positif des hommes et des choses.

Certes, bien des contacts et des pérégrinations m'ont été nécessaires pour que je discerne, derrière les vieux oripeaux ecclésiaux, une déconcertante vitalité. Aujourd'hui que j'ai été reçue par nombre de prêtres et d'évêques, j'ai confiance dans le dynamisme de l'Église. J'avoue que je ne m'attendais pas à trouver chez la plupart un écho aussi direct aux cris du monde – un seul évêque m'a interdit l'entrée de son diocèse, me jugeant trop révolutionnaire ! En France, j'ai rencontré des prêtres au mode de vie plus que modeste, car leur bourse se vidait au fur et à mesure des appels de détresse : « Chez moi, c'est toujours ouvert. Qui passe s'assied, et on partage la soupe. »

Durant les soirées passées dans les presbytères de divers pays, l'entretien tournait d'ordinaire autour d'une même obsession : « Comment répondre à l'interpellation des hommes d'aujourd'hui ? » L'angoisse de ne pas correspondre à l'attente se lisait souvent dans un regard soucieux. Pourtant, je les voyais ces prêtres, aidés de volontaires, s'épuiser dans des réunions, camps, activités sociales de tout genre, et pénétrer dans les milieux les plus touchés par l'adversité : drogue, sida, détention. Leur but n'était pas de soulever une masse qui court ailleurs, mais d'éveiller des petits groupes ardents dans un partage de solidarité effective. Que de fois j'ai partagé un bol de riz au prix d'un repas entier dans une salle paroissiale ! Que de tirelires de classes ou de familles m'ont été apportées au cours de cérémonies religieuses ! Que de lettres ravissantes d'enfants, au temps du Carême : « Ma Sœur, j'ai transporté des brouettes de cailloux pour gagner l'argent que je vous envoie, j'étais fatiguée, mais Jésus l'est plus. » Ou encore : « Je n'ai pas mangé de sandwichs au jambon à l'école pour garder mes sous pour mes petits frères qui ont faim ; mais moi, tout de même, je mangeais bien après, à la maison. » Cette éducation au partage m'a fait connaître une Église plus avide de justice que ne fut celle de mon enfance.

Le cardinal Decourtray m'a invitée à sa table. Avec impudence, je me suis permis de l'interpeller : « Père évêque, l'Église est-elle vraiment servante et pauvre ? Vous, vivez-vous pauvrement ? » Il y eut un silence... « J'habite ce palais épiscopal qui est propriété de l'État et représente la résidence de l'évêque de Lyon. Quand j'étais jeune prêtre, j'avais pris comme résolution d'habiter une petite chambre et de ne rouler qu'en vélo. Pourrais-je aujourd'hui me confiner dans une seule pièce et n'utiliser qu'une bécane ? Vous retournez le glaive dans la plaie, sœur Emmanuelle. Priez pour que je vive le plus pauvrement possible là où je dois résider actuellement et que je sois vraiment le serviteur de tous ! » Ce sont textuellement ses paroles.

Je l'ai regardé. Son visage portait la tristesse de l'homme obligé de vivre loin de son idéal. Et pourtant, lui qui avait répondu à mon agressivité par la douceur et une demande de prière ne pratiquait-il pas cette pauvreté en esprit dont Jésus a fait la première béatitude ? Et, tout le monde le sait, le cardinal Decourtray ne faisait aucune dépense ostentatoire. Si saint Paul était aujourd'hui archevêque de Lyon, pourrait-il comme de son temps fabriquer des tentes pour gagner sa vie ? Ferait-il ses voyages de ville en ville à pied ? J'ai retrouvé à plusieurs reprises cette nostalgie de la pauvreté primitive. Un franciscain, qui avait occupé des postes importants dans son ordre, me disait, une ombre au visage :

« Comment reprendre le dépouillement de la cabane de saint François ? Regarde-toi toi-même, Emmanuelle. Ta sœur, Marie-Lou, ne te dit-elle pas en riant : "Ah, toi, la pauvre, tu voyages d'avion en avion" ? »

Il est vrai qu'Air France m'offre des billets gratuits, mais je prends tout de même le moyen de locomotion le plus cher parce qu'il se trouve être le plus rapide. On peut se soumettre au mode de vivre de son siècle, du moment qu'on reste pauvre « en esprit », comme le montrait le cardinal Decourtray. Emmanuelle, rappelle-toi l'âme simple de tes frères et sœurs chiffonniers.

Ne te porte vers le « beau monde » que lorsque c'est utile pour le bidonville, ne laisse pas ta vanité originelle t'emporter vers les hauteurs !

Quant au cardinal Lustiger, j'ai discuté avec lui de la formation des séminaristes : « Ils devraient partager la vie du tiers ou du quart-monde, aller vivre un temps dans un bidonville et coucher sous les ponts avec les SDF. » Sans se déconcerter devant mon ton bagarreur, le cardinal m'écoute avec attention : « Leur formation inclut, en effet, un contact avec les milieux défavorisés de Paris. Chaque semaine, ils passent plusieurs heures au service des plus pauvres, malades, personnes âgées, handicapés et SDF. Ce serait à considérer de les envoyer dans un bidonville, pouvez-vous me le décrire ? » Je le sentais prêt à accepter de nouvelles suggestions. Un ami m'avait chargé de lui poser cette question :

« Confieriez-vous un poste à un homosexuel ?

— Oui, et je l'ai déjà fait, car c'était un homme de valeur. »

Il m'a invitée à parler à Notre-Dame de Paris, à la fin de la messe solennelle qu'il célèbre le dimanche soir. Il m'a fraternellement embrassée en me remerciant au retour à la sacristie. Je n'y ai pas trouvé de vieux oripeaux, mais un homme à l'esprit jeune, ouvert aux problèmes de notre temps.

À Rome, je suis passée par un terrible bouillonnement de révolte. J'aurais mieux fait de ne pas me laisser entraîner aux musées du Vatican : or, argent, pierres précieuses, cadeaux royaux d'une incroyable valeur accumulés à travers les siècles... Étais-je devant des souvenirs d'art sacré ou dans une caverne d'Ali Baba ? J'interpelle un vénérable ecclésiastique :

« Le pape pourrait en aider des nations pauvres, en vendant ce pactole inutile !

— Le pape n'en a pas le droit, ma sœur. Mitterrand est-il propriétaire des trésors du Louvre ? »

Ma foi, je ne trouve rien à répondre ! La critique est aisée, mais l'art est difficile. Si j'étais « papesse », avec le tangage et le roulis que je ferais surgir, est-il sûr que l'Église avancerait en paix vers le port ?

Bien sûr, je ne suis pas toujours de l'avis de Jean-Paul II, mais quelle force morale il détient tout de même quand il se dresse, seul contre tous ! Il faut l'entendre défendre « les droits sacrés de la famille » ! Il lutte pour la morale, et la morale, pour moi, c'est la justice. Je pense que, de son pontificat, on retiendra en particulier les documents si nombreux et si forts sur le développement, la justice sociale, le droit des opprimés et le respect sacré de la vie. Les médias n'ont presque pas donné écho, préférant mettre en exergue des points mineurs controversés.

Et quand on le voit, concentré dans la prière en sa petite chapelle privée, on a l'impression que cet homme porte le poids du monde. Depuis cette vision, un matin avant sa messe, je prie davantage avec et pour lui. Je l'apprécie surtout quand il va embrasser dans sa prison Ali, l'homme qui voulut l'assassiner ; ou quand, apprenant qu'un prêtre défroqué rôde en clochard près de la basilique Saint-Pierre, il le fait chercher, se met à genoux et se confesse à lui. Bravo ! Décidément, Jean-Paul II, c'est mon pape, je l'aime !

Il est, enfin, un dernier point que je veux évoquer. On entend parfois dire que les hommes d'Église ne valent rien, sauf l'abbé Pierre, mère Teresa et sœur Emmanuelle. Ces propos sont débiles autant que contraires à la simple réalité ! Moi aussi, il y a quelques années, je m'arrêtais à trois figures en critiquant les autres. Il y avait le père Damien, mort chez les lépreux, enfin un authentique missionnaire ! Que font les autres ? Petite sœur Magdeleine de Jésus arrivant en roulotte à Istanbul, quelle religieuse ! Qui circule comme elle en roulotte ? Et enfin Dom Helder Camara, au Brésil, délaissant son magnifique palais épiscopal pour s'installer dans la sacristie de son église, un vrai évêque, celui-là. Si tous l'imitaient !

Pour ma part, j'ai eu la chance… et la malchance d'être médiatisée. La chance, oui, de tomber sur quelques gens de cœur travaillant dans les médias : leurs interviews ont suscité des milliers et milliers d'amis qui continuent à sauver des milliers et milliers d'enfants. Mais malchance aussi, car il y a une imposture là-dedans : je suis mise en relief comme si mon action était unique au monde, alors que celle plus humble, plus modeste, de tant de gens est laissée au rancart ! Un seul exemple : qui a parlé de sœur Albertina qui a passé sa vie, en même temps que moi, dans une des plus pauvres favelas du Brésil et qui est morte dans l'accablement ? Elle n'avait pas eu les moyens de sortir les enfants de la prostitution !

Au Soudan, j'ai côtoyé un foisonnant clergé noir. Il anime et aide à survivre une quantité de chrétiens doués d'un courage peu ordinaire. Certains ont déjà été torturés, les autres s'aident mutuellement et prient pour ne pas faiblir dans leur foi menacée. Les évêques luttent de toutes leurs forces pour maintenir des écoles, des centres médico-sociaux. Ils tiennent bon, sont parfois emprisonnés, mais ne renoncent pas. Qui parle d'eux ? Qui parle de tous ces acteurs anonymes, en Europe et à travers le monde, qui rayonnent d'une foi vivante, agissante ?

Dans le calme de la prière, je vois parfois resurgir dans ma mémoire cette foule ardente de chrétiens dont j'ai respiré le souffle d'amour. Depuis que j'ai vu l'Église à l'œuvre du Soudan aux Philippines, la petite vieille de Balzac trônant dans une poussiéreuse sacristie a, petit à petit, revêtu sous mes yeux une étonnante fraîcheur. Elle m'apparaît comme le décrit la Bible : « Maîtresse femme, elle fait le bonheur et non le malheur tous les jours de la vie, […] elle étend les mains vers le pauvre, elle tend les bras au malheureux, […] force et dignité forment son vêtement, elle rit au jour à venir[1]. » Elle est semeuse d'espérance !

1. Proverbes, 31.

L'Église est certes terrestre, constituée de Terriens pétris du limon de la terre. Il est facile de trouver ceux qui, depuis vingt siècles, ont multiplié les erreurs et les fautes... c'est sa misère. Mais elle est habitée par l'amour du Christ. Depuis vingt siècles, il anime des hommes et des femmes qui, malgré leurs faiblesses, se sont consacrés corps et âme au service de leurs frères et sœurs. C'est là sa grandeur.

J'en suis témoin : on trouve, en dehors de l'Église, un grand souffle humanitaire mais, quelle que soit sa force, il ne possède pas l'universalité de l'œuvre de l'Église. Depuis mon enfance, elle est pour moi une mère qui, grâce à ses représentants, m'a nourrie de cet idéal de justice et d'amour qui m'a ensuite propulsée vers la misère du monde.

Foi en l'homme, foi en Dieu

J'ai rendu témoignage que, dans les lieux où d'aucuns assassinent froidement, d'autres se sacrifient pour leurs frères. J'ai décrit ces héros inconnus à eux-mêmes et au monde, habités par une foi invincible en l'homme et un amour acharné. Cette symbiose foi-amour possède le dynamisme de résurrection le plus puissant de la planète.

Êtres merveilleux auxquels aucun humain, si avili soit-il, ne répugne, je vous salue en terminant cet ouvrage. Vous m'avez dévoilé un mystère : tombé même au plus bas de la bestialité, l'homme reste une image sacrée ; il n'est jamais une bête qu'on puisse repousser du pied, mais une « personne ».

Vous avez découvert et respecté l'étincelle divine qui couve au milieu des cendres. Là où la haine et la soif de domination amoncellent les cadavres, là où le vrombissement des bombes affole les vivants, vous apparaissez, silencieux, impavides. Agents de vie, vous sautez par-dessus les charniers pour arracher au carnage ceux qu'un souffle anime encore ! Vous êtes vous-mêmes, d'une manière que j'ose dire spectaculaire, l'incarnation visible de la page de la Bible : « Dieu créa l'homme à son image[1]. » Que vous en soyez conscients ou non, vous êtes chacun l'image de Dieu, créateur de vie et de résurrection.

J'ai enfin compris que la raison accepte ou rejette Dieu selon des critères rattachés à l'éducation, l'environnement, les lectures, les événements de la vie, critères personnels qui paraissent difficiles ou même impossibles à changer. C'est une question d'intellect que chacun résout comme il peut, non sans quelques doutes, qu'il soit croyant ou non. Mais l'essentiel n'est pas là. La valeur d'un homme ne dépend pas de ses convictions, mais de ses actions. Aussi la foi ne peut-elle pas être une croyance abstraite qui scandalise par son immobilisme. Elle nous fait entrer de plain-pied dans le mystère de l'incarnation où la divinité se révèle dans la chair ; elle est une porte ouverte au mystère de Dieu reconnu dans la vie des hommes ; elle unit Dieu à l'homme dans la simplicité d'un même mouvement d'amour.

Est-elle pour autant facile ? Devant l'absence de Dieu au milieu de drames atroces, finalement, lucidement, ai-je raison de croire en lui ? En évoquant la mort des enfants, la seule conception d'un être tout-puissant et bon peut paraître fantasmagorique ! Ma foi a vacillé, s'est reprise pour vaciller à nouveau et se reprendre encore, je l'ai rappelé au fil de ces pages. Quel est le croyant qui, devant le silence de Dieu, n'est pas passé par le doute, la révolte, le désespoir même ?

Alors que Hitler se dressait, triomphant, Dieu se taisait. Le pasteur Bonhoeffer, dans l'enfer des prisons hitlériennes, en faisait l'atroce expérience. Quelques mois avant d'être pendu, il lançait le dernier cri de sa foi : « Dieu impuissant et faible ainsi seulement est avec nous et nous aide. "Le Christ a pris nos infirmités, il s'est chargé de nos

1. Genèse 1, 27.

maladies" indique clairement que le Christ ne nous aide pas par sa toute-puissance mais par sa faiblesse et ses souffrances [...] Seul le Dieu souffrant peut nous aider[1]. »

Ces lignes, je les ai lues et relues. Elles m'apparaissent comme un testament écrit avec le sang encore chaud du martyr témoin de sa foi, et non comme une froide abstraction de théologien assis à son bureau. La vision de Bonhoeffer m'a puissamment servie à concilier les inconciliables : Dieu, épousant en Jésus-Christ la nature humaine, intègre ses faiblesses dans la divinité. La souffrance, le désespoir, l'échec, concernent désormais Dieu, sont pris en Dieu. La rédemption peut commencer puisque ni le mal ni la mort ne sont plus séparés de la vie de Dieu.

Comme un pic sort lentement des brumes, cet aspect de la théologie s'est dévoilé : la Résurrection germe à l'heure où, sur la Croix, le Juste se trouve au point ultime de l'abjection, du rejet. Théologien, Bonhoeffer adhère dans les ténèbres de l'absence à la présence opérante de Dieu ; il entre avec le Christ dans le crucifiement du corps et de l'âme, de la chair et de l'esprit, où s'opère la fusion mort-résurrection.

Nous voilà emportés au-delà des controverses de la théologie et de la philosophie, au sommet du troisième ordre de Pascal, là où seul triomphe l'amour ! J'en rends grâce à Bonhoeffer ! Il m'a ainsi aidée à gravir d'un pas plus assuré le mont Thabor dont nous parle l'évangile : le visage du Christ y apparaît transfiguré comme une annonce de victoire sur la condamnation injuste, la torture et la mort. J'ai trouvé l'illustration de ce dépassement dans la rencontre à la télévision entre mère Teresa et Jacques Monod. Le célèbre biochimiste venait de démontrer dans un raisonnement éblouissant l'inutilité d'un Créateur. Mère Teresa répondit simplement : « Je crois en l'amour et en la

1. Dietrich Bonhoeffer, *Lettres et notes de captivité*.

compassion. » Monod avoua ensuite qu'il en avait eu le souffle coupé, comme si, d'un battement d'aile, la religieuse avait renversé son beau château de cartes. Elle s'était élevée jusqu'à la double passion de Dieu : l'amour qui est respect infini de l'homme au point de lui laisser son absolue liberté ; la compassion, qui est souci de son salut au point de subir avec lui l'écrasement du mal pour partager avec lui la victoire de la résurrection.

Mère Teresa, après Bonhoeffer, me convainquait. Elle ne cherchait pas, comme je l'avais fait inutilement, à considérer Dieu comme un problème de géométrie à résoudre. Elle allait directement vers une vision d'éternité, là où dans le Ciel de Dieu la vérité et la justice pourront enfin être accomplies. Elle avait franchi l'abîme où j'étais restée suspendue depuis cinquante ans avec tant de mes frères humains. Terrienne, je voulais à toute force le bonheur dans un royaume terrestre sans violence, sans cataclysme, sans maladie entraînant la douleur et la mort. Mère Teresa, d'un regard d'aigle, fixait quelqu'un penché avec amour et compassion sur l'homme, l'aidant à atteindre un royaume céleste.

J'ai enfin compris le fondement du procès entre l'homme et Dieu : les pieds plantés ici-bas, nous rêvons d'un bonheur ici-bas. Le Ciel est loin, inaccessible ; aucun Terrien n'en est revenu pour nous le décrire. Si Dieu nous a laissés désarmés, nous et son Fils avec et pour nous, en proie à la douleur et à la mort, c'est uniquement parce qu'elles sont chemin d'éternité aboutissant à un bonheur sans couchant. Mais comme cette conclusion si simple m'a été – et me reste encore parfois – difficile à accepter !

La terre n'a pas pour autant disparu, au contraire. Toute solidarité, toute fraternité, toute œuvre au service de la personne humaine sont déjà, ici-bas, l'aube de la lumière bienheureuse qui se dévoilera un jour à tous les hommes de bonne volonté.

Dans ta marche obscure, Emmanuelle, tu as pris la bonne route, celle où l'on monte en cordée avec des frères que l'on veut libérer. Au milieu de tes faiblesses, de tes doutes, de tes vacillements et tes redressements, le Seigneur t'a soutenue grâce à tant d'amis pour que tu gardes la foi en l'homme, la foi en Dieu. Mais n'oublie pas, comme pour la pyramide d'Égypte, que les chemins vers ce sommet où l'amour est vainqueur diffèrent au départ dans la plaine. Quatre pans séparent ceux qui tentent l'ascension. Les convictions sont souvent opposées : religieuses, intellectuelles, politiques ou sociales. Et pourtant la même cime fascine chaque grimpeur et lui donne le courage de s'élever, quels que soient le labeur et le péril qui l'attendent. Plus nous avançons dans l'escalade, plus nous nous rapprochons. Les contradictions de la plaine s'estompent, tout se simplifie. Foin des controverses qui paraissent stériles et vaines. La même foi en l'homme fait battre les cœurs à l'unisson. À la dernière marche de la pyramide, nous attend le Dieu-Soleil. L'ancien monde, avec ses pleurs et ses cris, ses ombres et ses doutes, bascule dans le néant. Seul l'amour perdure, plus fort que la mort. Alors, croyants et incroyants, nous reconnaîtrons dans la face éblouissante du Christ le visage souffrant de l'opprimé que nous avons traité comme un frère. Nous tous qui, tournés ou non vers la divinité, aurons vécu pour la justice, nous entendrons la parole sacrée de l'évangile : « Tu m'as visité, soigné, vêtu, nourri sur la terre, entre dans la joie de ton Maître[1]. » Miracle ! la foi en l'homme et la foi en Dieu se trouvent confondues en une mystérieuse adhésion. Le monde nouveau s'est ouvert à ceux qui ont cru en leurs frères et ont combattu pour eux. Dans l'immense famille humaine enfin rassemblée avec le Christ autour du Père, il n'y a que des visages d'amour.

1. D'après Matthieu 25, 31.

Au Calvaire

Il me faut maintenant abandonner les hauteurs du Ciel pour évoquer un des hauts lieux de la terre : le Calvaire. C'est lui qui a scellé ma foi en l'homme et ma foi en Dieu et les a unies à jamais dans l'amour.

À Jérusalem, au début d'une ère nouvelle, un homme fut crucifié entre deux bandits, au lieu dit Golgotha – le Calvaire –, lieu de mort et lieu de vie. Depuis, ce mont est devenu un pôle pour le monde. J'y ai, à mon tour, passé de longs jours, munie d'une Bible, d'un pain et d'une gourde : je venais puiser la vie à sa source. Durant ces heures de prière, je voyais défiler des représentants de l'humanité entière, pèlerins de tous pays venus se recueillir. En premier lieu venaient les Japonais, voyageurs fortunés toujours pressés, qui contrastaient avec les femmes de Malte, pauvrement vêtues de noir : elles avaient économisé sou par sou durant des années, s'asseyaient sur leur petit pliant et restaient là, près du Calvaire, pleurant et priant. Vers onze heures, apparaissaient les groupes de touristes curieux avec leurs guides qui déclamaient en toutes les langues leur boniment d'architecture antique... Nez levés, flashes rapides, exclamations animées et tout ce monde dégringolait pour courir ailleurs. Venaient aussi les jeunes lycéens juifs avec leur professeur : bousculades et rires.

Curieux paradoxe, cette foule hétéroclite m'aidait à prier. Chacun était mon frère : l'humanité était devenue une immense famille sur cette roche où le Christ, Jésus, le fils de l'Homme, avait expiré. Je pensais au livre du père Sertillanges, *Ce que Jésus voyait du haut de la Croix*[1] : une multitude d'êtres se succédant à travers les siècles, chacun représentatif de son époque, son éducation, sa culture, chacun aimé par le Christ jusqu'à en mourir. Face au trou où il avait été dressé, pieds et mains cloués, je me voyais

1. Flammarion, 1930.

au fond d'un abîme où dévalent le péché et la mort qui nous submergent tour à tour, abîme d'où a retenti son dernier cri : « *Eli, Eli, lamma sabachtani ?*, Mon Dieu, mon Dieu, pourquoi m'as-tu abandonné ? » Pourquoi ? Depuis ce jour devenu nuit où « l'obscurité envahit la terre[1] », les hommes, de génération en génération, ont repris ce cri : « Pourquoi ? »

À quelques mètres du Calvaire se trouve le tombeau où l'on déposa le cadavre. Le troisième jour, à l'aurore de Pâques, il tressaillit d'une nouvelle vie. Et le pourquoi reçut sa réponse : comme pour la femme en gestation, la douleur enfante la joie, la vie jaillit de la mort, croix et résurrection deviennent un seul mystère.

Au Calvaire, le croyant passe facilement du visible à l'invisible, de l'éphémère à l'immuable. Pour entrer au tombeau, la porte est basse, elle oblige à baisser la tête. Je sens mon âme échapper à la dialectique devant cette pierre où le Christ fut étendu et s'est dressé, ressuscité.

Les leçons reçues à travers le monde trouvent ici leur achèvement. Le drame de chaque humain, ses joies et ses douleurs depuis sa naissance à son trépas, viennent se répercuter dans ce tombeau : le cœur du monde bat dans le cœur du Christ venu partager les joies et les douleurs, la vie et la mort de l'humanité. Je joins les mains et les pose sur la pierre, je murmure cette prière :

Seigneur, je crois que Tu t'es incarné sur notre terre.
Je crois que ton incarnation se continue, invisible, en tout homme de bonne volonté.
Je crois que Toi, le Ressuscité, Tu emportes tes frères, les hommes, en ta bienheureuse éternité.

1. Luc 23, 44.

Soyons vraie

« *Ecce homo*, voici l'homme[1] », disait Pilate en présentant le Christ qui s'était volontairement dépouillé de sa puissance. J'ai en vain tenté d'être une de ses disciples, et c'est là l'échec de ma vie. Vers la fin de ces *Confessions* où j'ai essayé d'être sincère – jusqu'où y aurai-je réussi ? –, je ne veux surtout pas laisser subsister le mythe « Emmanuelle, perfection idéale », mais montrer au plus intime de la vérité la femme que je suis !

Où en est-elle, cette Emmanuelle à laquelle je rêvais de sculpter un visage céleste ? Entrée au noviciat dans la fougue de mes vingt ans, j'étais persuadée qu'après deux années de luttes contre mes défauts, j'allais devenir une sainte Thérèse de l'Enfant-Jésus d'une douceur angélique, effleurant à peine la terre de mes pieds. « Qui veut faire l'ange, fait la bête », disait Pascal. Ce que je peux déclarer, c'est que la bête n'a pas encore fait place à l'ange ! Je ne m'attarderai pas sur les séquelles de ma jeunesse passionnée dont les images s'emparent encore de mon imagination dans ma vieillesse. Quant à ma douceur angélique, n'en parlons pas : « Touchez à ces montagnes, elles fument », affirme le psalmiste[2]. Qui s'avise de me contredire me voit « éclater », essayant de prouver, toute vapeur

1. Jean 19, 5.
2. Psaume 144, 5.

en fusion, que c'est moi seule qui ai raison. C'est tout juste si je ne traite pas mon objecteur d'imbécile !

Ma mère me disait quelquefois : « Toi, quand tu veux quelque chose, tu écraserais le monde ! » Quand le projet me paraît valable, ma volonté de puissance m'aide à le réaliser mais, le service de la cause comptant seul à mes yeux, j'écrase facilement celui qui s'oppose à ma marche, fût-ce le meilleur collaborateur... qui s'attendrait à plus de tact et de délicatesse.

Un ami venu au Caire m'a confié les témoignages suivants :

« Certains prétendent que sœur Emmanuelle est une sainte. On voit bien qu'ils ne vivent pas avec elle. Une sainte doit reconnaître les mérites de tout un chacun. Or, quelques privilégiés apparaissent dans ses discours, mais pour les autres, ingratitude et silence !

— Elle se tient beaucoup trop en avant, c'est une vedette. C'est un général qui s'attribue toute la gloire d'une bataille !

— Elle dit : "J'ai fait des écoles, j'ai fait des maisons, j'ai supprimé la mortalité infantile... Je, je, je !" Elle claironne partout qu'elle est la seule à travailler au bidonville !

— Nous en avons marre de son matriarcat, il faudrait être masochiste pour travailler directement sous les ordres de ce Napoléon ! »

Le reste est à l'avenant.

Quelques femmes exceptionnelles m'ont offert en toute bonne foi de travailler avec moi. La première, venue du lointain Canada, fut une jeune sœur de ma congrégation résolue de se donner corps et âme au bidonville. Elle s'astreignit d'abord à étudier l'arabe, langue ardue s'il en est ! Quand elle s'occupa ensuite des enfants, elle en fut immédiatement adorée, grâce à son amour sans faille, doublé d'un charme délicieux. Mais sa santé n'était pas à la hauteur de son courage, elle se fatiguait plus vite que moi et n'arrivait pas à effectuer toutes les tâches que je lui demandais. Quand enfin, à bout de souffle, elle revendiquait du repos, je lui donnais mon accord, mais avec un ton de pitié indulgente difficile à supporter. Elle sentait que je me demandais pourquoi elle, de trente ans plus jeune que moi, voulait s'arrêter quand je continuais à courir ! Le résultat de tout ceci fut que, repartie au Canada pour y reprendre des forces, elle tomba dans une terrible dépression qui affola ses sœurs. Trop imbue de moi-même, je n'ai pas su la comprendre, ni la soutenir, ni l'aimer telle qu'elle était. Et pourtant quel épanouissement elle apportait à nos petits chiffonniers ! Pas étonnant qu'aucune religieuse de Sion n'ait ensuite tenté de me rejoindre. Je revois cette sœur de la Charité qui n'a pas craint de coucher sur une paillasse près de moi, dans ma cabane. Pourquoi a-t-elle un jour renoncé à rester au bidonville ? À cause de la pauvreté qu'elle partageait avec tous ? Bien au contraire, c'est ce qui l'avait attirée. D'autre part, elle était heureuse de soigner les enfants : bonne infirmière, elle veillait avec sollicitude sur leur santé, ce qui la faisait particulièrement apprécier des parents ! Mais les ordres que je n'arrêtais pas de lui donner lui rendaient la vie intenable !

Une autre femme de la même trempe, une Suisse, a laissé son poste de secrétaire d'ambassade et son confortable appartement de Genève pour venir m'aider en tant qu'infirmière. Mais nos deux personnalités sont bientôt entrées en conflit car elle voulait agir non selon mes directives mais selon les siennes. Elle a fini, à son tour, par porter ailleurs son dévouement hors du commun.

Une Belge lui a succédé, tellement attachée à sa tâche qu'aucune fatigue ne l'arrêtait quand il fallait aller soulager un malade. Mais ce fut le même problème : « Napoléon » et son despotisme ! Elle n'était pas femme à se laisser faire. Des tempêtes traversées d'éclairs l'amenèrent à partir vers un ciel plus clément.

Une autre Belge, enfin, religieuse désirant se dévouer au tiers-monde, se mit au service des petits chiffonniers. Elle ne se plaignait jamais, de sorte que je ne me doutais pas à quel point ma volonté de puissance l'écrasait... Jusqu'au jour où elle déclara une sorte de dysphagie qui lui faisait refuser les aliments. Effrayée, je la forçai, malgré ses larmes, à repartir en Belgique dans son couvent d'où elle m'écrivit pour me supplier en vain de revenir !

Des faits similaires, je pourrais en écrire des pages ! Le plus curieux de ces histoires, c'est que je garde le meilleur rapport avec toutes ces femmes que je n'ai pas su respecter. Quelle joie quand nous avons l'occasion de nous revoir. La même et profonde amitié pour les chiffonniers nous a soudées, à travers et malgré tout.

Une question se pose donc ici : avec qui donc ai-je pu collaborer ? Simplement avec ceux et celles qui ont accepté avec bonne humeur mes intransigeances, tout en arrivant à s'en libérer sans trop le faire remarquer.

Quant à sœur Sara, miracle ! Notre tandem – car tandem il y a – s'est poursuivi durant seize ans dans une ardente coopération, et sans accroc. Manquerait-elle de personnalité ? Bien au contraire. Mais, il y a un mais ! Elle possède une qualité rare : elle a la sagesse, quand je commence à m'emballer, de ne jamais me contredire. Plus tard, quand elle me voit plus en possession de moi, elle reprend le sujet avec un sourire : « Emmanuelle, ne penses-tu pas que ton projet demande à être discuté ? » Cette fois, gagnée par ses arguments présentés avec sérénité, j'expose les miens avec calme. Nous aboutissons finalement à un consensus franco-égyptien qui a fait la réussite de nos œuvres.

J'en viens à une petite confidence. Jeune fille, j'aimais bridger. À l'occasion d'une joyeuse soirée avec mes sœurs, je repris les cartes. La fièvre du jeu me saisit, j'écrasais les autres, mais je voulais gagner à tout prix… Et sœur Ghislaine de me dire : « Ce n'est pas *fair play*, sœur Emmanuelle ! » Je n'ai jamais réitéré l'expérience. J'étais incapable de jouer sans passion.

On m'a aussi parfois accusée de subir la fascination du *business*, du chef d'entreprise. En y réfléchissant, je crois que c'est exact. Les années où j'étais en fièvre de construction pour diriger les projets de jardin d'enfants, écoles, dispensaires, foyer de vieillards,

« maison du bonheur », ne m'est-il pas arrivé de m'immerger dans les plans et leur réalisation au point d'en oublier les hommes et de délaisser, au moins en partie, mes frères chiffonniers ? Je me tournais plutôt avec empressement vers les hautes relations susceptibles de me procurer une aide précieuse : ambassadeurs qui organisaient fêtes et bazars pour les chiffonniers ; gros industriels qui m'invitaient pour leur exposer ce que j'attendais d'eux ; Gehane, l'épouse de Sadate, qui m'appelait depuis le palais présidentiel. Naturellement, tout cela ne manquait pas de flatter ma vanité de simple bourgeoise entrée de plain-pied dans des milieux qui auraient dû m'être inaccessibles !

Le succès de mes tournées en Europe et en Amérique comportait également le danger de développer ma volonté de puissance et le plaisir de manipuler des sommes importantes. Le danger était d'autant plus subtil que noble était la cause. Des milliers d'enfants ont été sauvés et jamais je ne me suis approprié même un dollar. Dans un voyage en Amérique, sœur Sara et moi avons chacune, il est vrai, acheté des bas pour un dollar : c'est la seule dépense personnelle que nous nous soyons jamais permise ! Il n'en reste pas moins vrai qu'avec ce genre de vie, on se sent « être », on jouit d'une capacité de niveau supérieur, même si cette puissance est artificielle et va s'anéantissant.

Dans cette analyse que je voudrais lucide, je n'insiste pas sur ce que mes amis appellent en riant mon « cabotinage », mon penchant théâtral, mon désir de séduire aussi bien les foules que les particuliers. Lorsque j'ai envie d'obtenir un privilège pour l'une ou l'autre de mes œuvres, je déploie, paraît-il, tous mes artifices pour charmer l'interlocuteur et l'amener à accorder son assentiment. L'important est que nous soyons toujours sur la même longueur d'onde : dons de matériel, transports gratuits, personnages et médias influents propres à soutenir un projet. Tout ceci est bon, excellent même comme je l'ai déjà fait remarquer, mais ce qui l'est moins, c'est le gonflement du cœur grisé de son succès. Je m'en rendais bien compte et me répétais parfois : « Attention, Emmanuelle, à la parole du Christ : "Que te sert-il de gagner l'univers, si tu viens à perdre ton âme[1] ?" »

Femme fragile, attirée par les vanités terrestres, je serais immanquablement tombée dans les pièges de la célébrité sans le retour dans le climat sain du bidonville, où j'étais une simple chiffonnière parmi des frères et des sœurs aimés et aimants. Je me retrouvais soudain dans la vérité, dans le « vivre avec » du quotidien solidaire. La coupe de champagne qui fait pétiller les yeux et résonner le cristal était remplacée par le solide verre de thé ; le désir de séduire dans le brillant du langage se convertissait en dialogue de famille où les enfants ont la première place ; le parquet ciré aux fauteuils alignés faisait place à la terre où nous étions assis coude à coude. Tout ce qu'il y avait en moi de vanité, volonté de puissance, désir de séduction se volatilisait. L'antique sentence chantée sous les voûtes de nos églises, *Ubi caritas et amor Deus ibi est* (« Où se trouvent charité et amour, Dieu est là »), se réalisait dans la simplicité : l'absolu toujours poursuivi était atteint dans cet amour dépouillé.

Le week-end dans ma communauté m'apportait aussi l'atmosphère religieuse et saine du couvent où, loin de la rutilance et du faste, réunions de prière et dialogues se déroulaient dans une joyeuse et confiante amitié. J'ai toujours beaucoup joui de ces heures passées avec mes sœurs : c'était bon d'être ensemble, de se raconter les faits de la semaine. L'une, secrétaire à Caritas – organisation non gouvernementale chrétienne –, m'entraînait vers les problèmes du développement au Moyen-Orient et en Afrique ; l'autre décrivait la fête organisée dans son jardin d'enfants populaire ;

1. Luc 9, 25.

celle-ci retraçait avec verve ses succès et ses déboires avec ses élèves ; celles-là préparaient une fondation dans un pauvre village de moyenne Égypte, avec l'accord enthousiaste du curé et de ses ouailles. Je narrais ma dernière équipée en bicyclette, accrochée à Yaser qui vacillait au milieu des ordures. Que d'humour et de rires dans nos partages ! Et l'appartement de mes sœurs étant d'une propreté impeccable – avec douche, s'il vous plaît ! –, j'étais propre pendant trente-six heures ! C'est ainsi que bidonville et communauté me faisaient retrouver l'équilibre.

Ce chapitre d'ultimes confessions dévoile le mystère de ma vie. Le Christ a été le plus fort : il a plongé dans son amour purificateur cette fille prête à se plonger dans l'érotisme. Il n'a pas dédaigné mais exploité ce tempérament sauvage, infatué de lui-même et de gloriole. Il n'a pas craint de me jeter toute vivante en plein bas-fond, m'assainissant au service des pauvres, me sauvegardant dans une communauté religieuse. Quel destin extraordinaire cet Homme-Dieu m'a-t-il forgé ! Et pourtant, j'enrage toujours d'avoir « raté » mon bel idéal de « la douce sainte Emmanuelle »… J'enragerais si mon âme n'était pas en même temps submergée d'émerveillement de ce que le Christ m'a aimée « comme ça », avec cet inextricable bouillonnement de bon et de mauvais. Et le mieux est que, d'un lamentable échec, il a su faire une incroyable réussite. Avec une sainte « ratée », il a sauvé une masse de malheureux !

Qu'est-ce que tu veux de plus, Emmanuelle ? Lui, Sauveur, a embrasé ton pauvre cœur étriqué de son amour passionné pour l'humanité. Crois encore au miracle : grâce à cet amour que tu sens bondir en toi, il te redit les paroles prononcées pour une autre Madeleine, ta patronne. Écoute, Emmanuelle, tressaille de joie : « Il lui sera beaucoup pardonné, car elle a beaucoup aimé ![1] »

---

1. D'après Luc 7, 47.

DEUXIÈME PARTIE

AU SOIR DE MA VIE

1993-2004

Au soir de l'existence où les sirènes se sont tues, où les passions se sont apaisées, il devient plus facile de juger la valeur des choix pris à la croisée des chemins. Ai-je des regrets sur l'option de ma vie, sur le choix risqué fait à Londres, à l'encontre des « sages » qui me répétaient : « Mariez-vous » ? En reprenant la formule consacrée, j'étends le bras pour affirmer en mon âme et conscience « non ». Je l'ai dit et redit : ma consécration à Dieu et aux hommes a été l'aventure la plus passionnante que j'aie jamais imaginée !

Noces de diamant

10 mai 1991. Au bidonville, je fête le joyeux anniversaire de mes soixante ans de vie religieuse, mes noces de diamant avec le Christ ! Je transcris ici simplement la lettre du Caire envoyée à cette occasion :

« "Le Seigneur fit pour moi des merveilles. Saint est son nom." Ces paroles qui ont jailli, il y a deux mille ans, du cœur de la jeune Marie, n'ont cessé de chanter dans mon âme durant cette journée du 10 mai. Il me semblait que le Ciel se penchait sur la terre avec tous ceux qui, il y a soixante ans, entouraient la jeune Emmanuelle montant les degrés du sanctuaire de Sion pour se consacrer à Dieu et à ses frères. Tu étais encore près de moi, mère, toi qui n'avais guère cru à la vocation de la frivole Madeleine, et vous, mère Marie-Alphonse, ma sainte maîtresse des novices, qui aviez longtemps hésité à m'admettre à Notre-Dame-de-Sion :

"Dieu nous veut heureux, sœur Emmanuelle. Êtes-vous sûre que la vie religieuse sera pour vous source de joie et d'épanouissement ?

— J'en suis sûre. Je suis bondissante de joie de me consacrer corps et âme à Dieu et à mes frères !"

Soixante ans se sont écoulés, comportant comme dans toute vie d'homme jours de joie et jours de deuil, jours de fête et jours austères, mais sans jamais un regret de la voie choisie. Au contraire, dans le mystère le plus profond de l'âme, la source de paix et d'amour a toujours fusé, abondante et joyeuse, mais avec un jaillissement plus pétillant encore durant ces vingt ans passés avec mes frères chiffonniers. »

J'avais voulu que ce 10 mai soit leur fête, que quelque grand personnage vienne les visiter, eux, les méprisés du Caire. Dans cette optique, j'avais invité entre autres madame Mitterrand et Jacques Delors. Celle-ci vint simple et joyeuse leur apporter son sourire chargé d'amitié. Malheureusement, Jacques Delors fut retenu en dernière instance par une conférence internationale.

Mais la présence – même non officielle – de la première dame de France entraînait des problèmes de sécurité pas toujours faciles à résoudre : la cérémonie religieuse devait se dérouler dans la pauvre église bâtie par les chiffonniers, selon mon rêve. Mon grand ami, le patriarche copte orthodoxe Chenouda, arrêté par la maladie, me l'avait offerte pour la circonstance. La police s'y opposa et préféra la belle et grande chapelle du collège de frères, facile à surveiller. Quelle joie d'y voir le patriarche copte catholique aux côtés de l'évêque copte orthodoxe, Mgr Athanasios, fondateur de la congrégation de sœur Sara ! Quelle joie aussi d'y reconnaître aussi un membre du parlement égyptien, Leyla

Takla, avec un député de France, l'ami Georges Colombier !

Le nonce lut la lettre que Jean-Paul II avait bien voulu m'adresser, à moi, la petite chiffonnière. Notre souriant évêque latin fit l'homélie et expliqua avec humour que j'étais venue déranger la sainte Église... et que je devais continuer ! Enfin vint le moment solennel, le bonheur de renouveler mes vœux. Ce fut entre les mains de ma supérieure provinciale venue de Jérusalem, *sister* Kay, elle qui me rappelle toujours opportunément le primat du spirituel pour soutenir le social.

Et *yalla !* en route pour les trois centres médico-sociaux. À certains endroits défaillants, la route avait été soigneusement réparée en l'honneur de nos hôtes – grande liesse pour ceux qui ne l'avaient pas obtenu depuis des années ! Nous voilà dans la nouvelle école d'Azbet el-Nakhl, dirigée de main ferme et experte par nos sœurs coptes. Elle compte déjà trois cents élèves, dont plus de deux cents du bidonville, mélangés sans problème avec ceux des villages environnants. La façade est éclatante de dessins lumineux signés d'un peintre suisse bien connu, André Sugneaux, qui avait déjà orné le Mokattam de fresques pharaoniques.

Dans un vrombissement de voitures et de cars, nous filons ensuite vers le centre Salam. Selon la demande de la sécurité, nous laissons derrière nous, sans le visiter, un centre planté en pleine zone d'ordures avec son jardin d'enfants, son atelier de coupe et de couture et son dispensaire, le tout géré par une de nos plus charmantes sœurs coptes ! Impossible aussi de visiter ma cabane reconstruite depuis l'incendie, le club de loisirs de football pour une centaine de jeunes chiffonniers sauvés du café de malheur, et enfin le nouveau foyer pour les personnes âgées... trop difficiles à surveiller d'après les craintes de la police. Moi, je sais parfaitement que, chez nous, nous sommes à l'abri de tout mal et que les chiffonniers seraient autant d'amis pour nous défendre.

Au centre Salam, entouré de murs, nous nous pressons dans le jardin d'enfants qui rit au soleil avec ses jouets, cadeaux des petits Européens. Nous visitons ensuite l'exposition des jeunes artisans chiffonniers, fiers de leurs premières œuvres et, en face, le dispensaire et la maternité. Cependant, les chiffonnières accouchent toujours dans leurs cabanes. Nous attendons la jeune génération, issue de nos écoles, pour triompher de cette tenace tradition.

Brève revue des ouvrages aux thèmes égyptiens confectionnés par les filles de l'ouvroir, et nous voilà dans la grande salle des fêtes. Là, c'est l'émerveillement : nos enfants, aux trois quarts chiffonniers, sont ravissants, revêtus des couleurs du drapeau égyptien (rouge, blanc, noir). Certains d'entre nous sentent les larmes leur monter aux yeux, tandis qu'ils chantent : « *Chokrane*, merci ! *ya Ableti* Emmanuelle, ô sœur Emmanuelle, tu as changé notre vie ! » Pendant ce temps, la foule au dehors, contenue par la police, s'est agglomérée et pousse des cris d'enthousiasme et des youyous, en battant des mains, dans une ovation spontanée.

Le moment de se restaurer est venu : sandwichs au fromage et au *foul*, repas des pauvres... Et hop ! En route pour le second centre médico-social, le Mokattam. L'usine de compost nous attire la première, avec l'atelier de tapis, œuvre de nos chiffonnières.

Pas de temps à perdre. Nous sommes maintenant en plein bidonville car la police nous a quittés avec madame Mitterrand, obligée de repartir. Nous nous asseyons sur les gradins du club des loisirs, don magnifique de l'université de Louvain-la-Neuve. Les jeunes chiffonniers défilent dans un ordre impeccable, fiers de leur uniforme scout : chants, exercices de lutte, football, sauts sur échelles de corde dressées par eux, sketches dans leur salle transformée en théâtre. Nos amis de Louvain-la-Neuve sont enchantés de constater que, grâce à eux, la promotion de leurs jeunes frères lointains est en bonne voie. Les sept cents élèves de l'école nous attendent. Une fée a paru transformer de sa baguette nos cendrillons : danses et chansons se succèdent dans l'allégresse.

En avant pour le troisième bidonville de Meadi-Tora où nous arrivons dans la nuit. Nous sommes attendus avec tambours et trompettes dans une fête extraordinaire. Nous suivons les porteurs de torches jusqu'à la tente dressée au milieu du terrain de football. C'est une liesse populaire dans une joie délirante.

Le lendemain, nous retrouvons à la « Maison du Bonheur », au bord du lac d'Ismaleya, cent quarante jeunes avec lesquels nous batifolons dans les flots, riant et dansant dans la fraîcheur ! Le plus extraordinaire pour la fin : Suzanne Moubarak, empêchée de venir à la fête, me fait téléphoner. Ma demande de recevoir la nationalité égyptienne – faveur rarissime – m'est accordée par son époux. Je vois enfin unies mes deux amours, la France et l'Égypte !

Affermie en Sion

Le long du fleuve agité de la vie, ma barque est toujours restée amarrée à ma congrégation. Si c'était à recommencer, que ferais-je ? Sans l'exaltation de la jeunesse, au soir d'une longue expérience, je le redis avec conviction : j'entrerais dans cette même communauté religieuse. Y ai-je donc trouvé tout ce dont j'avais rêvé ? Non. Quelles sont les épousailles qui ne comptent pas leurs jours d'épreuve ? Il m'est bon de consigner, comme dans un mémorial, les faits notables de ces soixante-huit années rattachées à Notre-Dame-de-Sion.

La congrégation a été fondée au XIXe siècle. Le père Théodore Ratisbonne, juif converti, avait un frère qui l'abhorrait depuis qu'il avait abandonné la religion de ses pères. Alphonse, jeune et beau garçon fiancé à une fille charmante, vivait la vie frivole des Champs-Élysées et profitait largement de la fortune de son oncle. De passage à Rome, le 20 janvier 1842, il voit soudain la Vierge lui apparaître... Coup de théâtre, il se fait baptiser. Il est alors obligé de renoncer à la jolie fiancée comme à la banque familiale. Rien ne l'ébranle : il devient prêtre à son tour et aide son frère à lancer l'œuvre de Notre-Dame-de-Sion.

Le père Théodore voulait que chaque communauté devienne une famille vivant dans la tendresse : filiale avec Dieu Père des hommes, fraternelle dans les relations des sœurs entre elles. Je suis entrée de plain-pied dans cette conception. Au plus intime de mon être, ma rencontre avec Dieu a toujours été une rencontre d'amour, depuis l'enfant qui s'éveillait à la relation avec un être invisible très grand et très bon, jusqu'à l'adolescente vacillant dans sa marche vers un Seigneur de tendresse. Au noviciat, mère Marie-Alphonse nous propulsait vers un idéal de donation dans la joie. Cette relation très simple qui prend sa source au-delà du visible donne à la vie une impulsion vers ce qui est bon et vrai. Elle colore de beauté les hommes et les choses. Être baignée dans la tendresse de Dieu remplit le cœur d'un sentiment fraternel. Je confesse en passant que je n'y suis pas si vite arrivée.

Dans chaque communauté où j'ai vécu – hormis l'exception tunisienne, et j'en ai expliqué les causes –, j'ai été accueillie et aimée telle que j'étais. Mon originalité parfois agressive était heureusement tempérée par l'affection profonde que je portais à mes sœurs et qui m'était largement rendue. Les accrochages passagers étaient vite oubliés. L'incompréhension a été certes plus vive avec l'une ou l'autre sœur ou supérieure, j'en ai parlé à l'occasion. Mais maintenant, avec un jugement moins radical et une agressivité atténuée, j'ai moins de problèmes. La vieillesse apporte un regard plus serein sur les personnes et les événements.

À Sion, comme dans toute congrégation religieuse, la source vitale est le Christ. Saint Paul a dit : « Je peux tout en celui qui me fortifie. » Sans mon entrée en communauté, ma vie se serait passée d'aventures en aventures plus ou moins troubles, pour se solder sans doute par un échec. Le Christ a capté ma fureur de vivre, il l'a projetée vers le bonheur des autres et m'y a fait trouver mon propre épanouissement.

L'eucharistie, nourriture du matin, a toujours été ma recharge de tendresse jusqu'au soir : quelle merveille de la laisser s'épanouir sur les enfants, les pauvres, les préférés du Christ. La « communion », l'« union » avec le Seigneur se traduisait par l'union avec les joies et les peines de ceux qu'il aimait avec et en moi.

À Notre-Dame-de-Sion, la Vierge a naturellement une place privilégiée. Grâce à la formation que j'y ai reçue, Marie est devenue l'âme de mon âme, la respiration de mon être. Elle m'a littéralement sauvée de la révolte et du désespoir devant la souffrance et la mort. J'ai relaté comment, dans les moments de crise, je m'accrochais à son visage de *Pietà*, torturé par la mort de son fils, mais jamais désespéré. Elle croit, elle, à la Résurrection ! Le Rosaire, chaque jour médité, m'emporte dans ce mystère terrible et doux qui fait vaciller la raison. J'offre cette prière comme un cantique d'amour d'un enfant à sa mère. Marie me fait comprendre que son fils, qui n'a pas hésité à partager jusqu'à la mort les douleurs de l'humanité, continue à s'incarner en quelque sorte dans ces pauvres humains qui succombent sous les maux trop souvent engendrés par eux-même. En faisant glisser les grains du chapelet sous mes doigts, la vie du Christ se déroule à travers tourments et joies pour éclater dans un éblouissement de gloire.

Ce contact incessant avec la Vierge, en équilibrant corps et âme, passions et idéal, a fait la réussite de mon existence dans bien des domaines : physique et moral, spirituel et naturel, personnel et relationnel. Je ne suis pas moi-même une personne équilibrée, loin de là ! J'ai déjà fait remarquer combien j'étais portée à brûler la vie en goûtant à toute jouissance. Mais… il y a un mais.

Il y a la petite devise de Notre-Dame de la Guadeloupe : « Regarde-la et prends ton vol ! » L'admiration opère la métamorphose. Marie, affranchie de toute convoitise, me libère. Sereine dans la douleur, elle m'apaise. Ne respirant qu'amour, elle m'entraîne. Selon le conseil de Béatrice à Dante, je coule mon regard dans le sien : Dieu se révèle de plus en plus comme Père et chaque homme comme frère, chaque femme comme sœur. Cette spiritualité de cœur à cœur avec la Vierge a été mon phare depuis le noviciat. Marie est une des sources – la plus limpide – du bonheur de ma vie.

Quel serait le secret de la réussite d'une destinée ? Il me semble que l'essentiel, au départ, est de trouver sa vocation profonde, c'est-à-dire d'élucider où le meilleur de soi – intelligence, volonté, cœur – trouvera à s'épanouir pour soi et pour les autres, et ensuite de s'acharner pour l'actualiser, sans changer de route à chaque difficulté. J'ai eu le bonheur de comprendre que la consécration religieuse était ma voie et de m'appuyer sur le Seigneur pour un combat enragé qui visait à m'ancrer définitivement à Sion. C'était fou de m'ensevelir à vingt ans dans un couvent pour y prononcer trois vœux qui paraissaient m'asservir à jamais. Mais voilà l'incroyable – et j'en reste encore ébahie aujourd'hui –, ces trois fameux vœux ont brisé les liens qui m'asservissaient, ils m'ont engendrée comme pour une nouvelle naissance. J'étais devenue une personne qui courait sur le chemin, légère, libérée. Pauvreté : point besoin d'argent pour satisfaire mes goûts de luxe. Chasteté : finie la recherche constante pour attirer la gent masculine. Obéissance : adieu aux caprices d'une volonté ballottée, sans amarres.

C'est curieux, paradoxal même, je l'ai aussi noté : durant la plupart de ces presque soixante-dix années, je me suis sentie guillerette, affranchie de corps et d'âme, prête à voler vers mes frères et sœurs en humanité pour danser avec eux la carmagnole ! Et dans mes quatre-vingt-dix ans, j'ai encore les pieds prêts à valser !

Si j'ai vécu dans cette allégresse l'austérité exigée par ma donation, c'est que mes vœux engendraient ce formidable essor de ma capacité d'aimer ! Cette capacité d'aimer, j'ai pu à travers ma vie religieuse la développer au maximum.

Mère Marie-Alphonse m'a initiée à la voie royale des épousailles avec le Christ ; mère Elvira m'a fait vivre sa première réalisation, elle m'a formée à la mission passionnante d'éducatrice. Cette responsabilité m'a obligée à me développer intellectuellement et m'a finalement conduite aux universités d'Istanbul et de Paris. J'ai parlé du stop qui m'a été imposé en cours de licence, ma première, dure et salutaire épreuve. Alors que l'être est en révolte, dire « oui » forge un religieux. Mère Marie-Alphonse, je l'ai noté, ne nous avait rien caché : il y a des heures où l'on doit marcher derrière le Christ vers un genre de mort. « Aimerez-vous jusque-là ? », demandait-elle. J'ai prié, j'ai tenu et j'ai terminé plus tard la Sorbonne. Mais quelque chose dans ma capacité d'aimer avait grandi en moi. En gardant la fidélité à ma consécration, je me suis davantage soudée au Christ et à mes frères en bataille. J'ai reçu ce genre de confidence d'époux ou d'épouses : « Quel combat pour rester fidèle à l'amour juré, mais quel bonheur d'avoir tenu et sauvé mon foyer ! » Une fierté joyeuse résonnait à chaque fois dans les voix ! Quand on s'empoigne dans la lutte contre soi-même, « l'homme passe l'homme » (Pascal).

J'ai longuement décrit le douloureux échec des années tunisiennes. Je ne dirai pas pourtant, comme on l'a parfois affirmé, que j'y ai été tout à fait malheureuse. Là encore, j'insiste : le Christ était avec moi. Sa force habitait ma faiblesse. Sans que je puisse le savoir, il préparait mon cœur blessé de solitude à s'élargir. L'épreuve creusait un vide immense où le flot de la misère d'un bidonville allait un jour s'engouffrer. On ne s'improvise pas « chiffonnière avec les chiffonniers » ! L'apprentissage en fut long et mystérieux, comportant plusieurs étapes. Après le dur et précieux dépouillement en Tunisie, mon idéal de consécration aux pauvres ne désarmait pas. J'ai dépeint les longues années d'attente. Dès que l'Église a ouvert les portes, demandant aux religieux d'aller davantage vers le monde, Sion m'a autorisée à sortir de son enceinte.

La première initiation à une réelle pauvreté m'a été offerte chez Joséphine, mais ce n'était pas encore le partage total dans le don total. Après quarante années d'expectation et de préparation, le miracle du « plus grand amour » s'est produit. J'ai longuement raconté les péripéties de ma vie au bidonville dans mon petit livre *Chiffonnière avec les chiffonniers* et, plus succinctement, dans ces *Confessions*. Le fait qu'une sœur vive seule dans un dépotoir d'ordures réputé sinistre, où même la police n'ose pas s'aventurer, ne pouvait être approuvé facilement et a suscité une réaction normale que j'ai également narrée.

De cette situation dans ma congrégation, a suivi une sorte de marginalisation dont l'épreuve fut longue, mais quand on fait un choix, il faut savoir en subir les conséquences. D'ailleurs, mes sœurs ont continué à aimer cette tête brûlée, lancée dans une folle aventure. Les premières années de mon installation chez les chiffonniers, j'ai eu la chance d'avoir sœur Ghislaine comme supérieure qui me comprenait et me soutenait.

Sur un plan financier, j'ai reçu des sommes importantes pour sauver nos enfants à travers le monde. Je peux témoigner que Sion ne m'a jamais rien demandé, même au milieu de ses difficultés pécuniaires. Il m'a été clairement spécifié de ne laisser en mon nom aucune somme d'argent – ce qui aurait donné à ma congrégation des droits de succession. Mes associations sont maintenant responsables de tout.

Que dire encore ? Ce que j'ai en moi de meilleur, le soubassement d'où se sont élancées toutes les audaces, je le dois d'abord à ma mère et à l'éducation reçue, ensuite à ma congrégation. Je lui suis reconnaissante d'avoir su déceler dans la jeune Madeleine, enfiévrée et indisciplinée, une authentique vocation et de m'avoir enracinée dans une piété forte et ouverte au monde. J'ai ensuite été épanouie dans un climat fraternel, ce qui a favorisé l'optimisme capable de porter mon aventure chez les chiffonniers, aventure que Sion m'a laissé courir en liberté durant vingt-deux ans !

Ordre de départ (mars 1993)

Les fastes des noces se sont tus, « le temps du plus grand amour » se poursuit. Ce soir de mars où il n'est pas loin de vingt-trois heures, hommes et bêtes dorment. Je profite du calme de la nuit pour descendre en moi-même, me comprendre dans le silence devant Dieu.

J'ai reçu mon ordre de départ, il y a deux jours. Je dois quitter définitivement l'Égypte à la fin d'août de cette année pour me retirer dans notre foyer pour personnes âgées, à Callian, dans le midi de la France. Depuis cinq ans, je recevais régulièrement cette demande de mes supérieures, mais mon cœur n'était pas prêt. Il me semblait impossible, en conscience, de laisser les chiffonniers. Aller me reposer dans le confort, loin du misérable bidonville, me paraissait une trahison envers mes frères et sœurs qui, eux, y restaient. Devant mon insistance, une année de répit m'était à chaque fois accordée.

Depuis quelque temps, des appels de détresse de plus en plus nombreux m'arrivent de toute l'Europe. Le dernier date d'hier : une tentative de suicide… trois lignes de désespoir jetées sur un papier avant le départ à l'hôpital. Secourir un être humain qui meurt de faim n'est pas difficile : j'ai trouvé sans problème de quoi nourrir quotidiennement trente mille petits Soudanais. Quoi qu'on dise, la générosité de l'homme pour l'homme est incommensurable. Mais secourir un être humain blessé à mort rappelle ces mots implacables : « L'homme ne peut rien pour l'homme. » La femme la plus aimante n'arrive pas à empêcher le suicide d'un époux, d'un enfant ! Seul Dieu a la puissance de projeter un rayon d'espérance sur un mortel qui choisit la mort. Les Africains rompus dès l'enfance aux privations quotidiennes mettent rarement fin à leurs jours. Mais en Europe, les suicides de jeunes vont se multipliant. Quand les difficultés et les souffrances prennent place dans une vie auparavant facile et ornée de plaisirs, arrive la tentation de se laisser tomber dans ce qu'on espère être le néant. Que puis-je, moi, femme désarmée, pour leur faire accepter l'expérience de ceux que la douleur a fait grandir, a rapprochés de leurs frères en détresse ? Jamais avant de rentrer en Europe, je n'avais ressenti avec une telle acuité mon impuissance radicale.

Emmanuelle, ta nouvelle vocation est de te tourner de plus en plus vers Dieu pour lui transmettre « le cri des hommes sans cri », selon l'expression du père Wresinski, le cri de ceux qui crèvent sans bruit, mais dont le cœur hurle dans la solitude glacée qui les appelle vers la mort. Crie jour et nuit vers le Seigneur pour tes frères et sœurs d'Europe au bord de l'abîme : qu'ils regardent vers le Christ en Croix qui a donné sa vie pour les sauver, lui aussi il a été « triste jusqu'à la mort[1] ».

Ta prière sera aussi précieuse pour tes amis chiffonniers. Tu leur resteras invisiblement présente. Ne t'attarde pas à l'aspect matériel, élargis ton rayonnement spirituel. Tu le sais, sœur Sara et ses sœurs continuent ton œuvre avec compétence et amour dans le bidonville. Tes associations en France, Belgique, Suisse qui travaillent au Soudan et ailleurs sont fermement soutenues par des milliers d'amis et de bienfai-

1. Matthieu 26, 38.

teurs. Sincèrement, Emmanuelle, regarde la réalité en face : tout se développe et marche. Tu n'es plus nécessaire. *Elhamdoulillah !* Gloire à Dieu !

La lettre de mes supérieures répond donc au poids de mon cœur qui m'entraîne vers un lieu où le temps s'arrête, où le corps ne galope plus, où l'âme devient prière. Et pourtant, c'est avec une certaine répulsion que je regarde le papier entre mes doigts, mon ordre de départ. Pourquoi ? Que l'âme humaine est donc complexe ! D'où provient ma répugnance ? De la teneur de la demande ? Certainement pas puisque, blessée par tant de détresses, je suis emportée vers une vie d'intercession. Cette résistance instinctive aurait-elle sa racine dans ma volonté d'autodétermination qui n'accepte d'ordre de personne ? En être encore là après soixante-quatre ans de vie religieuse !

Le chant de la Passion me revient en mémoire : le Christ s'est fait obéissant jusqu'à la mort, et la mort sur la Croix. Il est temps de me laisser entraîner par lui jusqu'à la « renonciation totale et douce » (Pascal), ce que mère Marie-Alphonse appelait « l'heure du plus grand amour », je l'entends sonner dans le silence du bidonville, et je réponds doucement : « Oui. »

Dernier adieu (août 1993)

Qui n'aspire pas à terminer son œuvre en beauté ? Je veux l'achever en faisant une ultime fois danser de joie des enfants.

Les familles réfugiées du Soudan sont parfois entassées à huit ou dix dans une chambre, durant l'été torride du Caire. Notre « Maison du Bonheur » sur le lac d'Ismaleya est déjà pleine à craquer de chiffonniers. Avec l'infatigable frère Boulad, directeur des Écoles des Frères, nous dressons des tentes sur une plage appartenant à l'organisation Caritas. Une charmante Égyptienne, Nabila, nous apporte son dévouement intelligent. Tout devient pétillant de vie. Au milieu des cris et des rires, une cinquantaine de jeunes corps, noirs d'ébène, se roulent avec moi dans les flots, dévorent poulets et pastèques, jouent au foot en futurs champions. Le soir, avant d'aller nous allonger sous les tentes, c'est la veillée sous les étoiles. Ils dansent leurs gigues de village, dans un bondissement d'enthousiasme.

Lorsqu'a sonné l'heure de l'adieu, tous se précipitent vers moi, des baisers retentissants me sont envoyés, des cris jaillissent en chœur : « *Rabbêna maaki !* Que le Seigneur t'accompagne ! »

La voiture démarre, je jette en arrière un dernier regard. Je les vois dans les eaux bleues de la mer, y dansant dans l'allégresse : dernière vision de ma vie missionnaire. *Nachkor Rabbêna ! Deo Gratias !*

TROISIÈME PARTIE

DERNIÈRE ÉTAPE, L'IMPRÉVU !

1993-...

En cette année 2005, où je vais bientôt compter quatre-vingt-dix-sept ans, c'est décidé : quoi qu'il advienne par la suite, c'est pour la dernière fois que je mets la main à ces *Confessions*. Je me propose de suivre le même chemin, exprimer une vérité tout simplement humaine. J'ai passé moi aussi par les épreuves inhérentes à la vieillesse, en « retraite » après une existence très active. Mais la vie m'a surprise ! Je m'imaginais rentrer en France pour mourir peu après. Or, cette dernière phase aura duré bien plus longtemps que prévu. De plus, de nouvelles orientations d'action sont venues mobiliser mon existence et m'ont posé de nouvelles questions. Cela m'a déstabilisée, mais m'a aussi obligée à plus de profondeur et à me préparer au départ définitif vers l'éternité. Aussi, lorsque je fais le bilan du passé récent, je ne peux que remercier Dieu de toute la nouveauté inattendue qu'il a réalisée en moi et à travers moi.

En retraite

J'arrive donc à Callian, dans le midi de la France, en août 1993. Qu'évoque ce terme de « retraite » ? La déroute et le repli d'une armée ? L'oisiveté enfin déclarée ? Un travail trop tôt quitté ou perdu ? Retraite signifie bien plutôt pour moi l'entrée dans le silence et la prière. Craignant que ne déferle sur moi une vague d'appels de tout genre, mes supérieures m'avaient demandé de m'y soustraire résolument. Et en effet, lettres, téléphones, fax se multipliaient. J'étais invitée à des conférences, colloques, visites, rencontres, etc. Je répondais systématiquement par la négative et me contentais de suivre le rythme paisible d'une maison pour personnes âgées. Selon le désir de *sister* Kay, ma supérieure provinciale, même l'association n'avait plus recours à moi. En principe, je n'étais donc plus là pour personne. J'avais disparu.

Dorénavant, que sera mon existence ? Un dessèchement physique et spirituel, ou une gestation renouvelée de l'âme au secours de la tragédie humaine ? J'en commence l'expérience au cours de longues heures de prière, où je me sens plus proche de Dieu et des hommes, dans un fleuve de tendresse. Ici encore me reviennent en mémoire les dernières paroles de mère Marie-Alphonse : « Ayez un cœur blessé de la souffrance du monde. » En écho, résonnent ces mots de l'abbé Pierre : « Quand tu as mal, j'ai mal. » C'est par une plongée dans le cœur du Christ que cette compassion s'opère. Il n'empêche que, pour un tempérament actif, la coupure soudaine des rencontres provoque un certain mal à l'âme. Cependant, chaque épreuve peut aider la personne à devenir plus humaine, plus proche des millions d'êtres qui ahanent sur le même chemin. Je crois, avec Teilhard de Chardin et d'autres penseurs, que l'humanité monte en cordée. Celui qui, découragé, ne s'immobilise pourtant pas mais s'efforce d'avancer, tire et aide à monter bien d'autres avec lui. « Celui qui s'élève, élève le monde », disait autrefois Élisabeth Leseur[1].

---

1. É. Leseur, *Journal et pensées de chaque jour*, Éditions du Cerf, «Intimité du christianisme», 2005.

La communion des humains entre eux n'est pas un vain mot.

Bien sûr, ce genre de vie contrastait du tout au tout avec l'activité fiévreuse des années précédentes. C'était la vie intérieure que, désormais, il m'était demandé d'explorer : méditer la Bible et, dans la prière, rester ouverte aux problèmes du monde. En quelque sorte, je revenais aux sources de ma vie religieuse : soixante-cinq ans en arrière, en 1929, j'entrais en « retraite » pour deux ans de noviciat. Cette formation intense m'avait préparée à une vie passionnante au service de Dieu et des hommes.

Je suis donc bien déterminée à ma nouvelle mission. Une douche froide s'abat pourtant sur mon bel enthousiasme, dès les premiers jours. À la salle à manger, les vénérables dames qui m'entourent appartiennent naturellement au « bon vieux temps ». Je suis assise à une table où les visages ont l'allure particulièrement morose. Lorsque mes commensales apprennent que j'ai vécu hors d'Europe depuis 1931, elles prennent à cœur de m'initier au monde moderne. La fourchette à la main, elles m'expliquent que la morale de mes vingt ans est devenue un vieux carcan brisé : « On ne se marie plus, on vit en concubinage. La famille n'existe plus, le divorce est monnaie courante ; les femmes avortent dans la légalité, elles ne veulent plus d'enfants ; les jeunes mettent le feu, assassinent jusque dans les écoles où les malheureux professeurs sont battus. La drogue est une marée incompressible, on parle de la légaliser. Le sida, comme une peste nouvelle, tue par milliers et l'homosexualité ne se cache plus. La corruption s'insinue partout chez les hommes d'affaires et les politiciens des plus hautes sphères. Les églises sont vides, sauf aux enterrements. On ne baptise plus, bientôt il n'y aura plus de prêtres. Enfin la société est complètement pourrie, sans espoir de guérison. Heureusement, ici on attend la mort pour entrer dans un monde meilleur ! »

Inutile de dire que ces visions sinistres – dont je ne peux encore mesurer la véracité ou l'outrance ! – me coupent les ailes et l'appétit. Le nez dans mon assiette, je n'ose pas avouer que je ne suis pas pressée de mourir. Il m'est pourtant concédé « qu'il existe quelques îlots, comme cette sainte demeure où, avec les sœurs, on échappe au siècle grâce à la prière ». Je commence à respirer. Ces bonnes âmes me tracent clairement mon devoir : me confiner dans le refuge de l'oraison, loin du drame infernal que vit la planète « sans espoir de guérison ».

Rétrospective

Les jours passent, je deviens une orante. Le temps de retraite silencieuse m'est bienfaisant : le passé se décante, des lignes de fond surgissent. L'association Les Amis de sœur Emmanuelle de Paris, les antennes de Bruxelles, de Genève, l'opération Orange en Isère, passent devant mes yeux, suivies de la marée de donateurs qu'elles ont suscitée. Quelle part active ils ont prise dans la réussite de chaque projet !

Le visage bronzé de Labib, les traits tendres de sœur Sara, les yeux ardents de Kamal me rappellent leur activité quotidienne. Au Caire, je revois Labib marchant à côté de moi, appuyant sur sa bicyclette sa jambe handicapée. Il est né au bidonville, il est l'ami de tous, il me sert littéralement de « passe-partout ». Je repense aux palabres avec sœur Sara : devant un plat de *foul* nous discutons des problèmes du jour. Sa connaissance de l'âme égyptienne concrétise nos projets et assure la marche.

À Khartoum, je fonce vers des centres d'approvisionnement, le corps trempé de sueur, avec Simone Brahamsha et Kamal Tadros. Nous allons distribuer des sandwichs à des ventres affamés. Que de choses époustouflantes ces deux-là m'ont apprises ! C'est le goulot d'une vieille bouteille de whisky remplie d'eau que Simone m'arrache de la bouche : je risque la prison à cause de son étiquette. Il est dangereux de parler avec ce voisin fanatique : il peut nous faire pendre. Ce sont des roseaux qu'on emploie pour bâtir des écoles à bon marché. La collaboration avec ces amis qui, eux, étaient au fait du climat soudanais a porté ses fruits. Un jeune résident à Khartoum me dit un jour dans son langage coloré : « Vous étiez trois au début, ce trio a fait boule de neige et a sorti des milliers de petits Noirs de la m..., c'est vachement bien ! »

Ces souvenirs médités éveillent dans mon esprit une nouvelle lucidité. D'une part, je perçois plus nettement une ligne de force dans toutes ces expériences : l'incarnation de l'action dans des lieux étrangers implique de travailler avec le génie propre de ceux qui y demeurent. Avoue-le, Emmanuelle, toi que le « je » chatouille agréablement : sans tous ces partenaires, ton action personnelle serait restée comme un pic solitaire et nu. La réalité exige le « nous ».

D'autre part, l'espérance surgit de cette prière rétrospective. Habitants de la planète, nous entrons dans ce XXIe siècle dont Malraux aurait dit – on connaît la formule devenue classique – qu'il serait « spirituel ou ne serait pas ». Je ne t'affirme pas, Malraux, que la planète tout entière évoluera vers les réalités atemporelles ni que les conflits ou les guerres ne décimeront plus les peuples. Mais j'affirme qu'une minorité dynamique en découd déjà avec l'oppression, une jeunesse insatiable d'égalité entend, demain, prendre les rênes. Dans ses rangs, beaucoup animeront de hauts lieux où les hommes chanteront chacun dans sa langue : Paix, *Peace, Salam, Shalom, Frieden*.

Tu tressailliras dans ta tombe, Malraux, avec la foule immense de ceux qui ont souffert dans le prodigieux enfantement de la justice dont le XXe siècle aura vu les premières douleurs. Un processus est déjà engagé : la recherche d'un développement solidaire, d'une paix plus durable entre les nations, d'un standard de vie plus élevé chez les peuples pauvres, d'une lutte plus égale contre les pandémies. En cela, la portée spirituelle de ce siècle se contemple déjà. Le XXIe siècle sera.

Écrire

Un autre genre d'activité a débuté à cette période pour m'occuper, finalement, jusqu'à aujourd'hui. Je me suis mise à écrire. À vrai dire, j'avais commencé une ébauche de mes « Mémoires » dès la fin des années quatre-vingt, en Égypte. J'étais alors conseillée par deux jésuites de haute stature intellectuelle et spirituelle, les pères Maurice et Boulad, l'un français, l'autre égyptien.

Qu'est-ce qui pousse à prendre la plume ? Serait-ce un désir de dialoguer, de livrer une vision des êtres et attendre ce que d'autres en pensent ? Serait-ce ce désir d'engendrer dont Socrate parle comme étant ce qui monte au cœur de l'homme d'un certain âge ? Écrire, n'est-ce pas un genre d'enfantement, dans le sens où l'on fait sortir hors de soi-même ce qu'on porte de plus profond ? Serait-ce encore, plus prosaïquement, le désir d'être connue, de se faire un nom, peut-être aussi de perdurer dans le temps ? Sans doute ces différentes aspirations se sont-elles conjuguées en moi, avec un accent particulier selon les sujets. Lorsque, de plus, on a partagé de manière intime la vie d'une population comme je l'ai fait, on acquiert une connaissance de l'homme qui n'a plus rien de superficiel. De là vient le désir de faire goûter à d'autres cette incroyable richesse.

Arrivée à Callian, je sentais toujours le besoin d'être aidée dans cette entreprise. Une collaboration qui allait devenir de plus en plus fructueuse débuta à ce moment. Je repris contact avec l'abbé Philippe Asso, dont j'avais fait la connaissance quelques années auparavant lors d'une tournée de conférences. Alors âgé d'une trentaine d'années, il exerçait déjà un ministère important dans le diocèse de Nice : aumônier des étudiants de l'Université, responsable de la formation permanente du clergé, collaborateur en paroisse. Il préparait aussi une thèse de doctorat sur l'influence d'Aristote dans le livre biblique des Actes des apôtres. Il répondit positivement à mon appel et prit le relais de Benoît Lambert, qui m'avait bien aidée aussi.

Nous avons commencé à corriger les premiers manuscrits de ce qui deviendrait ces *Confessions*. Tout en poursuivant un travail qui, par définition, ne serait achevé qu'avec la fin de mes aventures, je lui ai aussi demandé de vérifier le plan, les cohérences de fond et la théologie des ouvrages que j'écrivis ensuite avec d'autres, comme je vais le raconter. Finalement, nous en sommes venus à écrire ensemble mes deux derniers livres. On apprend à bien connaître quelqu'un en collaborant ! Je le pris comme confesseur.

Sur ce plan spirituel, je dirai simplement ceci : j'étais obnubilée par le combat acharné contre mes défauts et comptais surtout sur mes propres efforts. Ce combat était dès lors perdu d'avance : on ne change pas de peau ! Philippe a déplacé mon centre d'intérêt. Je devais moins m'attarder sur moi-même pour me regarder, mais me raccrocher davantage à la miséricorde infinie de Dieu qui m'aime telle que je suis, et me transforme dans cette relation d'amour. En un mot compter sur Dieu et non sur moi.

Sur ce fond d'itinéraire de libération intérieure, pierre après pierre, une œuvre s'est peu à peu construite. Voici l'histoire de sa genèse. Dès que, chez les chiffonniers, j'ai commencé à recevoir une aide financière, j'ai envoyé régulièrement aux amis et donateurs une « Lettre du Caire ». Je leur faisais savoir ainsi comment leur argent transformait peu à peu la vie du bidonville. Une de mes amis italienne, Giovanna, m'écrivit à plusieurs reprises pour m'inciter à publier mes aventures quotidiennes. Un beau jour, en 1976, j'ai pris une semaine de congé et suis retournée dans ma communauté à Alexandrie. Je me suis installée dans une cabine sur la mer. Est-ce le bruit des vagues, les ailes blanches des mouettes sur le ciel bleu, le balancement au loin des navires, toujours est-il que je me suis sentie inspirée. La plume courait sur les feuilles. Les divers événements cocasses de mes premières années chez mes amis chiffonniers me revenaient à la mémoire. Je n'avais qu'à les faire surgir dans leur humanité brute, pétrie de contrastes : naïfs et roublards, rudes et doux, pieux et mécréants, ces hommes et ces femmes sont toujours bons vivants, prenant la vie à la rigolade. *Chiffonnière avec les chiffonniers* venait de naître. Mais par qui et comment publier ? Madame Roze, une amie dont le mari était conseiller culturel à l'ambassade de France, prend l'affaire en main. Le manuscrit atterrit enfin aux Éditions ouvrières. Il traîne un an dans les cartons avant de paraître. La publicité étant presque nulle, ce ne fut guère une réussite ! Quelques personnes pourtant m'écrivirent avoir trouvé « super » l'ensemble de ces anecdotes ponctuées de réflexions humoristiques. Une lectrice me fit savoir qu'elle s'en délectait le soir et que cela finissait par l'endormir, ce dont elle me remerciait cordialement. Endormir les gens, ce fut le premier succès de ma prose !

Je l'ai dit : c'est vers la fin de mon séjour en Égypte que je me suis sentie poussée à retracer le périple de mon existence et à confier sa contradiction interne. Il y a certes en moi un élan vers l'action étourdissante, la jouissance et le divertissement, mais il y a aussi quelque chose de plus profond qui m'appelle à agir de manière diamétralement opposée. Ce plus profond en moi, c'est Jésus, l'Homme-Dieu qui va jusqu'au bout de l'amour. Lui m'oblige sans cesse à me dépasser. Il m'est impossible de lui résister, je ne peux pas ! Aucun homme n'a pu m'attirer comme ça. Moi qui n'ai rien de la sainte et bonne religieuse, les gens m'abreuvent de compliments. Mais ce n'est pas moi, c'est lui en moi ! Il m'est donc apparu que la forme la plus appropriée de ces « mémoires » serait les « confessions d'une religieuse ». J'entendais en effet y faire paraître sans fard et les pauvretés et les richesses qui sont miennes, et qui pourtant ne m'appartiennent pas. Ma vie est ainsi un perpétuel ravissement : j'ai le sentiment continuel de sauter par-dessus les obstacles, de n'être à la fois rien par moi-même et tout avec mon bien-aimé, avec qui je vis, qui me tient par la main et qui, je ne le dirai jamais assez, m'aime telle que je suis.

Mais j'ai tout de même une certaine pudeur. Je ne veux pas, de mon vivant, être nue devant d'autres. Pourtant, je veux me dénuder. D'abord par exigence de vérité : voilà ce que je suis. Pour une autre raison, ensuite : j'ai la conviction, ce faisant, d'être utile. Il me semble que le bien que je fais parfois aux gens qui m'écoutent vient de ce qu'ils perçoivent mon humanité profonde, semblable à la leur. Aucune raison donc, une fois morte, de la leur cacher. Pour autant, de mon vivant, je ne suis jamais arrivée à faire comprendre à mes interlocuteurs que, dénudée, je ne suis que pauvreté, que tout chatoiement qui semble émaner de moi vient en fait de ce qu'un autre m'a revêtue d'une parure de fête : Lui, mon bien-aimé !

J'ai toujours aimé fredonner de vieux cantiques, des airs de jeunesse... C'est comme une unité dans le temps, entre la jeune fille d'hier et la vieille religieuse d'aujourd'hui. En l'occurrence, je me souviens qu'au noviciat, on chantait : « Je tressaille de joie dans le Seigneur, / mon âme exulte en mon Dieu. / Car il m'a enveloppé du manteau de l'innocence, / il m'a fait revêtir les vêtements du salut, / comme un jeune époux se pare du diadème, / comme une mariée met ses bijoux[1]. » Ton

1. Isaïe 61, 10.

passé bouillonne encore dans le présent, Emmanuelle, ne le laisse pas se dessécher. À travers le récit de tes aventures, livre à d'autres l'art de vivre et de faire vivre que t'ont légué les sages des cinq continents ; reprends les chapitres inachevés de tes *Confessions* !

L'abbé Philippe Asso me lit, rature, conseille. Ses avis sont savoureux. Il note : « passage écrit par une vieille institutrice du début du siècle. » J'encaisse et je corrige. Parallèlement à ce travail de fond, je suis peu à peu amenée à m'ouvrir à de plus larges horizons, à d'autres sollicitations. Comme je le raconterai plus loin, je commence à être connue, et l'on s'intéresse à ce que je pourrais dire. En 1995, des entretiens avec la journaliste Marlène Tuininga deviennent *Le Paradis, c'est les autres*. J'essaie d'y transmettre le secret que m'ont révélé les gens heureux. Il est si simple : leur cœur est rayonnant de bonté, les rayons de joie qu'ils diffusent leur reviennent, réfractés.

Sur ces entrefaites, Jacques Duquesne publie *Jésus*, une sorte de biographie qui suscite de savantes controverses. Son approche, rationnelle et historique, ne correspond pas à ma relation, mystère et proximité, avec Jésus-Christ. Je réponds donc par *Jésus tel que je le connais*, toujours avec les avis experts de Marlène Tuininga et les vérifications de Philippe. Je n'y disserte pas. J'épanche ma relation d'amour avec l'être merveilleux qui transfigure chacune de mes journées.

Puis le drame d'une certaine jeunesse qui erre, sans repères, m'interpelle. Je lui consacre *Yalla, en avant les jeunes !*, avec Françoise Huart cette fois. Une tête de chapitre résume mon propos : « Les jeunes motivés sont fabuleux. » Je n'ai eu qu'à décrire ceux que j'avais vus à l'œuvre.

Mais Philippe revient, par deux fois consécutives, à la charge. En collaboration avec lui, je m'en vais donc tenter de « coucher sur le papier » deux des lignes de force de ma vie dont j'avais beaucoup parlé, mais que je n'avais jamais mises en forme. *Richesse de la pauvreté* tente de résumer, pour la transmettre, mon expérience de l'action humanitaire, de ses conditions de validité, de ses ressorts profonds, de sa portée divine. Dans *Vivre, à quoi ça sert ?*, je livre un chemin de sens qui m'a permis d'accepter et de dépasser l'angoisse existentielle de tout être humain, grâce à mon maître à penser, le philosophe Pascal.

À part quelques opuscules, c'est tout, pour le moment ! Avec ces ouvrages, j'ai inauguré une sorte de colloque nouveau avec les gens. J'ai pu entrer en contact direct avec des lecteurs de convictions très différentes ; les toucher, parfois au plus profond d'eux-mêmes ; faire passer ma propre expérience de vie. J'ai voulu, à travers eux, faire du bien, j'ai voulu clamer à tous le sens merveilleux de la vie.

Mais cela m'a fait du bien, à moi aussi. Mes collaborateurs successifs, et Philippe Asso en particulier, m'ont aidée à faire sortir, à extraire de moi-même cette préhension de la vie. D'autre part, le fait d'exprimer cette reconversion permanente à la vérité de l'être, à la miséricorde de Dieu, a affermi mon dialogue avec Dieu et avec les hommes. Parce que, finalement, ça fait un. Écrire a mis de l'unité dans ma vie.

Nouvelles orientations

À peine écoulée ma première année en régime de retraite, la responsable de ma communauté est excédée d'avoir un rôle de garde-chiourme. Elle avait en effet à dire non à tout appel de l'extérieur. Quant à moi, je sentais qu'il m'était encore possible d'être utile en y répondant, alors que cela ne m'était pas permis. Philippe Asso me fait alors remarquer que mon mode de vie n'intègre pas suffisamment ma vocation fondamentale : me rendre plus proche des pauvres et, pendant que c'est encore possible, tenter de livrer un message de valeur.

Un nouveau tournant va s'opérer. Deux réunions de concertation se tiennent entre sœur Thérèse, alors responsable de la communauté, Philippe Asso, Christiane Barret et Trao N'Guyen, respectivement présidente et trésorier de l'association. Des décisions sont prises : d'une part, c'est moi désormais qui aurai la responsabilité d'accepter ou non les multiples invitations. J'ai prévenu sans ambages que je les accepterai toutes, je ne refuse rien ! D'autre part, contact est pris avec Les Amis de Paola, une association qui s'intéresse aux SDF.

Avant de décrire le tourbillon dans lequel ma nouvelle liberté d'action allait petit à petit m'emporter et enfin m'obliger à réagir, je voudrais dire l'essentiel de l'expérience fabuleuse qui m'a été donnée de vivre en côtoyant le monde des exclus. Ce nouveau champ d'activité allait en effet canaliser mon énergie pendant plusieurs années, jusqu'à environ 2003.

Je découvrais, dans un local à Fréjus, les gens de la rue, hommes et femmes qui avaient coupé tout rapport avec leur famille et la société. Pour être entièrement à leur disposition trois jours par semaine, sauf pendant mes déplacements, j'avais une chambrette à Fréjus même. Quel choc salutaire me fut offert lorsque je me suis trouvée face à face avec un univers qui m'était totalement étranger ! Des confidences terribles me firent comprendre à quel point ces êtres méprisés, exclus, sont des frères et sœurs de sang qui, malheureusement, ont roulé plus bas que moi. Pourquoi ? Des événements porteurs de souffrance et d'injustice les ont entraînés jusqu'à les jeter à terre. L'un d'eux a vingt-huit ans. Il me raconte son drame d'une voix hachée : un jour – c'était alors un gosse de dix ans –, sa mère, excédée d'être battue, a sous ses yeux planté un couteau dans la poitrine de son père. Un autre avait cinq ans lorsque sa mère l'a emmené avec sa petite sœur pour fuir un mari alcoolique qui les tabassait avec un bâton. Le regard lointain, la voix presque inaudible, il ajoute : « Maman avait besoin d'argent pour nous faire vivre...

les hommes se succédaient. Le dernier me haïssait, je ne sais pas pourquoi. Un certain dimanche, il m'a roué de coups de pied et m'a jeté à la rue. J'avais quinze ans, je n'avais qu'une chemise et un pantalon. » La suite était toujours la même, lamentable : traîner de lieu en lieu, chercher en vain du boulot, boire pour se consoler – « la bouteille, ma Sœur, c'est ma seule consolation ! » –, voler, être recherché par la police, se cacher. Un refrain revenait dans la bouche de tous : « le pire, c'est quand on se sent méprisé, avili, redouté comme un bandit. »

Mais voilà l'incroyable : dès qu'ils se sentent écoutés sans mépris, compris, aimés tels qu'ils sont, une sorte de déclic se produit. Ils veulent bien se laver, se raser, accepter des vêtements convenables. Malheureusement, les sortir de l'alcool, c'est une autre histoire. Le soir, dans leur squat, en compagnie de misère, ils se remettent à boire, à se droguer. Une nuit, dans un sombre coin de rue, ils crèvent d'overdose, comme des chiens sur le trottoir. Seuls dans les ténèbres, sans une main qui tienne la leur, sans une voix qui les réconforte ! Tel fut le sort de Tony. Quand je fus appelée à l'hôpital Bonnet à Fréjus, avant que ne se ferme pour toujours son cercueil, j'ai déposé un dernier baiser sur son front. À cet instant, je me suis juré de lutter de tout mon être pour sauver ces jeunes qui marchent vers la mort. Peut-on se contenter d'une larme versée ? Chacun de nous n'est-il pas responsable du sort des autres ? Plus profondément, n'y a-t-il pas une unité fondamentale entre tous les humains ? Ce que l'un fait de fabuleusement bon ou de radicalement mauvais n'appartient-il pas à moi aussi ? J'aurais pu, moi aussi, faire la même chose. Quelle différence entre ce détenu qui a égorgé ses deux enfants et sœur Emmanuelle ? Aucune, sinon dans le déroulement de leurs vies et les conditions de leurs environnements. Dans sa misère, cet homme est mon frère de sang.

Mais j'ai du mal à collaborer à des projets sans en être actrice... Une équipe distincte de l'association de départ se constitue progressivement, décidée avec moi à fonder un foyer d'accueil de jour et de nuit. Bernard Girard, préfet honoraire, Jacques Imbert, expert en projet, et surtout Bernard Dole, retraité, apportent leurs enthousiasmes et leurs capacités. Nous nous orientons vers le projet d'une structure en pleine nature, propre à un travail agricole en vue d'une rééducation et d'une formation. Las ! aucun maire ne nous accepte : sous la pression de leurs villageois, ils s'affolent à l'idée de recevoir des SDF sur leur commune, la lie de la population !

Nous nous sommes alors intéressés aux jeunes chômeurs découragés car déboutés de toutes leurs démarches. Pour éviter qu'ils tombent alors dans la drogue et l'alcool, paradis artificiels, tentations des désespérés, nous voulons leur proposer une année de formation sous l'égide de la chambre d'agriculture du Var, présidée par un homme remarquable, Claude Bonnet. Cela leur permettra d'obtenir un diplôme officiel. Le ministère de l'Agriculture soutient notre projet. Je passe sous silence nos multiples recherches d'un terrain agricole qui soit en même temps constructible. À l'heure où j'écris, il semblerait que nous l'ayons enfin trouvé. Nos précédentes déconvenues me rendent prudente. *Yalla !* En avant ! Ce sera peut-être le dernier combat de ma vie, mais s'acharner, c'est vaincre.

De l'amertume à l'émerveillement : l'incarnation

Revenons au moment où me voici libre de répondre positivement ou non à ce qui me serait proposé. Telle que je suis, je ne sais rien refuser ! J'entre dans un engrenage. Mes associations me convoquent en France,

Suisse, Belgique ; elles me font passer à la radio, à la télévision. La paroisse du quartier de Ragnitz, à Graz en Autriche, me réclame : ses membres se montreront d'une incroyable générosité. Les conférences se multiplient, je rencontre des jeunes débordant de dévouement. Je suis invitée dans des églises bondées. À Paray-le-Monial, une foule de sept mille personnes, en majorité de dix-huit à vingt-cinq ans, prie et chante. À Paris, j'acclame Jean-Paul II avec un million de jeunes lors des JMJ (Journées mondiales de la jeunesse). Des fiancés me parlent de leur préparation spirituelle au mariage. Je suis invitée à de joyeux repas dans des familles épanouies.

Le procès effarant entendu lors de mon premier déjeuner à Callian me revient à l'esprit. Bien sûr, le mal existe, mais le bien aussi. Tout n'est pas pourri, loin de là ! Que de signes de santé physique et morale je rencontre à chaque pas, maintenant que je suis redevenue « mobile ». Heureusement, je n'en reste pas moins orante, d'abord parce que – Dieu merci ! – je ne suis pas toujours par monts et par vaux mais que je passe une bonne partie de l'année dans l'oraison, avec mes sœurs ; ensuite parce que j'entends mieux battre le cœur des hommes, je partage davantage leurs joies et leurs peines, et ma prière prend une intensité nouvelle.

Le reproche d'être par trop en mouvement m'est cependant bientôt fait. Je m'empresse de répondre :

« Je n'aime pas dire non à qui que ce soit, reprenez donc la responsabilité de répondre aux demandes qui me sont adressées.

— Il n'en est pas question, Emmanuelle, mais ne peux-tu pas te modérer toi-même ? »

Me modérer, ai-je jamais pu le faire ? Il me fallut du temps et quelques rencontres avec mes supérieures, mon association et Philippe pour comprendre ceci : je devais trouver l'équilibre entre les temps de sortie, de don aux autres, et les temps de rentrée, de méditation silencieuse et de vie fraternelle en communauté pour recharger mes batteries. Je suis obligée de reconnaître que je n'arrive pas, assez souvent, à tenir les rênes du cheval fougueux que je suis, encore amateur de galopades à quatre-vingt-quinze ans ! Ô vieillesse trop ardente, quand te résigneras-tu à tempérer le bouillonnement de la jeunesse ?

Si bien que c'est une tornade d'activités qui, peu à peu, se forme et m'emporte. De fil en aiguille, me voici engloutie par les médias, les écoles, les appels de particuliers, etc. Chaque nouvelle intervention médiatique m'apportait un surcroît de notoriété, et la notoriété grandissante m'amenait de plus en plus de demandes. Et cela m'a plu. J'ai été séduite par cette spirale. J'ai cru un moment à tous ces excès de compliments, ballons gonflés de vanité. Heureusement, la Vierge veillait sur cette pauvre Emmanuelle qui, dans cet activisme, risquait de perdre sa propre identité. Dans la prière, j'ai compris le danger : je voyais bien que tout cela n'était que des appâts trompeurs.

Mais comment ne pas me laisser noyer dans cette écume ? Mon travail était constamment teinté d'une certaine amertume. Je n'arrivais pas à transcender le divertissement avec tout ce qu'il contenait de non-valeur. Je n'arrivais pas à m'en déprendre. Comme dans ma jeunesse, je me sentais à nouveau vaincue. J'étais, à nouveau, en dessous. Quelle régression ! L'arrivée au bidonville avait concrétisé tout ce que, toute ma vie, j'avais souhaité : mon rêve se réalisait ! C'était le sommet de ma vie, il n'y avait rien au-dessus de cela. La valeur profonde de mon être était alors en adéquation avec la valeur profonde de l'action. Et voilà que ma vie et mon action était en danger de perdre cette valeur trouvée au bidonville.

Cette période de « retraite » m'a prise au dépourvu, avec son cortège d'activités nouvelles, et m'a donc contrainte à un autre genre de travail, qui dura des années. J'étais acculée à donner un autre souffle, un autre sens, à mon activité. J'étais prise à la gorge, forcée à m'approfondir. Qui étais-je ? Cet être toujours porté au-dehors, sensible à ce que l'on pense de moi ? Ou bien cette personne attentive à une petite voix qui jugeait sans cesse tout ce qui est extérieur avec un certain mépris ? Longtemps, avec Philippe Asso, nous avons travaillé là-dessus, pour y discerner une double part d'erreur. D'une part, en me laissant ainsi entraîner, j'en venais à éprouver un sentiment de perte. D'autre part, j'en sécrétais de l'amertume, méprisant indûment les choses humaines.

Peu à peu, j'accédais à un troisième état : l'acceptation de ma faiblesse, de mes manques, de mon vide. Je m'offrais au Seigneur dans la pauvreté réelle de l'âme. *Finalement, je n'étais pas pauvre !* Obligée à entrer dans la pauvreté reconnue et valorisée de l'être, j'ai commencé à accéder à la vraie pauvreté. La béatitude promise aux pauvres par le Christ ne demandait pas d'abord de « ne rien posséder », ni même de « vivre avec et pour les pauvres ». Les pauvres en esprit et vérité sont ceux qui reconnaissent leur néant, l'assument pour le faire entrer dans le Christ incarné. Sainte Catherine de Sienne rapporte qu'il lui fut dit : « Ma fille, apprends que Je suis Celui qui suis, et que tu es celle qui n'est pas. » La vraie pauvreté, celle qui sauve soi-même et le monde, c'est celle du Christ, le Verbe fait chair, en qui seul se réalise l'alliance entre l'être et le non-être. Tout entre dans cette alliance, les richesses et les faiblesses, la vie éternelle et le néant. C'est par le fait d'être roulé et charrié dans ce fleuve qu'est Jésus-Christ que le néant devient être. Tout est alors transformé, non pas grâce à nos propres efforts – et Dieu sait si j'en avais fait ! –, mais grâce à cette aspiration continue dans le Souffle de Dieu, cette intimité avec le Fils de Dieu.

On n'est jamais complètement libéré, mais cette troisième voie fut pour moi une nouvelle libération. À travers ma faiblesse – car la faiblesse ne change pas –, je savais maintenant comment me libérer, minute après minute, jusqu'à la dernière. Je goûtais mieux le message pour l'humanité délivré à une religieuse polonaise béatifiée par Jean-Paul II, sœur Faustine : « Plus grande est la misère, plus grand est *le droit*[1] à ma miséricorde. »

Je passais de l'amertume à l'émerveillement. Dans cette conversion, quelque chose redevenait relationnel et donc vivant. Dans la dynamique de l'incarnation, j'assumais mieux, et d'un même mouvement, ma pauvreté essentielle et tout ce qui est humain. La réconciliation ontologique avec mon identité, essentiellement imparfaite, me permettait de comprendre que tout ce qui touche l'homme, même ses faiblesses, a valeur devant Dieu. À mesure que, grâce à Dieu, ce travail se poursuivait en moi, je saisissais davantage la valeur extraordinaire de tout être humain. J'avais toujours eu du respect pour l'être humain, dans la diversité de ses aspects. Mais il s'agissait désormais de considérer son caractère sacré. Avant, je ne reconnaissais vraiment que la valeur du pauvre, et méprisais quelque peu la superficialité des nantis. Dans mes conférences, qu'est-ce que je ne balançais pas à la tête des gens, autrefois ! Or, il y a une valeur divine chez tout être humain. Avant, j'étais fascinée par la ressemblance prioritaire du pauvre avec le Christ. Cela demeure vrai, mais cela devient faux si le même regard n'est pas porté sur tout être humain, quel qu'il soit. Tout ce qui m'apparaissait auparavant mondain, superficiel, contraire au Royaume de Dieu, ne l'était pas.

Ainsi, en coulant mon regard dans le regard de Dieu sur l'homme, j'ai approfondi l'homme. Le regard de Dieu est toujours un regard de respect, de compréhension. Dieu a l'indulgence que montrent, en général, les mères : quoi qu'il arrive, elles excusent tout de leur

1. C'est moi qui souligne.

enfant et, pour lui, sont prêtes à tout car il est toujours plus ou moins innocent à leurs yeux. Dieu a aussi l'indulgence des pères : si leur enfant fait une chute, ils l'attribuent à sa faiblesse ; s'il est fautif, moins aveuglés que les mères, ils ne mettent cependant pas la faute ou le crime au premier plan, mais plutôt leur lien avec l'enfant bien-aimé. Dieu est l'avocat des causes perdues en apparence, car lui seul connaît le dédale du cœur, les labyrinthes d'une vie.

L'homme ne se connaît pas lui-même.

Peu à peu, tout en continuant à répondre aux demandes qui m'étaient faites, je commençais à les assumer dans leur vérité. L'association avait besoin de moi, et je me devais de contribuer à la faire connaître, même si ma « médiatisation », je le voyais bien, avait quelque chose de mondain. J'apprenais à ne plus mépriser les choses du monde, à les accepter avec humour, à leur accorder leur valeur, tout en sachant les dépasser. En effet, elles ne constituent pas le sens de la vie : il faut les traverser pour les emporter plus haut, leur apporter leur valeur d'éternité.

Qu'est-ce à dire ? Il s'agit de prendre tout cela dans sa simplicité, tout bonnement : rien n'est méprisable de ce qui est de l'homme, puisque le Christ lui-même a pris notre chair et est « devenu semblable aux hommes et a été reconnu comme un homme à son comportement[1] ». À sa suite, l'objectif est que l'humain et le divin ne fassent qu'un, comme le corps et l'âme, distincts et inséparables. J'étais conviée à assimiler ce qui en soi paraît de moindre valeur pour le faire entrer dans cette dynamique d'incarnation. Si je voulais garder mon identité, il me fallait discerner à travers ces appels ce qui appartient à l'essence humaine, l'assumer pour l'exhausser. Accepter la condition humaine, c'est assumer une bonne fois pour toutes l'imperfection radicale

1. Philippiens 2, 7.

de l'homme dans son identité et dans ses actes. Par le fait même de cette assomption, l'amertume disparaît.

De plus, ma barque était en train de quitter le rivage pour gagner l'autre bord. D'un côté, ce que je quitterai bientôt : le non-être, l'écume de la notoriété et des louanges ; de l'autre, la terre enfin ferme où j'allais accoster : l'autre monde où les valeurs sont bien différentes. La perspective de ce passage prochain se faisait avec d'autant plus de sérénité que, durant les dernières années, j'avais pu mesurer combien l'avenir de mes initiatives était désormais assuré.

L'avenir est assuré !

Pleurs et chansons, c'est la vie. En 1997, je connais un immense bonheur : je retourne au Caire pour l'inauguration d'un lycée de filles. Ces demoiselles ont gagné leur pari. Elles obtiennent d'étudier jusqu'au baccalauréat. Elles en éclatent de fierté, et nous tous avec !

Sœur Sara m'entraîne à travers les ruelles du bidonville, la foule des gosses dépenaillés a en grande partie disparu, nous passons devant des écoles impeccables de propreté. Je ne vois plus une seule cabane en vieux bidons, mais des maisons en briques, agrémentées de métiers à tisser : les chiffonnières accroissent ainsi le revenu familial. Elles reçoivent une formation dans une nouvelle bâtisse, attenante à l'usine de compost. La présidente de l'association qui la pilote, Yousreya Sawiris, secondée par Leyla Kamel et Anne-Marie Campo, valorise ainsi les femmes et redouble dans le bidonville l'impact du lycée. J'ai l'impression de vivre en plein miracle. Danse et chante, Emmanuelle, l'avenir de nos filles s'annonce glorieux !

Du Caire, je m'envole à Khartoum. Mon vieux cœur va-t-il bondir de joie ? Kamal me hisse dans une jeep qui, en cahotant, nous emporte vers des écoles où je me régale à la vue de jeunes gens aux joues rebondies et aux membres musclés, en me délectant de leurs succès aux examens officiels : leurs lendemains sont assurés ! Dans les fermes, je mange avec appétit fromage, légumes et fruits produits par des adolescents aux yeux qui pétillent. Ils m'offrent même un cadeau pour mes pieds : une paire de souliers confectionnée dans les ateliers du soir et qui me chausse parfaitement. Je l'emporte en souvenir. J'assiste à une dernière réunion sur une esplanade remplie d'une nuée de têtes crépues d'où la joie fuse en feu d'artifice. Décidemment, l'équipe du Khartoum fait jaillir la vie comme un geyser !

Je suis comme un arbre vétuste qui revivifie ses racines. Rien de tel pour rajeunir que de revenir sur le terrain de son action, de la voir amplifiée, et de la prolonger par le témoignage de la parole. Poursuivre sa vocation jusque dans le « grand âge » relaxe le corps et apaise l'âme.

De retour à Callian, d'autres nouvelles viennent m'épanouir encore. L'association de Bruxelles, après avoir mis en orbite les premières activités chez les chiffonniers, s'est investie au Sud-Soudan miné par la guerre et la famine. L'association de Paris rencontre monseigneur Taban. Ceux qui le connaissent le surnomment « l'évêque le plus intrépide du globe ». En effet, dans son diocèse du Sud, à Torit, il aide en temps de disette les deux camps, chrétien et musulman, sans distinction. Le résultat est concluant : il est successivement jeté en prison par les uns et les autres comme « traître qui nourrit les ennemis ». Il en sort pour continuer, imperturbable, à secourir tout homme qui souffre. Pierre Gehot, président de la branche belge des Amis de sœur Emmanuelle, insouciant du banditisme et des torrents débordés, part régulièrement à Torit porter les subsides qui sauvent de la mort. J'appelle à l'aide Bernard Kouchner, fidèle ami depuis notre rencontre à Khartoum. Entre deux charges ministérielles, il file avec Gehot en pleine brousse où ils fondent un hôpital de secours d'urgence. Quand les Belges et les Français agissent ensemble, « ça pète » !

Les Amis de sœur Emmanuelle de Paris et leurs partenaires arrachent à l'illettrisme, à la prostitution, à la mort, soixante mille enfants à travers le monde. Quelle fierté pour des parrains et des marraines de recevoir une photo de visages épanouis et la nouvelle de carnets scolaires triomphaux ! Dans les chantiers ouverts au tiers-monde, des volontaires aux bras solides et au cœur chaud secondent un maçon pour construire écoles, logements, dispensaires et partagent sans trembler la vie dure du pays. Ils vont même, comme aux Philippines, dans une prison de gosses abandonnés. Ils éduquent, animent, déchaînent les rires et les chansons. Ils reviennent, enchantés de leur aventure. Voici quelques-uns de leurs témoignages : « Vivre avec les pauvres vous fait changer de peau, vous enrichit : ils sont toujours prêts à partager le peu qu'ils ont, ils diffusent une chaleur humaine inconnue chez nous, car on y goûte peu la joie de la convivialité. » J'apprends qu'après une telle expérience, les jeunes entrent en lice afin qu'autour d'eux on se regarde, on s'écoute, on s'épaule dans la cordialité.

J'écris ces lignes vers la fin de l'année 1998. J'ai encore l'âme blessée du récent voyage au Burkina Faso où une équipe des Amis de sœur Emmanuelle m'a entraînée. C'est un des pays les plus pauvres de la planète. J'ai traversé des kilomètres de routes sans un champ cultivé, mes yeux n'ont rencontré que des broussailles. Le soleil dépasse quarante à cinquante degrés en été, comment labourer la terre avec une houe en bois ? Durant la saison des pluies, le sorgho est hâtivement semé, la récolte permet de survivre le reste de l'année. Le sida fauche les vivants, avec de l'aspirine pour seul remède. Comme aux anciens temps, cette épidémie bannit ses victimes de leurs cabanes, de leurs villages. Ils errent sans feu ni lieu. Les paroles de Paul VI dans l'encyclique *Populorum progressio* bondissent devant moi en lignes de feu : « Les peuples de la faim interpellent de façon dramatique les peuples de l'opulence. L'Église tressaille devant ce cri d'angoisse. » Oui, heureusement, l'Église est présente au Burkina : des religieux, des religieuses s'acharnent pour revitaliser le pays, où des laïcs s'investissent à leur tour.

L'association soutient l'œuvre de Marie-Laure Frison. Cette femme ne craint rien ni personne : elle soigne et accueille les enfants des rues, au couteau vite tiré. Elle nourrit bébés rachitiques et mères amaigries. Elle apparaît rayonnante devant le dispensaire bien équipé que nous avons contribué à construire. Elle a ouvert deux classes pour les petits de deux à sept ans. La distribution d'une nourriture substantielle est assurée par de jeunes Françaises bénévoles.

J'avais peur de ne pas tenir le coup, mais l'équipe de Paris et Marie-Laure ont veillé avec vigilance sur mes quatre-vingt-dix ans. Nous repartons dans l'espérance, même si notre action paraît dérisoire dans un pays quatre fois grand comme la France. Nous mettons sur orbite deux projets miracles : une école agricole que Jacques Delors accepte de soutenir et un programme de lutte contre le sida que Bernard Kouchner patronnera. Petite graine plantée en terre deviendra un grand arbre ! Ma retraite s'embrase d'une double fulgurance : celle du passé où, grâce à des auxiliaires de première classe, des êtres humains ont pu renaître à l'espérance ; celle du présent où, sans que j'aie à intervenir, l'œuvre prend une formidable expansion grâce à la compétence des associations et le dynamisme des partenaires locaux.

Sois en paix, Emmanuelle.

Vers l'autre rive...

Je suis maintenant portée à lever davantage les yeux vers l'au-delà, et de manière plus constante, plus concrète, plus ancrée dans ma vie. En effet j'ai beaucoup d'imagination, j'ai besoin d'images. Dans ma chambre, j'ai sous les yeux « l'au-delà de la mort », une reproduction de la *Ronde des élus* de Fra Angelico. La grâce ailée du peintre décrit la danse de moines, tenant chacun la main d'un ange, montant vers la lumière dans l'exultation. Je me reconnais dans cette danse : j'ai déjà le pied levé, je suis déjà partie. Ça y est, je suis à la porte, elle s'entrouvre. Et je ne suis pas seule : j'entre où combien d'aimés m'attendent !

Parmi les hommes qui sont passés sur la terre, il en est un qui m'impressionne, que je prends comme modèle et même comme recours. Il s'agit de celui qu'on appelle le bon larron. L'histoire n'a pas retenu son nom, et pourtant ! Voilà un grand délinquant, sûrement un bandit de grand chemin et peut-être un criminel. Lorsqu'il est crucifié pour ses méfaits selon le droit romain, c'est en fait l'occasion de sa vie : l'homme pendu à ses côtés n'est autre que Jésus. Quelque chose se joue tout à coup. Il assume ses actes, en conscience. Au lieu d'être injurieux comme l'autre malfaiteur, il reconnaît l'injustice subie par Jésus : « Pour nous, c'est justice, nous payons nos actes, mais lui n'a rien fait de mal[1]. » Sortant donc de lui-même, il prononce une confession de foi implicite : « Jésus, souviens-toi de moi, lorsque tu viendras avec ton Royaume[2]. » Dans cet homme humilié, crucifié, il voit l'innocent condamné qui pardonne à ses bourreaux, celui qui ne cesse pas de prier dans l'angoisse et la solitude, celui dont les autres se moquent et qui ne répond pas aux outrages. En cet homme, il reconnaît le

1. Luc 23, 41.
2. Luc 23, 42.

Messie. Sa compassion pour Jésus est telle que la conscience de son péché n'est pas un obstacle à son acte de foi. Pour cette raison, et sans autre condition, il entend une parole incroyable, l'annonce de son salut : « En vérité, je te le dis, aujourd'hui tu seras avec moi dans le Paradis[1]. » Qui, parmi les croyants, oserait encore douter de la miséricorde de Dieu ? Lequel, parmi les hommes, oserait encore douter de la capacité d'amour de l'homme ?

Je parle de cela maintenant, mais qu'en sera-t-il à l'agonie ? Sur mon lit de mort, je ne sais pas où j'en serai. Serai-je dans le trouble, la perte de l'espérance, la souffrance exacerbée ? En fait, ça m'est égal : ce ne sera qu'un passage. Il sera peut-être terrible, mais n'ai-je pas dit des millions de fois à la Vierge : « priez pour nous pauvres pécheurs, maintenant et à l'heure de notre mort » ? Et je dis « Amen », c'est-à-dire je crois que, au moment le plus critique de mon existence, dans le fil d'une relation intime et profonde avec elle, il me paraît impossible qu'elle ne soit pas là, dernier recours d'une mère qui tient la main de son enfant à l'heure décisive. J'ai besoin de maternité. Or, « les trésors d'une mère appartiennent à son enfant » (sainte Thérèse de l'Enfant-Jésus). Je crois que la Vierge recouvrira mon manque d'être et mon néant du manteau de sa propre richesse, et cela m'est une assurance.

Pour le reste, je n'en sais rien. L'essentiel est que je crois qu'elle sera là, même si je ne sentirai probablement pas sa présence. De toute manière, je me suis toujours méfiée des sensations à cause de mon imagination débordante et de ma capacité d'exaltation. C'est pourquoi je suis heureuse de n'avoir, dans mon existence, jamais rien senti – ou quasiment – de ce genre de chose. Au moins ne me suis-je jamais fait illusion. La foi suffit.

---

1. Luc 23, 43.

Je me suis ainsi préparée à la mort, mais pas à la vieillesse. J'en suis désemparée. Jusqu'en avril 2005, je peux dire que je ne me sentais pas une vieille femme : je pouvais encore travailler à écrire jusqu'à une heure du matin ; bien que plus difficilement, je me déplaçais seule. J'étais sur le point de faire une tournée : Bruxelles, Paris, Genève, Graz. Arrivée en Belgique, au moment de commencer une conférence, voilà que je suis prise d'une douleur telle que je m'effondre. Presque évanouie, j'entends : « Vite, elle tombe dans le coma. » Un petit calcul dans le canal cholédoque m'a littéralement jetée par terre. Même après quatre mois de soins, je ne suis plus comme avant. J'ai besoin d'aide, au lever comme au coucher. J'ai besoin d'une chaise roulante et de quelqu'un qui la pousse. Je me sens habituellement fatiguée et parfois somnolente. Me voici devenue vieille.

Je n'étais pas prête à cela, à assumer dans un abandon souriant mon impuissance physique. Je m'étais constamment battue, au long de mon existence, contre des impuissances psychiques, affectives, spirituelles, mais mon corps avait tenu bon. Cette fois-ci, il me semble que je suis prise au cœur même de cet être « Emmanuelle » : je n'avais jamais ressenti, à un tel point, ce manque d'être, de vivre, de marcher, d'agir. Pour moi, c'est une véritable épreuve. Comment y répondre ? Je ne sais même plus prier comme je le faisais. Je n'arrive plus à me concentrer sur l'au-delà, Dieu, le Christ. Mon imagination m'emporte, et me voilà bien loin, à chaque coup.

Que faire ? J'ai trouvé une réponse simple : mon chapelet. Il est devenu mon arme. Ce chapelet, je le dis toute la journée, je le dis pendant la nuit. Il a d'autant plus de valeur qu'il m'a été donné en main propre par le pape Jean-Paul II, à Lourdes, le 15 août 2004. Je revois cet homme qui, quasiment anéanti physiquement, a voulu prier à genoux devant la grotte, et ne l'a pas pu. Il s'est écroulé, son entourage l'a retenu et assis. Il a articulé quelques mots : « Je suis venu, malade, prier avec vous, malades. » Je comprends aujourd'hui, à son exemple, que ma vocation première – vivre avec et pour les pauvres – se réalise dans ma vocation actuelle. Appauvrie de corps, me voici peut-être maintenant plus proche des pauvres dans leur chair, les malades, les handicapés, les vieillards : je suis, plus que jamais, leur semblable. Voici pour le vivre *avec*. Mais comment vivre *pour* eux ? Du haut du Ciel, Jean-Paul II m'encourage à intensifier ma prière pour eux et pour le monde. Pendant que mes doigts font défiler les grains, je médite facilement toutes les étapes du mystère de la vie du Christ, parce que je peux les imaginer, et imaginer la présence de la Vierge à chacune d'elles, intercédant elle-même auprès de son fils pour les pauvres et pécheurs que *nous* sommes, et moi avec elle.

Aussi, *c'est encore le temps du plus grand amour.* Je n'ai plus rien à partager, je ne peux plus patauger avec mon corps dans les ordures d'un bidonville, mais je peux plonger mon âme avec le Christ dans le drame infernal que vit la planète. Je n'oublie pas la sentence de Pascal : « Le Christ est en agonie jusqu'à la fin du monde. Il ne faut pas dormir durant ce temps. » Ne dors pas, Emmanuelle. Reste aux aguets, tendue vers le crépitement des armes, le gémissement des blessés, l'agonie des mourants, écartelée entre des hommes désespérés et un Dieu invisible. Reste debout auprès des cadavres que la terre engloutit chaque jour, avec la Vierge, la Vierge du Vendredi saint qui présente au Père son Fils mort pour qu'Il le ressuscite. Entre dans son espérance et sa prière, offre avec elle au Père tous les morts de la terre : ils ressusciteront avec le Christ. Ne dors pas, Emmanuelle, ne laisse pas s'éteindre la flamme, reste solidaire dans ta prière :

Jésus, mon bien-aimé, toi qui as vaincu la douleur et la mort de l'homme par ta douleur et par ta mort de Dieu incarné, dévoile-nous ton mystère.

Est-ce un secret d'amour ?

Est-ce vrai que, par l'amour, la douleur devient compassion, don du cœur à un frère, à une sœur qui souffre ?

Est-ce vrai que, par l'amour, la mort devient vie, entrée dans la résurrection ?

Jésus, mon bien-aimé, apprends-nous le sens de la douleur, de l'impuissance et de la mort, apprends-nous la science d'Amour, l'Amour plus fort que la souffrance, l'Amour plus fort que la Mort !

Pour toujours, dans l'Amour

Je veux achever ces *Confessions* par ce que, bientôt, j'accomplirai éternellement : une action de grâce. Le jour de ma première communion, une alliance a été scellée entre Jésus et la petite Madeleine. Depuis, c'est-à-dire près de quatre-vingt dix ans, rares ont été les jours où mon cœur n'a pas palpité de ce mouvement d'amour qu'est la messe, l'eucharistie, la communion dans l'action de grâce. C'est d'ailleurs le sens, en grec, du mot « eucharistie » : rendre grâce ou, plus simplement, remercier.

Je dis merci à Dieu en faisant la rétrospective de ma vie. Dans la prière, je mesure la joie d'avoir pu contempler des victoires de l'amour et de la justice déjà acquises sur les forces de la mort. J'ai compris dans le silence de mes journées d'orante où et comment se déroule cette lutte : elle se forme dans la simplicité du quotidien, lorsque l'intérêt personnel n'est pas le seul objectif de l'existence mais que l'on est pris aux entrailles par le malheur des autres. J'ai compris aussi quel est son terme : l'action fraternelle du moment, libérée de ce qui corrompt, est animée d'un souffle d'éternité. L'ancien adage s'y vérifie : *Ubi caritas et amor Deus ibi est*, « où règnent Amour et Charité, Dieu est là ». Une spiritualité de l'action ne peut être qu'une spiritualité de la solidarité. Dans un même mouvement, nous touchons ici au présent et à l'éternel.

Je dis merci à Dieu pour des victoires acquises sur une épreuve finalement plus difficile que les combats extérieurs : l'épreuve intérieure du doute sur Dieu, du doute sur moi-même, sur le sens de ma vie, l'épreuve de ma vieillesse et de ma mort prochaine. Toute épreuve, et surtout intérieure, a tendance à conduire au repli sur soi et à l'aveuglement sur le reste du monde : tel problème personnel envahit notre champ de vision, nous nous lamentons sur nous-même, l'impasse dans laquelle nous entrons semble un abîme auquel il est impossible d'échapper. Pourtant, alors même que, retraitée, je pensais vivre une régression par rapport au « temps du plus grand amour » expérimenté au Caire, de nouveaux espaces de relations inattendues se sont ouverts devant moi, et je découvris de nouvelles formes d'action et de colloque avec Dieu. Ainsi, dès qu'on jette le regard vers l'autre et que l'on tend l'oreille aux cris du monde, tout bascule. Non seulement on n'est plus « seul au monde », mais l'épreuve n'est plus vécue de la même manière. *Désormais relationnelle*, elle devient une part de communion, de co-vie, co-mort et co-résurrection. Les autres nous deviennent comme des jumeaux, tous ensemble engendrés de la même matrice, portant le même fardeau, tendus du même désir et marchant en cordée vers un unique devenir. Finalement, j'ai pu comprendre que cela forme un tout indivisible. L'homme est un tout, quoi qu'il ressente dans son cœur ou agisse dans le monde, c'est la même personne qui transpose au-dehors ce qui l'agite au-dedans. Nul ne peut échapper à la préoccupation de lui-même, y compris dans l'action la plus désintéressée. Mais il peut se produire un phénomène de fusion. Je demeure moi-même, mais je souffre de ce dont l'autre souffre : il est entré en moi, il est une partie de moi et je me reconnais en lui. « Il suffit d'aimer », et tout s'unifie.

Je dis merci à Dieu de m'avoir fait expérimenter que rien n'est jamais acquis : je croyais bénéficier de ma retraite comme un soldat de ses lauriers après le champ de bataille. D'autres champs de bataille m'attendaient, mais c'était toujours la même guerre. Dans l'épreuve de l'activisme et de la notoriété comme dans l'épreuve de la vieillesse, il s'agit toujours de faire la cuisante expérience de sa faiblesse, de son néant, de son incapacité. C'est toujours le même tunnel dans lequel on s'avance, le tunnel du manque. Mais c'est toujours aussi la même arme qui permet la victoire du moment, triomphant de la dernière défaite. À chaque coup, il s'agit de retrouver la pauvreté comme capacité de Dieu. L'abîme de notre pauvreté est ouverture à Dieu, car Dieu ne peut entrer que dans le vide. Dieu est appelé par notre vide et s'y engouffre. Dieu, le Tout-Puissant, s'est lui-même fait pauvre et faible. La pauvreté, c'est le point de ralliement entre Dieu et nous.

Je dis merci à Dieu de m'avoir donc fait chercher et, ce faisant, découvrir la pauvreté. La pauvreté est capacité d'amour. L'amour – toute forme d'amour – suppose un dépouillement du cœur qui se reconnaît tel qu'il est, incomplet. Où qu'il soit et quel qu'il soit, dans tout être humain, il y a un trou. J'ai essayé de le confesser. Mais ce trou n'est pas un trou noir, comme ces corps célestes qui engloutissent tout. Bien au contraire, il est ouverture à la lumière, à l'autre et à son appel. Même inconsciemment, chacun attend cet appel. Y répondre, c'est se sentir davantage humain, vivant. Et cela aussi n'est jamais achevé. Tout amour est fragile, et chaque réponse est à réitérer. Au bilan de ma vie, je constate que, à mesure que l'expérience de mon néant se faisait plus radicale, mûrissait chaque fois la réponse d'un amour plus vrai. Je crois que l'anéantissement dernier, la mort, sera aussi la porte définitivement ouverte à l'amour. Je crois que l'amour est un, qu'il se rapporte à Dieu ou à l'homme. Ceux qui aiment l'homme sont aussi, sans toujours s'en rendre compte, des amants de

Dieu. Il est si simple d'aimer, car l'amour n'est pas un idéal perdu dans les nuages. Il est dans la vie de tous les jours, dans la simplicité même de la vie. Lorsque je proclame que l'amour est plus fort que la mort, je ne dis pas qu'il est ailleurs que dans l'expérience quotidienne. Il ne faut pas se figurer qu'il s'agisse de quelque chose d'extraordinaire. Je vois autour de moi quantité de gens qui, sans qu'ils s'en doutent, posent tous les jours des actes d'intérêt pour quelqu'un d'autre, un prochain : enfant, conjoint, collègue. Et la réciproque est vraie : qui n'a pas bénéficié dans sa vie, à l'une ou l'autre occasion, d'une main tendue, d'une oreille qui écoute, d'un cœur qui compatit ? Cela n'empêche pas qu'il puisse y avoir aussi, et dans les mêmes actes, de l'égoïsme exacerbé. Inextricablement, il y a de l'un et de l'autre, des forces de vie et de mort intimement mêlées. Cependant, au-delà de la mort, il appartiendra à Dieu seul de séparer le bon grain de l'ivraie, et nous retrouverons avec étonnement tous les instants de nos vies où nous avons su sortir de nous-mêmes.

Enfin, je dis merci à Dieu pour toi, ami lecteur, car j'ai écrit ce livre un peu pour moi, mais surtout pour toi ! J'ignore le regard que tu poses sur toi-même, en lisant ces lignes. Portant comme chacun le poids du quotidien et des ans, peut-être es-tu plein d'espérance, dans le bonheur d'horizons possibles ou de réussites accomplies. Peut-être au contraire sens-tu le malheur rôder aux alentours : le passé est vécu comme un échec et il n'est pas d'échappée. Comme chacun de nous, peut-être es-tu tour à tour dans l'un et l'autre sentiment à la fois. Or, du point de vue de l'éternité, tout cela est relatif. Certes, il est des vies plus ou moins réussies selon le seul critère qui vaille, leur poids d'amour. Mais, selon ce même critère et quelles que soient les apparences, aucune vie n'est un échec et aucune n'est en soi une victoire. L'amour, en effet, n'a pas de limite, il n'est jamais acquis, il n'est jamais pur. Nul ne peut dire ici-bas qu'il a parfaitement aimé. Nul ne peut dire, à l'inverse, que tout est perdu. Même pour ceux qui n'ont pas réussi à aimer, qui ont mal aimé, qui se sont préférés eux-mêmes au point de tuer l'autre, comme le bon larron, un instant de compassion pour l'autre, une exigence de justice, un ultime appel à l'infini de la miséricorde permettent d'accueillir l'amour de Dieu, toujours prêt à se donner. Aucune vie n'est parfaite, aucune n'est perdue, toutes sont sauvées.

Je suis près de toi, ami lecteur, car je suis désormais près du Dieu d'Amour. Je voudrais te faire comprendre que tu aimes, que tu peux aimer plus que tu ne le penses. Descends dans ton cœur, tu y trouveras la flamme d'Amour, celle qui cherche le bonheur des autres, celle qui donne le sens de la vie et de la mort. Sois sûr que nous nous retrouverons dans l'Éternité : celui qui aime ne meurt pas ! C'est un mystère incommensurable, mais je l'ai vécu et j'en ai vécu. Pour toi, ami lecteur, je veux donc confesser de toutes mes dernières forces que, quoi qu'il advienne, finalement,

C'est toujours le Temps

du

plus grand Amour !

Sr Emmanuelle

ANNEXES

Prières de sœur Emmanuelle

Pour de jeunes époux

Seigneur, nous Te confions notre amour pour qu'il ne meure jamais.
Fais que sa source soit en Toi, pour que chacun de nous cherche à aimer plus qu'à être aimé, à donner plus qu'à recevoir.
Que les jours de joie ne nous enlisent pas dans l'indifférence au reste du monde.
Que les jours de peine ne nous désemparent pas mais cimentent notre amour.

Seigneur, Toi qui es la Vie,
donne-nous de ne jamais refuser la vie qui voudra naître de notre amour.

Seigneur, Toi qui es la Vérité,
donne-nous de ne jamais nous refuser la vérité mais de rester transparents l'un à l'autre.

Seigneur, Toi qui es le Chemin,
donne-nous de ne jamais nous alourdir la marche mais d'avancer la main dans la main.

Seigneur, Toi qui nous a donné Marie, Ta mère,
qu'elle soit la gardienne de la famille que nous fondons aujourd'hui.
Elle qui fut toujours fidèle, forte et tendre,
qu'elle nous garde fidèles, forts et tendres à jamais.

Amen

J'ai écrit les lignes ci-contre en juin 1993, durant un camp avec les enfants au bord du lac d'Ismaleya. Je m'étais impatientée avec l'une des monitrices. Le soir venu, dans la douceur de la nuit d'été où la lune se baignait dans le lac, j'ai supplié Dieu de m'aider à réparer mon impatience et à me corriger et j'ai écrit cette prière. Elle pourra peut-être servir à d'autres. Qu'ils prient alors pour cette pauvre sœur Emmanuelle qui, à plus de quatre-vingts ans, ne pratique pas encore la divine douceur.

Seigneur, donne-moi ta divine douceur

Seigneur, donne-moi Ta divine douceur,
Toi qui voulus être un petit enfant enveloppé de langes,
un adolescent soumis à Marie et Joseph,
un Messie jamais conquérant,
un Ressuscité dans le secret.

Seigneur, donne-moi Ta divine douceur,
Toi qui as dit : « Bienheureux les doux, ils posséderont la terre. »
Donne-moi de saisir chaque chose avec douceur :
le téléphone et la valise,
la plume et le balai,
la fourchette et le plat,
et surtout la main qui se tend vers moi.

Seigneur, donne-moi Ta divine douceur,
Toi qui as dit : « Apprenez de moi que je suis doux et humble de cœur. »
Donne-moi d'accueillir toute chose avec douceur :
le bon et le mauvais,
la joie et la peine,
l'encouragement et la critique,
l'instant tel qu'il est
et surtout l'autre tel qu'il se présente.

Vierge pleine de grâce, Vierge du sourire,
restaure en moi la divine douceur,

apprends-moi à guérir ceux que j'ai blessés,
que ta tendresse fasse surgir sur mes lèvres
les paroles d'amour qui rétablissent la paix.

J'ai traduit et adapté cette prière durant ma convalescence après une grave broncho-pneumonie. Un ami américain m'avait envoyé une méditation de Christian Lanson. Les heures que, très faible encore, j'ai passées à la transformer en prière, ont ranimé mon courage.

Seigneur, accorde-moi aujourd'hui cette grâce

Seigneur, accorde-moi aujourd'hui cette grâce :
que rien ne puisse troubler ma paix en profondeur,
mais que j'arrive à parler santé, joie, prospérité,
à chaque personne que je vais rencontrer,
pour l'aider à découvrir les richesses qui sont en elle.

Aide-moi surtout, Seigneur, à savoir regarder
la face ensoleillée de chacun de ceux avec qui je vis.
Il m'est parfois si difficile, Seigneur,
de dépasser les défauts qui m'irritent en eux,
plutôt que de m'arrêter à leurs qualités vivantes,
dont je jouis sans y prendre garde.
Aide-moi aussi, Seigneur,
à regarder Ta face ensoleillée,
même en face des pires événements :
il n'en est pas un qui ne puisse
être source d'un bien qui m'est encore caché,
surtout si je m'appuie sur Marie.

Accorde-moi, Seigneur, la grâce
de ne travailler que pour le bien, le beau et le vrai,

de chercher sans me lasser, dans chaque homme, l'étincelle que Tu y as déposée en le créant à ton image.

Accorde-moi encore d'avoir autant d'enthousiasme pour le succès des autres que pour le mien, et de faire un tel effort pour me réformer moi-même que je n'aie pas le temps de critiquer les autres.

Je voudrais aussi, Seigneur, que Tu me donnes la sagesse de ne me rappeler les erreurs du passé que pour me hâter vers un avenir meilleur.
Donne-moi à toute heure de ce jour d'offrir
un visage joyeux et un sourire d'ami à chaque homme, Ton Fils et mon frère.
Donne-moi un cœur
trop large pour ruminer mes peines,
trop noble pour garder rancune,
trop fort pour trembler,
trop ouvert pour le refermer sur qui que ce soit.

Seigneur, mon Dieu, je Te demande ces grâces
pour tous les hommes qui luttent aujourd'hui comme moi,
afin que diminue la haine et que croisse l'Amour,
car, depuis Ta Résurrection, la haine et la mort
ont été vaincues par l'Amour et la vie.
Ouvre nos yeux à l'invisible
pour que rien n'arrive à ébranler l'optimisme de ceux
qui croient en Toi et qui croient en l'homme,
qui espèrent en Toi et qui espèrent en l'homme.

Amen

Seigneur, apprends-moi à sourire

Quelqu'un m'a dit un jour :
« Donne chaque jour ton sourire
C'est ton merveilleux cadeau d'Amour
Il ne dure qu'un instant, mais fait chanter le cœur. »

Seigneur, apprends-moi à sourire comme mon frère chiffonnier...
Quelle est la source de sa joie ?
Pourquoi ce regard lumineux chez cet homme immergé dans l'ordure ?

Seigneur, apprends-moi à sourire comme l'enfant chiffonnier
Il chante en dansant sur son tas d'ordures
Il offre à tout ce qui passe son beau sourire d'enfant.
Faut-il donc être pauvre, petit, Seigneur, pour savoir sourire ?

Mais il est des heures, Seigneur, où mon cœur lourd, blessé, m'oppresse...
je ne sais plus sourire, alors,
que puis-je faire, Seigneur ?
Sinon écouter la parole de Ton Fils :
« Venez à moi, vous tous qui sous le fardeau et je vous soulagerai. »

Quelqu'un m'a dit un jour :
« Donne chaque jour ton Sourire
c'est ton merveilleux cadeau d'amour ! »

Quand je suis venue chez les chiffonniers, j'arrivais en « bonne religieuse », pleine de zèle pour évangéliser ces pauvres types, qu'on me disait avec mépris être tueurs, voleurs, fumeurs et vendeurs de haschisch, ne mettant jamais le pied à l'église.
Mais ce sont eux, ces pauvres types, qui m'ont petit à petit évangélisée. Ils m'ont éclairée sur un mystère d'amour : amour préférentiel du Christ pour les larrons et les Marie-Madeleine, amour d'espérance de ces « pauvres pécheurs » (ce ne sont pas des mots récités pour eux). Ils se sentent au fond d'un gouffre, ils n'arrivent pas à en sortir, mais ils ont une petite étoile : Dieu, le Très-Miséricordieux, Marie, la mère de Miséricorde. Dans les veillées de prière, que je vais faire parfois chez les uns ou les autres, ce sont des cris vers le Christ Sauveur.
Depuis cette expérience de vie, Dieu m'a fait la grâce de comprendre tout ce qu'il y avait de pharisien en moi et combien, au fond, je suis de la même chair et du même sang et si je n'ai jamais tué, volé ou vendu du haschisch, fait le trottoir pour attendre un « client », c'est pour moi une heureuse grâce mais si j'avais été dans les mêmes conditions, j'aurais été comme eux... et le Seigneur aurait eu pitié de moi. Alors, ma prière a changé.

Seigneur, me voici devant Toi

Seigneur, me voici devant Toi
avec les hommes et les femmes qui me ressemblent
comme des frères et des sœurs :
les pauvres types qui voudraient bien en sortir
mais qui n'en sortent pas :
les drogués, les paumés, tous ceux qui n'arrivent pas à résister au mal,
qui volent et qui tuent,
tous ceux qui ont perdu la foi, l'espérance, la charité... et qui en souffrent.

Seigneur, Tu nous regardes encore
de ce regard d'amour
que Tu as jeté sur la femme adultère,
sur la Samaritaine, sur Marie-Madeleine,
sur le brigand pendu près de Toi.
Des profondeurs où nous sommes enfoncés,
Seigneur, nous crions vers Toi :
sauve-nous, puisque Tu nous aimes.

Seigneur, Tu l'as dit, Tu n'es pas venu pour les justes,
mais pour les pauvres, pour les malades,
pour les pécheurs, pour nous, pour moi.

Seigneur, je nous confie tous à Toi,
car je suis sûre de Toi,
je suis sûre que Tu nous sauves,
je suis sûre qu'à chacun de nous, les pauvres types,
Tu vas dire le jour de notre mort, la même parole

qu'au brigand pendu près de Toi :
« Tu seras ce soir avec moi dans le Paradis »
car il y aura un soir où Tu nous revêtiras de Toi,

Toi qui es Dieu et qui es devenu un pauvre homme.
Comme nous Tu as eu faim et soif,
comme nous Tu as eu peur et Tu as pleuré,
comme nous Tu es mort,
Ton pauvre corps a été mis dans la tombe,
comme le sera le nôtre, et Tu en es sorti transfiguré,
comme nous en sortirons un jour.
Mon bien-aimé, avec Toi la mort est belle,
la Résurrection nous attend.

Merci.

Lettre de Jean-Paul II à sœur Emmanuelle

À l'occasion de la fête de la Nativité et du Nouvel An, vous m'avez adressé vos vœux chaleureux et manifesté votre reconnaissance pour l'encyclique *Veritatis splendor*. Vous m'avez aussi assuré de votre prière pour l'Église. Je vous remercie vivement de votre délicate attention et je voudrais vous exprimer ma gratitude et celle de toute la communauté chrétienne pour ces longues années d'inlassable labeur au service des plus pauvres, particulièrement en Égypte.

Dans votre mission humble et tenace, vous avez œuvré, sans relâche, en faveur des droits des plus faibles et pour la protection et le bien-être de l'enfance, spécialement de celle qui vit dans des conditions difficiles ou dans des pays défavorisés. Vous avez permis à de nombreuses personnes et à de multiples familles, souvent rejetées par la société moderne, de retrouver leur dignité et d'être reconnues et aimées. Ainsi, vous avez montré, comme le dit saint Grégoire de Nysse, que les pauvres « ont revêtu le visage de notre Sauveur » ; et vous avez été une ambassadrice infatigable de la sollicitude du Christ et de son Église pour les plus petits d'entre nos frères, en promouvant chacun par le travail, l'éducation et l'insertion dans la communauté humaine, pour lui permettre de devenir plus libre et plus responsable de sa destinée. Par là, vous invitez toute l'Église à s'engager inlassablement dans des œuvres de charité pour faire de notre monde une communauté toujours plus juste, plus fraternelle et plus solidaire.

Tandis que vous vous consacrez désormais au service de la prière, pour la gloire de Dieu, pour l'Église et pour le salut du monde, je forme à votre intention des vœux fervents, afin que le Christ Sauveur, Prince de la paix, vous comble de ses grâces et vous donne de poursuivre votre existence dans la paix et la joie.

En vous confiant à l'intercession de la Vierge Marie, je vous accorde de grand cœur ma Bénédiction apostolique et l'étends volontiers à ceux qui vous sont chers, spécialement ceux qui poursuivent l'œuvre que vous avez entreprise.

Du Vatican, le 24 février 1994.

Bibliographie

Ouvrages écrits par sœur Emmanuelle

Livres

Chiffonnière avec les chiffonniers, Les Éditions ouvrières, Paris, 1977.

Le Paradis, c'est les autres, entretiens avec Marlène Tuininga, Flammarion, Paris, 1995.

Jésus tel que je le connais, en collaboration avec Marlène Tuininga, Desclée de Brouwer-Flammarion, Paris, 1996.

Yalla, en avant les jeunes !, en collaboration avec Françoise Huart, Calmann-Lévy, Paris, 1997.

Richesse de la pauvreté, en collaboration avec Philippe Asso, Flammarion, Paris, 2001.

Vivre, à quoi ça sert ?, en collaboration avec Philippe Asso, Flammarion, Paris, 2004.

Opuscules

La Foi des chiffonniers, Le Livre ouvert, Mesnil-Saint-Loup, 1988.

Les Mots du rosaire, Actes Sud, Arles, 2002.

Chemin de croix, Panorama-Gallimard, Paris, 2002.
Un pauvre a crié, le Seigneur l'écoute, Éditions de l'Emmanuel, Paray-le-Monial, 2005.

Ouvrages écrits sur sœur Emmanuelle

Paul DREYFUS, *sœur Emmanuelle. Aimer, l'unique nécessité*, Centurion, Paris, 1990 [1983]. Écrite par mon cousin, cette biographie est pour moi la meilleure : proche de la réalité, elle présente une excellente analyse de l'environnement.

Michèle BLIMER, Jean DUVERDIER, *Les Fumées bleues du Caire*, Blimer-Duvidier, 1987, réédité par Desclée de Brouwer, Paris, 1991. Bande dessinée, pleine d'humour.

ASMAE (associations suisse et française), *La Force cachée*, Asmae, Paris, 1988. Album d'images sur les chiffonniers du Caire, sœur Sara et moi-même.

Thierry DESJARDINS, *L'Aventure de sœur Emmanuelle : la femme la plus heureuse du monde*, LGF, Paris, 1993. Cette biographie est certes très vivante, pleine d'humour, mais elle est aussi quelque peu romancée !

Pierre LUNEL, *sœur Emmanuelle*, Fixot, Paris, 1993. Biographie vivante au style pittoresque.

Pierre LUNEL, *sœur Emmanuelle, secrets de vie*, Anne Carrière, Paris, 2000. Une enquête selon un nouvel éclairage, léger et simplificateur.

Edmond BLATTCHEN, *sœur Emmanuelle*, Alice Éditions, Liège, 2000. Un dialogue nuancé et profond.

Sofia STRIL-REVER, *La Folie d'amour*, Flammarion, Paris, 2005. Un dialogue comportant quelques envolées sur le mysticisme et les grands mystiques chrétiens.

Pierre LUNEL, *sœur Emmanuelle, la biographie*, Anne Carrière-Robert Laffont, Paris, 2006. Livre superficiel et répétitif, dont je ne m'attendais pas à la publication.

Sofia STRIL-REVER, *Mille et Un bonheurs*, Carnets Nord, Paris, 2007. C'est de moi et, dans un certain sens, ce n'est pas de moi : des entretiens effectivement recueillis ont été édités à la manière de l'auteur qui, avec les meilleures intentions, y a mis son cachet personnel.

Remerciements

Mes amis les pères Maurice Martin et Henri Boulad s.j., MM. Éric Blanchard et surtout Benoît Lambert, m'ont au début assistée de leur compétence dans la rédaction de cet ouvrage. Je dois sa réalisation définitive à ma longue collaboration avec l'abbé Philippe Asso.

À chacun d'entre eux, toute ma reconnaissance.

Callian, juillet 2005.

Postface aux *Confessions* de sœur Emmanuelle

Sœur Emmanuelle nous aura quittés, quand ces lignes seront lues. À l'heure où je les écris, cependant, elle est bien vivante ! À quatre-vingt-dix-neuf ans, elle enrage d'avoir été rattrapée par la vieillesse, de ne plus pouvoir, comme auparavant, travailler jusque tard dans la nuit. Elle somnole souvent, a besoin d'une assistance respiratoire, ne quitte son fauteuil roulant que pour son lit. Mais son esprit est clair. Elle gagne surtout en sérénité : son regard sur elle-même s'apaise. Elle reçoit toujours de nombreuses visites et des coups de fil, est tenue au courant des projets et réalisations de « ses » associations. Nous venons, il y a quelques mois, de réaliser des entretiens destinés à un documentaire, *sœur Emmanuelle, le cœur et l'esprit* [1], diffusé ces jours-ci sur France 5. Nous continuons de mettre par écrit sa réflexion. Notre collaboration se poursuit.

Celle-ci a débuté en 1993. De retour en France, sœur Emmanuelle me demanda de l'aider à rédiger ses *Confessions d'une religieuse*. Sept ans auparavant, lors d'une de ses tournées au profit des enfants

1. Coproduction Les Bons Clients, France 5, Ina. Réalisation : Élisabeth Kapnist. Entretiens : Philippe Asso.

du Soudan, nous nous étions rencontrés pour la première fois. Experte en ressources humaines, attentive à repérer toutes les compétences susceptibles de servir ses projets, elle avait pris note de mes recherches en théologie et en sciences du langage. Bref, comme d'autres personnages célèbres, elle avait besoin auprès d'elle de « quelqu'un qui sache écrire ». Depuis, nous n'avons pas cessé de dialoguer, de travailler avec plus ou moins de fréquence selon les échéances de ses autres publications, de reprendre, compléter et corriger encore et encore les *Confessions d'une religieuse*.

Dans leur postface, je voudrais éclairer le lecteur sur cet ouvrage, sur l'histoire de sa rédaction et quelques-uns de ses fils directeurs, voulus ou implicites. Ce faisant, je voudrais surtout enrichir la connaissance d'une femme, une religieuse qui a désiré livrer un ultime témoignage de sa pensée et de son action ou, pour être plus exact, de sa pensée en action.

Un livre, le premier et le dernier

Les *Confessions* sont le premier et le dernier livre que sœur Emmanuelle a écrit. Elle en forma le projet dès son séjour au Caire. Si l'on excepte un recueil d'anecdotes, *Chiffonnière avec les chiffonniers*, ce fut donc sa première véritable entreprise littéraire. Destinée à une publication posthume, elle fut constamment reprise et augmentée jusqu'au mois d'août 2006. Sœur Emmanuelle considéra alors son dernier témoignage achevé.

Le premier et le dernier… cela peut laisser entendre qu'il n'y en eut pas d'autre. De fait, à part quelques opuscules rédigés au fil de la plume, tous les titres publiés entre-temps ont fait l'objet d'un intense travail de rédaction. Plusieurs coauteurs ont mis en forme la pensée et l'expression de sœur Emmanuelle. Nous avons tous deux décidé qu'il en serait autrement des *Confessions*. En raison de sa nature, cette ultime prise de parole devait être au plus proche de l'expression première de son auteur. Les *Confessions* sont donc le seul livre qui reflète, à peu près telle quelle, l'écriture de sœur Emmanuelle.

Revenons à leur point de départ. En 1985, inspirée par les œuvres autobiographiques de saint Augustin, de Rousseau (*sic* !) et – dans une moindre mesure, mais j'y reviendrai – de sainte Thérèse d'Avila, sœur Emmanuelle voulut tenter à sa manière un récit « authentique », sans rien cacher. Puisque d'autres l'avaient fait, ne pouvait-elle pas s'y risquer elle aussi, et être utile en cela ? Quelles raisons profondes la poussèrent ? Elle en exprime certaines, mais il faut leur ajouter deux motivations. Elle avait, en premier lieu, la conviction d'être à l'heure du bilan d'une vie exceptionnelle. Pour une religieuse, ce bilan ne pouvait qu'être spirituel, relecture des chemins par où Dieu l'avait conduite. La seconde était provoquée par sa notoriété naissante. Un sentiment ne ferait que s'accroître avec sa popularité : plus son image se faisait médiatique, plus son audience grandissait, et plus elle éprouvait le besoin de rectifier le tir, de corriger l'excès de louanges reçues par l'aveu de ses faiblesses, de ses doutes, de son « néant ». Pratiquante très assidue du sacrement de la réconciliation – la « confession », justement – elle se proposait donc tout ensemble un examen de conscience radicalement honnête et une proclamation, une confession de sa foi.

Le cheminement de la rédaction en fut sinueux. Coïncidence dont l'existence a le secret, il commença là où il serait achevé. C'est en effet durant un séjour de quelques mois à Callian – sœur Emmanuelle avait éprouvé le besoin de s'éloigner du Caire – qu'elle trouva le temps et l'occasion de commencer à rédiger.

Lorsqu'elle revint définitivement en France (pour y mourir, pensait-elle, mais une longue étape était encore à vivre et à écrire), la matière des deux premières parties était constituée. Successivement ou simultanément, elle avait sollicité pour cela plusieurs collaborateurs qu'elle énumère dans ses « remerciements », ainsi que de nombreux conseils. Elle se savait en effet plus oratrice qu'écrivain. Quiconque a écouté ses conférences se souvient d'une maîtrise oratoire exceptionnelle. Femme de culture orale, enseignante chevronnée stimulée par l'écoute et la présence d'un auditoire, écrire lui était difficile. Sa prose penchait ou bien vers la dissertation scolaire, sèche et laborieuse, ou bien vers le débordement des sentiments dans des récits d'autant plus enflammés qu'improvisés.

Un important travail de correction a été nécessaire avant la publication de chaque ouvrage de sœur Emmanuelle, y compris des *Confessions* : supprimer la moitié au moins des points d'exclamation, aboutir à des phrases courtes et lisibles là où de longues périodes accumulaient de multiples propositions coordonnées, etc. Mais l'aide essentielle que les uns et les autres lui avons apportée aura été de la faire accoucher de sa pensée. Femme d'action, elle était toujours pressée d'achever. Elle écrivait la nuit, parfois jusqu'à une heure ou deux du matin. L'absence fréquente de fil directeur et le poids constant de nombreux non-dits rendaient le propos opaque pour le lecteur de ses premiers jets. Cette précipitation, de plus, tenait le discours bien en dessous de la profondeur réelle de sa réflexion. Bref, les corrections aboutissaient à la fois à une mise en forme et à une explicitation de la narration comme des intuitions.

Une journée de travail avec sœur Emmanuelle commence par quelques nouvelles échangées puis, rapidement, par une expression telle que : « Allez, au boulot mon p'tit Philippe, tu m'as fait suer jusqu'à une heure du matin ! » Elle me remet les pages fraîchement rédigées, je produis celles que j'ai corrigées. En marge d'un paragraphe de quatre lignes, là où il en faudrait quinze, j'ai écrit : « Je ne comprends pas. » Elle rajoute deux phrases qui me font deviner où elle veut en venir et par quel chemin. Mais c'est encore elliptique. Je réagis, un brin provocateur : « Je ne comprends toujours pas. » Elle explose : « Tu ne comprends pas ? Mais tu es bête comme un âne ! » Je rétorque : « Oui je fais l'âne, mais c'est pour avoir du foin parce que, toi, tu es une fainéante ! » Nos regards se croisent et... nous éclatons de rire.

Hormis les moments de provocation mutuelle, de camaraderie de travail grave ou amusée, nous sommes en quête, page après page, de l'équilibre et de la cohérence du plan et, ligne après ligne, de l'expression et du mot justes. Sœur Emmanuelle plonge dans son dictionnaire des synonymes pour remédier à la répétition de ses mots fétiches (tels que « proprette », par exemple). Elle consulte son agenda dans lequel est inséré le mémorandum des dates importantes de sa vie. Nous nous interrompons pour aborder une question de fond, humaine ou théologique, impliquée par le sujet qu'elle aborde. La discussion s'établit, longue ou brève, irénique ou heurtée, sans concession. Son terme est signifié lorsque sœur Emmanuelle cesse de me regarder. Ses yeux fixent un point invisible, intérieur. En elle, je sais que l'idée et sa formulation sont enfin mûres. Elle se met alors à parler à un public absent et c'est pour moi le moment de noter fiévreusement.

Notre dialogue, d'année en année, l'amène à s'approprier certaines de mes expressions, et moi quelques-unes des siennes. Nous en arrivons à savoir comment l'autre parle et pense. C'est bien utile : de plus en plus souvent, je lui propose des paragraphes rédigés par avance à partir de ses indications. Le jour vient où sœur Emmanuelle me tend un feuillet daté et signé : « Je charge Ph. Asso de bien vouloir terminer le manuscrit des *Confessions d'une religieuse* dans la ligne du travail effectué ensemble. » Elle me dit simplement : « Tiens, on ne sait jamais ; je peux mourir avant d'avoir fini. » Fort heureusement, il n'en a pas été ainsi !

Entre-temps, je participe à l'édition des publications de sœur Emmanuelle en lien étroit avec leurs coauteurs, Marlène Tuininga en particulier, et leur directrice fidèle, Sophie Berlin. Ma tâche consiste surtout à vérifier les cohérences de forme et de fond, la justesse des aspects théologiques. Comme sœur Emmanuelle le raconte, j'en arrive à lui faire part d'un constat : elle ne s'est encore véritablement expliquée ni de sa compréhension de l'action humanitaire, ni de sa méditation continue de Blaise Pascal. Pour combler ces lacunes, nous écrivons ensemble ses deux derniers livres.

Les *Confessions* accompagnèrent ainsi, en toile de fond, la rédaction de tous les autres ouvrages. Elles leur servirent même de matrice : sœur Emmanuelle ébauchait chaque fois leur premier plan en suivant les étapes de sa biographie. Inversement, l'effort d'explicitation qu'ils ont exigé permit une expression plus aboutie de sa pensée. Comparé aux *Confessions*, le traitement de thèmes similaires dans *Jésus tel que je le connais, Richesse de la pauvreté* ou *Vivre à quoi ça sert ?*, est souvent bien meilleur. Qu'est-ce donc que ces *Confessions* apportent en propre ?

Une autobiographie ?

En les rédigeant, sœur Emmanuelle se livre. Par volonté de vérité, elle s'expose nue. Par pudeur, elle entend que cette exposition soit posthume. Par souci de tranquillité, aussi : imaginez les questions de journalistes sur certains détails, montés en épingle au détriment de l'essentiel ! Elle construit, pour le lecteur autant que pour elle-même, une compréhension de son identité et de son histoire. Autant dire que sa version n'est pas plus « vraie » que le serait celle d'autres témoins des mêmes événements. La famille de sœur Emmanuelle, ses sœurs en religion, ses collaboratrices et collaborateurs trouveront avec raison que certains faits y sont tronqués, inexacts, passés sous silence ou exagérés. D'autres voudront y voir la « réalité ». Les uns et les autres garderont à l'esprit que les *Confessions* sont une interprétation. Sœur Emmanuelle n'a pas voulu raconter sa vie mais dire le sens qu'elle y a discerné dans sa complexité et ses paradoxes, le sens qu'elle est convaincue d'avoir reçu – grâce des rencontres, grâce du parcours, grâce de Dieu –, le sens qu'elle lui a donné.

Lorsqu'il est arrivé que sœur Emmanuelle se soucie d'exactitude, ce fut en raison de trois objectifs précis. Le premier était de rectifier les « imbécillités » écrites ou dites à son sujet. Elle n'a pas toujours été flattée ni satisfaite par les ouvrages qui lui ont été consacrés (en annexe, avec sa bibliographie, elle résume son appréciation sur chacun d'eux). Elle a voulu contredire, en particulier, un schéma fréquemment colporté : son engagement auprès des pauvres et des enfants aurait commencé au bidonville du Caire. La « légende dorée » voudrait que, à soixante-deux ans, sœur Emmanuelle soit passée sans transition ni préparation de la religieuse enseignante à l'aventurière de la pauvreté. Or, les lecteurs ont constaté que sa vocation intègre dès le départ cette passion de presque toujours : la présence d'une école tenue par les sœurs de Sion dans un quartier défavorisé de Londres motive en partie le choix de cette congrégation. Dès 1940, « une pensée commence à [l']obséder : aller vivre à *Teneke Mahallesi*, comme les pauvres et avec eux ». Dans le même ordre d'idée, elle montre les conséquences que ses compétences en matière d'éducation et d'enseignement auront sur sa stratégie d'action. L'étape initiale de la « promotion » des chiffonniers ne consistera-t-elle pas à créer un jardin d'enfants, retrouvant le métier qui fit la joie de la jeune religieuse d'Istanbul ?

Le deuxième objectif poursuivi par sœur Emmanuelle, lié au précédent, était de montrer combien elle était « ancrée en Sion ». Elle sollicita auprès de ses supérieures une relecture des *Confessions*, pour les passages qui concernaient la congrégation. Sœur Dominique, mandatée à cet effet, fit part de ses remarques avec beaucoup de précision et de délicatesse. Il s'agit là du seul exemple de corrections extérieures aux rédacteurs. Relevons quelques insistances de sœur Emmanuelle à propos de Notre-Dame-de-Sion. La formation qu'elle y reçut, le noviciat et le premier poste à Istanbul, ne fut pas seulement fondatrice du point de vue de l'acquisition de compétences. Ses deux responsables immédiates d'alors, mère Marie-Alphonse et mère Elvira, « [l']ont marquée pour la vie ». Le charisme religieux qu'épousa sœur Emmanuelle ne se réduit pas aux œuvres exercées. La réputation des établissements scolaires tenus par les sœurs de Sion tient à un enseignement de qualité profondément articulé à un souci d'éducation. Cet enseignement éducatif s'adresse à de jeunes filles dont il faut assurer, en milieu majoritairement musulman, la « promotion » et l'avenir. Le prosélytisme envers les élèves musulmanes, juives, chrétiennes autres que catholiques est interdit. Les communautés de religieuses sont en relation avec tous les milieux sociaux, politiques, économiques, confessionnels. Bref, sœur Emmanuelle nous dit tout ce que « le temps du plus grand amour » – quelque peu solitaire et parfois en marge – ainsi que celui de la

« retraite » doivent à l'expérience de ses quarante premières années.

Avant de poursuivre, je ne peux pas passer sous silence un lien entre sœur Emmanuelle et Notre-Dame-de-Sion qui, avant d'en avoir discuté avec elle, ne lui fut pas conscient : l'origine juive. Le fondateur de cette congrégation était un Juif converti au catholicisme. Aujourd'hui, certaines sœurs de Sion sont des spécialistes reconnues du judaïsme et du dialogue judéochrétien. Or, en vieillissant, sœur Emmanuelle a de plus en plus valorisé sa parenté juive, jusqu'à affirmer qu'elle était « juive par [sa] grand-mère Dreyfus ». Je lui fis remarquer qu'il ne pouvait pas en être ainsi, puisque seul son grand-père était juif. Elle me fait fouiller dans le panier à ouvrage posé sur un tabouret à côté de son fauteuil roulant. Pêle-mêle, s'y accumulent agenda, journaux, livres spirituels, romans policiers, tapette à mouches. J'en exhume sa bible de poche, objet désigné de ma recherche. Seuls deux souvenirs pieux y sont insérés en guise de signets. La photo de son grand-père, Emmanuel Dreyfus, et celle de son arrière-grand-père. Moÿse Dreyfus est assis, et sa longue barbe blanche taillée en pointe descend sur sa poitrine. Il tient ostensiblement de la main droite un livre sur la couverture duquel est inscrit lisiblement, en hébreu, *Sepher ha-Berit*, « Livre de l'Alliance ». Comment ne pas établir de relation entre les origines communes de sœur Emmanuelle et de sa famille religieuse ? De plus, la fierté de son origine juive revendiquée tenait, disait-elle, non pas tant à son hérédité qu'à sa foi chrétienne : dans ses propres racines, elle s'apparentait aux fondements du christianisme et surtout à son fondateur, Jésus de Nazareth.

Revenons aux objectifs de précision biographique des *Confessions*. En troisième et dernier lieu, sœur

Emmanuelle a voulu montrer l'importance des médiations dans la réussite de ses projets. Ce n'était pas dans son tempérament. Dans ses premières versions, elle passait immédiatement du constat d'un problème humanitaire au récit de sa résolution. Rien, aucun obstacle ni personne, ne semblait résister à la juste cause. La flamme ardente de sa passion semblait, comme par magie, vaincre d'elle-même pour s'accomplir dans l'exultation. C'était son côté « je vois la vie en rose ». D'un autre côté, sœur Emmanuelle tenait à mettre en valeur le travail des autres, le « travail en équipe, en cordée », l'apport décisif de « ses » associations, etc. Dans *Richesse de la pauvreté*, elle détaille les raisons pour lesquelles il s'agit là d'un critère essentiel à l'action humanitaire. Soucieuse de confesser la vérité, elle s'est efforcée, elle s'est laissé forcer par Sophie Berlin et moi, à briser l'imaginaire de « l'héroïne à laquelle tout réussit », à se remémorer les oppositions et les lenteurs endurées, à montrer les dimensions institutionnelles de toute réalisation. Plus encore, les *Confessions* relatent nombre d'œuvres accomplies par d'autres, religieuses et religieux, hommes et femmes de bonne volonté. Cette « autobiographie » constitue, de fait, un vibrant hommage à tous les passionnés de justice, tous les combattants connus et inconnus de la cause des pauvres.

« Je voulais être une sainte »

Longtemps, sœur Emmanuelle a estimé et dit à qui voulait l'entendre que sa vie était un échec. Elle avait failli à son rêve : « Je voulais être une sainte. » Quelle représentation avait-elle de la sainteté, pour juger négativement de la réussite de son existence ?

À son entrée au noviciat, elle était habitée de modèles héroïques : sainte Thérèse de l'Enfant-Jésus, tout d'abord, une carmélite morte à vingt-quatre ans qui écrivit, notons-le, des *Manuscrits autobiographiques* ; le père Damien, ensuite, qui consacra sa vie de missionnaire aux lépreux jusqu'à être atteint du même fléau ; puis sainte Jeanne d'Arc et, tirées de pieux illustrés de son enfance, des figures d'évangélisateurs intrépides qui mouraient en martyrs, dévorés par des tribus lointaines et sauvages.

Ne jugeons pas trop vite un monde et une culture hérités du XIXe siècle, ni leurs relents doloristes ou colonialistes. Sœur Emmanuelle sut, pour une part, en sortir. Bien qu'âgée, elle continuait cependant de comparer sa vie avec celle de ses exemples et de la considérer en complet décalage. Non seulement le temps qui passait lui montrait sans équivoque qu'elle ne mourrait ni en martyre ni en missionnaire, mais plus encore qu'elle n'atteindrait jamais à la douceur, la patience, le désintéressement d'une sainte Thérèse de Lisieux. Au bout de deux ans de noviciat, elle n'avait pas réussi à devenir « une sainte à mettre sur les autels » – et pas davantage au bout de soixante-quinze ans de vie religieuse. L'échec éprouvé résultait d'une profonde désillusion quant à l'image de soi.

Le lecteur n'aura pas manqué, au fil des pages, de tisser quelques liens implicites entre l'histoire de sœur Emmanuelle et ce qu'elle avoue de son « tempérament ». Une révolte permanente, une violence même, l'habite et la confond par ses irruptions, soudaines et incontrôlées. Nul besoin d'être psychanalyste pour comprendre quelle violence fondatrice lui fut faite. Dans toutes ses conférences, interviews et ouvrages, sœur Emmanuelle aura raconté, peu ou prou, la mort brutale de son père. L'enfant, en elle, a été amputée d'une présence essentielle et aimée. Des forces obscures – les abîmes des flots – l'ont réduite à l'impuissance. Un manque la hante, irrémédiablement. « Je suis un trou », disait-elle parfois.

Mystère du vivant, cette béance fut source et soif. Source d'insurrection contre les forces oppressives de la mort, source d'identification profonde à l'enfance humiliée et impuissante. Soif de lutte : « l'obstacle est matière à action. » Soif d'absolu : quel projet humain (« tout est vain »), quel homme singulier (« c'est petit, un homme ») pourraient prétendre répondre à l'insatisfaction de son cœur ? Sœur Emmanuelle a trouvé dans sa vocation religieuse d'abord, puis dans son charisme singulier de la lutte avec et pour les pauvres, la voie d'orientation, de canalisation et d'assomption de sa violence, de ses pulsions, de son désir.

Dans un autre registre, sœur Emmanuelle est héritière, après sa mère et sa grand-mère, d'une lignée de femmes d'entreprise. Elle en montre les défauts et les qualités. Elle éprouve de l'amertume devant le constat de sa « vanité » et, plus précisément, du contentement que la notoriété lui apporte. Elle aime réussir. Elle est prête, pour cela, à tout écraser sur son passage. Elle aime commander, et ne saura jamais être collaboratrice de l'action des autres. Elle aime plaire, elle cabotine sur les plateaux télé. Elle aime la compagnie des grands de ce monde. Cependant, sœur Emmanuelle sut mettre au service des pauvres ces mêmes penchants qu'elle fustige. Le « business », elle connaissait ! Elle savait repérer et recruter les ressources humaines utiles à sa cause. Elle savait la nécessité et les méthodes de levées de fonds. Elle savait s'adapter à tous les milieux sociaux et culturels. Elle était, à sa manière, une « bête de communication ». Force est de constater que ses travers furent aussi de grands atouts !

J'écris cela, mais sœur Emmanuelle se sera toujours refusée à examiner les causalités de ses traits de comportement. Pourtant, une évolution est sensible à mesure que les *Confessions* avancent vers leur fin, vers la fin. Non seulement la rédaction de leur dernière partie a été plus travaillée, remaniée et augmentée, mais on y sent l'amertume dépassée, et trouvée la « douce » acceptation de soi. Or, cet « approfondissement » aura été gagné par la voie de l'amour, et non par celle de la pensée ou de l'introspection. Sœur Emmanuelle décrit elle-même, longuement, la lutte intérieure qu'elle engagea durant ses dernières années. Retenons-en deux lignes de force.

La première est celle de l'amour comme fraternité. Certes, « Emmanuelle » (« Dieu avec nous ») s'est toujours voulue « sœur universelle », mais à ses yeux certains étaient plus dignes que d'autres de sa sororité, les enfants, les femmes, les pauvres. Mesurant davantage les « abîmes » paradoxaux entre lesquels sa propre personnalité balançait, elle éprouva une sympathie et une proximité plus grandes envers « ces pauvres que *nous* sommes ». « Les gens m'aiment parce que j'ai tous leurs défauts », disait-elle également. Elle découvrit ainsi que, loin d'être un obstacle, ses propres faiblesses assumées et exprimées étaient vectrices de communion avec toute personne humaine, quelle qu'elle fût.

L'amour lui permit de dépasser la désolation devant son propre « néant » dans un second sens. Progressivement, elle comprit ce qu'elle avait vécu : dans sa vie, telle qu'elle avait été, quelque chose de l'amour avait pris chair. Cette compréhension de l'amour comme incarnation opéra une rupture décisive, quoique jamais achevée, avec l'amour imaginaire, rêvé et héroïque.

Ces deux voies aboutirent ensemble à une amitié plus grande pour les hommes et les choses humaines.

Puisque tous les hommes étaient ses semblables, et elle semblable à eux, puisque la condition de l'amour était la chair paradoxale de l'humanité, alors « rien de ce qui était humain ne pouvait lui être étranger », selon la formule de Térence. Rien de ce qui était humain, y compris la vanité médiatique et la vanité de sa personne, ne pouvait être méprisable aux yeux de Dieu.

« C'est loupé, mais ça ne fait rien », pouvait-elle ainsi exprimer, enfin sereinement, à quatre-vingt-dix-huit ans. Était-ce si loupé que cela ? À ses propres yeux, oui, en partie. Aux yeux des autres, de ceux qui n'ont pas compris son combat intérieur et la voyaient comme une star, une idole, certainement pas. « J'ai beau dire mes défauts aux gens, c'est peine perdue, ils m'en admirent davantage. » Mais aux yeux d'un observateur attentif, n'avait-elle pas, comme le père Damien, épousé la condition des plus pauvres et vécu avec et pour eux ? N'avait-elle pas dû, comme Thérèse de l'Enfant-Jésus, « enfant impuissante et faible »[1], renoncer à la multitude de ses désirs, renoncer à l'existence missionnaire, renoncer au martyr, renoncer au rêve illusoire de perfection, pour s'abandonner à la miséricorde et à l'amour[2] ?

Une mystique de l'action

Du point de vue de la théologie spirituelle, la question du charisme de sœur Emmanuelle se pose donc, mais autrement qu'elle l'instruisit elle-même. Qu'a-t-elle apporté d'original au christianisme dans le

1. Sainte Thérèse de l'Enfant-Jésus, *Manuscrits autobiographiques*, Office central de Lisieux, 1957, p. 227.
2. *Ibidem*, p. 223-226.

monde de ce temps ? Commençons par mieux cerner la tradition dans laquelle elle s'inscrit. À l'origine de son projet autobiographique, sœur Emmanuelle ne perçoit qu'une lointaine parenté avec sainte Thérèse de Jésus, dite d'Avila (1515-1582). Pourtant, une comparaison objective fait apparaître de nombreuses convergences. Non seulement la réformatrice de l'Ordre du Carmel écrivit une biographie mais elle connut aussi, comme sœur Emmanuelle, une première phase de vie religieuse « ordinaire » avant un changement assez radical. À presque cinquante ans, elle quitta son couvent pour en fonder un autre. Pendant une vingtaine d'années, elle vécut sa vocation propre et, bien que contemplative, exprima ses talents de femme d'action, de relation et d'entreprise : à sa mort, elle avait fondé et construit plus de quinze monastères. Religieuse, elle eut conscience d'échapper ainsi à la soumission due aux hommes[1]. Elle était, de plus, en partie d'origine juive.

Le lecteur aura lui-même établi le parallèle avec les éléments et phases de l'existence de sœur Emmanuelle. Ajoutons un dernier événement : par esprit de détachement, Thérèse de Jésus brûle le manuscrit d'une de ses œuvres, les *Pensées sur l'amour de Dieu*. Or, convalescente à peine de la tourmente tunisienne, sœur Emmanuelle jette au feu à Alexandrie toutes ses notes de lecture. Cette similitude fait ressortir un aspect singulier des *Confessions*. Dans le parcours de sœur Emmanuelle, les effets de la *libido sciendi* (la soif de savoir) sont plus stigmatisés que ceux de la *libido sentiendi* (la soif de sentir)[2]. Sa foi

1. « Considérez la sujétion qui vous a été épargnée, mes sœurs » : Thérèse d'Avila, « Le chemin de la perfection », dans *Œuvres complètes*, Desclée de Brouwer, 1964, p. 453.
2. Sœur Emmanuelle, avec Philippe Asso, *Vivre à quoi ça sert ?*, Flammarion, Paris, 2004, p. 37-41, 53-58.

a pâti davantage de la jouissance de l'intellect que de celle des sens.

Au-delà des rapprochements biographiques, les spiritualités de sainte Thérèse d'Avila et de sœur Emmanuelle montrent des inflexions communes. Elles sont toutes deux marquées par une relation très forte à la personne de Jésus-Christ, dont elles se proclament l'amie, l'épouse, l'aimée. L'une comme l'autre ont réalisé de grandes œuvres tout en confessant leur faiblesse radicale. L'une comme l'autre, surtout, ont relativisé la prière – affirmée cependant comme essentielle – au profit de l'amour comme acte concret et relation au prochain :

> « *Nous reconnaîtrons, ce me semble, que nous observons bien ces deux choses [l'amour de Dieu et l'amour du prochain], si nous observons bien celle d'aimer notre prochain : ce sera le signe le plus certain ; nous ne pouvons savoir si nous aimons Dieu, [...] mais nous pouvons savoir, oui, si nous avons l'amour du prochain.*[1] »

Mais la comparaison s'arrête là. Pas de « phénomène mystique » dans l'itinéraire de sœur Emmanuelle. À part une seule fois, elle affirme n'avoir « rien vécu de tout cela ». Elle n'était pas, quoi qu'elle en eût, une méditative : l'oraison silencieuse était pénible à son imagination vagabonde. Elle fut pourtant une grande contemplative, d'une autre manière que le modèle habituel. « Je suis tombée dedans », dit-elle de son expérience au bidonville, comme on parlerait d'un océan vaste et porteur. Vivant avec les pauvres, agissant avec et pour eux, elle éprouva la présence constante, palpable mais non sensible, de son Bien-Aimé, Jésus le Christ : « À chaque pas, dans chaque visage, Il

---

1. Thérèse d'Avila, « Le château intérieur », dans *Œuvres complètes*, *op. cit.*, p. 941.

était avec moi et moi avec Lui. » Thérèse d'Avila aurait reconnu sans hésiter, dans la « compagnie » permanente de ce « très bon ami »[1], la grâce de l'union avec Dieu. C'est dans l'action, et non dans l'oraison, que sœur Emmanuelle connut les épousailles mystiques : « sans exaltation ni extase, je vivais un bonheur tranquille, comme la flèche dont parle saint Thomas d'Aquin qui "ayant atteint sa cible, ne vibre plus".[2] »

La rencontre avec Dieu dans la relation au pauvre n'est pas l'apanage de sœur Emmanuelle. Mais à la différence d'autres grandes figures de la charité, comme mère Teresa par exemple, sœur Emmanuelle n'a pas fondé d'ordre religieux. Elle a voulu, de plus, que ses associations soient non confessionnelles. Femme de notre temps, elle avait tout à fait intégré la légitime séparation des domaines séculier et religieux propre à l'Occident moderne. Celle-ci ne se résout pas, cependant, à une dissociation. Dans la pensée de sœur Emmanuelle, l'articulation profonde entre la « foi en l'homme » et la « foi en Dieu » n'est ni une réduction du christianisme à l'humanitarisme, ni une récupération de l'humanisme par le christianisme, mais une proclamation de foi proprement chrétienne : c'est dans la chair de l'homme, dans son histoire, que s'est révélé le Dieu de Jésus-Christ.

La part divine de l'homme fut vécue par sœur Emmanuelle avant d'être pensée et écrite. Auprès des chiffonniers, la fascination de la petite Madeleine devant la crèche prit corps : elle demeura auprès de l'Enfant Jésus, l'Enfant Roi sur la paille, pauvre et nu. Dans l'épreuve renouvelée du divertissement, dans l'âge de la retraite et de la vieillesse, réconciliée avec sa

1. Thérèse d'Avila, «Autobiographie», dans *Œuvres complètes*, *op. cit.*, p. 152.
2. Sœur Emmanuelle, avec Marlène Tuininga, *Jésus tel que je le connais*, Desclée de Brouwer-Flammarion, 1996, p. 107.

propre béance, elle devint enfin pauvre elle-même. De bout en bout, s'est déployé en elle le mystère de la passion de Dieu, sa passion pour l'homme. Un Dieu dont les entrailles frémissent au spectacle de l'injustice, un Dieu qui entend le cri de l'opprimé « sous le coup des chefs de corvée[1] », un Dieu qui s'abaisse lui-même pour le libérer. « Jésus s'est incarné dans ma propre personne pour poursuivre son aventure de pauvreté et d'amour.[2] »

Sœur Emmanuelle n'aurait pas apprécié que je termine cette postface sur une note exclusivement chrétienne. Son ambition était de s'adresser à tous, et que chacun puisse se reconnaître en elle. Elle a voulu indiquer une voie spirituelle possible à ceux qui croient comme à ceux qui ne croient pas. À l'heure de la « religion de l'homme », la mystique de l'action qu'elle propose dans ses *Confessions* bat en brèche l'exaltation des sentiments et l'excitation imaginaire. Le bonheur et le salut de l'homme ne sont pas ailleurs que dans son identité. L'homme est vrai lorsqu'il se connaît et s'accepte comme pauvre. L'homme est en devenir lorsqu'il se fait relation et tente de vivre avec et pour les autres. L'homme rejoint sa part d'éternité lorsque l'amour prend chair.

Philippe ASSO,
pour le 99e anniversaire d'Emmanuelle

1. Cf. Exode, 3.
2. Sœur Emmanuelle, avec Marlène Tuininga, *Jésus tel que je le connais*, *op. cit.*, p. 110.

Table

Livre II
Le temps du plus grand amour
1971-1993

Livre III
Confessions

9091

Achevé d'imprimer en Espagne
par CPI
le 10 septembre 2018.

Dépôt légal : octobre 2018.
EAN 9782290169933
OTP L21EPLN002481N001

ÉDITIONS J'AI LU
87, quai Panhard-et-Levassor, 75013 Paris

Diffusion France et étranger : Flammarion